A. POUGIN

LA

Comédie-Française

ET LA

RÉVOLUTION

PARIS
GAULTIER, MAGNIER & Cie
55, QUAI DES GRANDS-AUGUSTINS
7, RUE BONAPARTE

8° Y F
1274

LA COMÉDIE-FRANÇAISE ET LA RÉVOLUTION

MACON, PROTAT FRÈRES, IMPRIMEURS.

ARTHUR POUGIN

LA Comédie-Française

ET LA

RÉVOLUTION

SCÈNES, RÉCITS ET NOTICES

PARIS
GAULTIER, MAGNIER & Cie
55, QUAI DES GRANDS-AUGUSTINS
7, RUE BONAPARTE

INTRODUCTION

Au récit des événements qui ont marqué d'une façon si dramatique l'histoire de notre grande scène littéraire pendant la Révolution, j'ai joint sous ces deux titres : *Vie et mort tragiques d'une tragédienne* et *Un comédien révolutionnaire*, des notices biographiques sur deux artistes qui appartinrent à cette époque à la Comédie-Française et qui, bien que restés complètement inconnus pour diverses raisons, m'ont semblé, pour diverses raisons aussi, mériter d'être remis en lumière. Il m'a paru que ces deux notices formeraient un appoint curieux au récit qui fait l'objet principal de ce livre, qu'elles le compléteraient en quelque sorte à un point de vue particulier, et que l'une d'elles surtout aurait l'avantage de faire connaître une artiste admirable, qui, pendant plusieurs années, excita un véritable enthousiasme et qui avait bien droit à un souvenir. Pour cette dernière, notamment, oubliée bien à tort par le fait des circonstances, une revanche me semblait légitime, et j'ai tâché de la lui donner aussi complète que possible.

LA COMÉDIE-FRANÇAISE
ET
LA RÉVOLUTION

L'histoire de la Comédie-Française pendant la période révolutionnaire présente un caractère particulièrement dramatique. Si certains épisodes de cette histoire ont été mis en lumière à diverses reprises, elle reste peu connue dans son ensemble, et il semble que nul, jusqu'ici, en parlant de la Comédie, ne se soit attaché à faire connaître surtout les incidents qui ont précédé et en quelque sorte préparé le véritable coup d'État qui la fit disparaître en 1793 par le fait de l'arrestation *en masse* de tous les artistes qui composaient la troupe de ce théâtre glorieux entre tous. Ce grand événement ne saurait pourtant être considéré comme un fait spontané. Il ne fut, en somme, que la résultante d'une situation que les Comédiens eux-mêmes avaient créée par leur imprudence, par leur obstination, par une résistance acharnée et maladroite aux idées nouvelles, par leur volonté bien arrêtée de ne faire aucune concession à ces idées et de s'immobiliser, en dépit de tous les conseils, de tous les avertissements et de tous les dangers, dans les coutumes et les errements d'un passé que rien désormais ne pouvait maintenir. C'est là, me semble-t-il, ce qu'on n'a pas fait ressortir jusqu'ici, les écrivains qui ont abordé ce sujet s'étant bornés à considérer isolément tel ou tel fait, alors qu'il fallait envisager l'ensemble et la succession de ces faits pour comprendre à quel point était devenue fatale en quelque sorte la catastrophe du 3 septembre 1793, qui privait tout à coup Paris de son plus ancien théâtre et mettait en péril la vie de ses comédiens les plus justement fameux.

Dès les premiers jours de la Révolution, une sourde mésintelligence s'était élevée parmi les artistes qui formaient le personnel de la Comédie-Française. Les uns, — c'était le plus grand nombre, — accoutumés de frayer avec la cour, fiers de leur titre de « Comédiens du Roi », recevant parfois du monarque une pension particulière, se trouvant en rapports journaliers avec les gentilshommes de la chambre chargés de la surveillance administrative de la Comédie, restaient absolument rebelles au sentiment de rénovation qui s'emparait alors de toutes les classes de la population, et se montraient les tenants obstinés du régime dont l'effondrement était si proche. Les autres, au contraire, partisans ardents des idées nouvelles, tout imbus des principes nobles et généreux que la Révolution était appelée à faire triompher, se trouvaient avec leurs camarades dans un état de quasi-hostilité. Si cette situation n'avait dû influer sur la marche ordinaire des travaux des Comédiens, sur les relations mêmes du théâtre avec le public, elle n'eût pas atteint peut-être le degré d'acuité qui devait finir par amener un déchirement. Mais tandis que les *contre-révolutionnaires* de la Comédie s'entêtaient à maintenir le répertoire dans les idées qui leur étaient chères et repoussaient systématiquement tous les ouvrages dans lesquels les auteurs croyaient devoir faire plus ou moins, directement ou indirectement, une part aux principes nouveaux qui devaient bientôt transformer la société et la nation entière, les autres s'indignaient de ces façons d'agir et employaient au contraire tous leurs efforts à pousser le théâtre dans une voie plus généreuse et plus en rapport avec les événements qui se déroulaient chaque jour.

De tout cela il résultait non seulement des débats intérieurs souvent fort graves, mais des scandales publics qui se renouvelèrent à diverses reprises. Des questions personnelles venaient d'ailleurs se greffer sur ce qu'on pourrait appeler la question politique, et, en particulier, on peut croire que la jalousie de certains artistes de la Comédie à l'égard de Talma, qui dès ses débuts avait conquis la faveur du public, ne fut pas complètement étrangère à leurs façons d'agir en une circonstance mémorable. Ceci vaut d'être rappelé, car c'est le prologue indispensable des événements qui fondirent, au plus fort de la Terreur, sur ce théâtre illustre, et le firent momentanément disparaître.

I

TALMA ET LA COMÉDIE-FRANÇAISE

Le 21 novembre 1787, Talma, sortant de l'École royale de déclamation, où il avait été admis seize mois auparavant, débutait à la Comédie-Française, en jouant le rôle de Séide du *Mahomet* de Voltaire. Ce début fut heureux, et le jeune artiste donna assez de preuves de son talent naissant pour être reçu sociétaire dès le 1er avril 1789. Cependant, ses chefs d'emploi, jaloux, comme toujours, de leurs prérogatives, n'étaient nullement disposés à se dessaisir en sa faveur des rôles qu'ils jouaient dans le répertoire, et, d'autre part, ne lui laissaient dans les ouvrages nouveaux que des créations rares et peu intéressantes[1]. Talma rongeait son frein, dépité de son inaction, et, d'autant plus justement ambitieux qu'il avait la conscience de sa valeur et des services qu'il pouvait rendre, attendait, non sans impatience,

---

1. Entre ses débuts très brillants dans la tragédie et sa nomination de sociétaire, Talma ne se vit attribuer que quatre créations, dans quatre ouvrages qui étaient des comédies et dont voici les titres : *la Jeune Épouse*, de Cubières-Palmezeaux ; *Linval et Viviane*, de Murville ; *le Présomptueux*, de Fabre d'Eglantine ; et *les Deux Pages*, de Dézèdes, où particulièrement son rôle était infime.

l'occasion de se produire dans des conditions et d'une façon dignes de lui. Cette occasion, si ardemment désirée, ne devait pas tarder beaucoup à se présenter.

Marie-Joseph Chénier apportait à la Comédie-Française une tragédie en cinq actes intitulée *Charles IX*, ce *Charles IX* que des circonstances exceptionnelles devaient rendre si rapidement célèbre. Il en offrait le rôle principal, celui de Charles IX même, à Saint-Fal, qui, le trouvant odieux, ne crut pas devoir l'accepter, et lui préféra celui du roi de Navarre. Au refus de Saint-Fal, Talma, sans hésiter, se chargea de personnifier le fils de Catherine de Médicis, et bien lui prit, car la première représentation de *Charles IX*, qui eut lieu le 4 novembre 1789, lui permit de déployer à leur aise ses mâles qualités et lui valut un succès éclatant.

Mais déjà des dissensions se produisaient au sein de la Comédie. Ce n'est pas sans peine que celle-ci, étant donnés le sujet et la façon dont il était traité, avait accepté *Charles IX*, et il semblait que le succès de l'ouvrage, aussi bien que le succès personnel de Talma, exaspérât, bien loin de les satisfaire, ceux de ses artistes qui se faisaient remarquer par leur aversion pour les idées nouvelles. Dès ce moment le théâtre était divisé en deux camps : celui des novateurs, qui comprenait surtout Talma, Dugazon et Grandmesnil, et celui des antilibéraux, avec Fleury, Dazincourt, Molé, Naudet, etc. Des querelles ardentes s'élevaient à chaque instant entre membres des deux partis, et un jour même une altercation entre Talma et Naudet se termina par des voies de fait qui amenèrent entre eux un duel sans résultat. Bref, le parti de la résistance, qui était le plus nombreux, finit, après trente-deux représentations brillantes, par rayer *Charles IX* du répertoire et supprimer simplement l'ouvrage. On devine le dépit et la colère de Talma devant un acte si préjudiciable à ses intérêts et à son avenir. Il eut beau demander, protester, réclamer le rétablissement de la pièce, insister de toutes façons, rien n'y fit, et *Charles IX* resta exilé de la scène[1].

Sur ces entrefaites arriva la clôture de Pâques,

1. Certains écrivains ont cru pouvoir affirmer que c'était le gouvernement qui avait fait défense de jouer plus longtemps *Charles IX*, tandis que d'autres (particulièrement Étienne et Martainville dans leur *Histoire du Théâtre-Français* depuis le commencement de la Révolution) ont avancé que c'était Chénier lui-même qui avait demandé qu'on suspendit les représentations de sa pièce pendant les chaleurs de l'été. Or, il ne peut y avoir de doute sur l'initiative et la volonté de la Comédie-Française en cette affaire, et le fait est suffisamment prouvé par ces lignes d'une lettre de Chénier, que la *Chronique de Paris* publiait dans son numéro du 10 juillet 1790 : « ... J'ai ajouté, dans ma tragédie de *Charles IX*, quelques vers relatifs à la fédération. *On m'assure que plusieurs membres de la Comédie-Française s'opposent fortement à ce que cette pièce soit représentée dans ce moment.* Je ne puis croire qu'ils manquent de reconnoissance et de zèle pour la chose publique au point d'écarter de leur théâtre, à l'époque de la prise de la Bastille et de la conquête de la liberté, le premier ouvrage dramatique où l'on ait célébré ces grands évé-

à propos de laquelle il était d'usage que le théâtre, par l'organe de l'un des siens, adressât au public un « compliment » destiné à résumer en quelque sorte, avec l'état de ses travaux au cours de l'année écoulée, sa situation vis-à-vis de celui-ci. C'était le 20 mars 1790, et Dazincourt, chargé cette fois de cet office délicat, vint entre les deux pièces (on jouait *Mérope* et *la Gageure imprévue*) débiter aux spectateurs la harangue attendue, dans laquelle, on va le voir, il faisait une allusion discrète, mais directe, à cette question de l'éloignement de la scène de *Charles IX*, dont on avait réclamé les représentations, que la Comédie s'était refusée à reprendre.

Voici ce discours de Dazincourt :

Messieurs,

Nous profitons avec empressement du jour que l'usage a consacré pour vous présenter nos respects et l'hommage de notre reconnoissance ; mais une juste confiance dans vos bontés nous encourage à déposer dans votre sein la douleur dont nous sommes pénétrés. Depuis long-tems le Théâtre-Français est en butte à des rigueurs affligeantes. Il semble qu'on ait tenté de nous faire perdre cette liberté d'âme et d'esprit, si néces-

nemens, le premier où l'on ait fait entendre sur la scène l'éloge du roi-citoyen restaurateur de la liberté, la seule tragédie nationale qui existe encore en France, et, ce qui devroit aussi les piquer d'honneur, le seul ouvrage qui, l'hiver dernier, les ait tirés de la détresse. — MARIE-JOSEPH CHÉNIER. »

saire à l'art du comédien. Des études multipliées, des efforts sans nombre, des bienfaits sagement répandus et publiés malgré nous ne nous ont valu que des interprétations injurieuses. Une jalouse cupidité, dont nous ne nous permettrons pas de dévoiler le secret, et qui voudroit s'élever sur nos débris, a cherché constamment, depuis plusieurs mois, à fatiguer, décourager notre zèle. Pour ne nous arrêter que sur un seul détail, *on a demandé la représentation de tel ou tel ouvrage*, sans songer que les pièces déjà reçues avoient le droit d'être représentées auparavant; de manière qu'on ne pourroit adhérer à de pareils vœux sans attenter aux propriétés; ce qui, nous osons le croire, seroit aller contre les intentions de ceux même qui, par ces demandes, croyant réparer des torts, ne font que solliciter une injustice. Enfin, messieurs, si quelques abus se sont glissés dans un établissement dont les détails sont aussi difficiles que multipliés, si le tems semble avoir amené le besoin de quelques changemens utiles, ne nous est-il pas permis d'observer qu'une discussion sage et dirigée par la bonne foi seroit plus propre à ramener un meilleur ordre de choses, à concilier les divers intérêts, à contribuer plus complètement à vos plaisirs ainsi qu'à la gloire de votre théâtre ? Agréez, messieurs, que nous n'opposions désormais à tous ces orages qu'un silence respectueux, un zèle toujours renaissant, et ce courage qui doit animer ceux à qui vous avez confié le dépôt de vos richesses dramatiques[1].

1. V. le *Moniteur universel* du 27 mars 1790.

Ceci prouve suffisamment que le public n'ignorait rien des démêlés qui s'étaient produits à la Comédie-Française à propos de *Charles IX*, non plus que de l'état assez fâcheux des relations qui, de ce fait, existaient entre Talma et ses camarades réactionnaires. Un incident particulier, qui ne pouvait d'ailleurs manquer de se produire de façon ou d'autre, allait tout ensemble exaspérer ces relations et mettre les choses en pleine lumière.

Le 12 avril 1790 avait lieu la réouverture du théâtre à la suite de la clôture ordinaire de Pâques. On jouait *Phèdre* et, comme de coutume encore, un compliment devait être adressé aux spectateurs au commencement même de la soirée. Ce compliment avait dû être prononcé par Talma, et c'est Chénier qui en était l'auteur. Chénier, qui ne brillait pas absolument par le tact et la discrétion, s'était-il laissé entraîner à exprimer, dans ce petit discours, des idées qui ne pouvaient que déplaire à la majorité des Comédiens, lesquels, après tout, étaient chez eux et entendaient rester maîtres de ce qu'ils avaient à dire en semblable circonstance ? Ou bien ceux-ci voulurent-ils saisir une occasion de blesser tout à la fois Chénier et Talma et de prouver ouvertement à ce dernier leur inimitié ? Toujours est-il qu'ils refusèrent de lui laisser dire le compliment de Chénier, et que c'est justement Naudet, son adversaire le plus déclaré, qui fut chargé de prononcer à sa place le discours d'usage. Le *Moniteur universel*, après avoir publié ce petit document, nous met au courant de l'incident : — « Il a fallu, dit-il, qu'une partie du public se fâchât contre l'autre pour parvenir à entendre ce compliment. Un particulier, au lever du rideau, avait demandé qu'on fît venir M. Talma afin qu'il récitât le discours qu'on avait fait pour lui. M. Naudet a instruit le public qu'en effet M. Talma avait prié M. de Chénier de lui faire un discours, que M. de Chénier l'avait fait, mais que la Comédie l'avait jugé contraire à ses vues, au respect dû au public et à la délicatesse des circonstances. Il a proposé de prononcer celui qu'il avait préparé, on a consenti à l'entendre, il a passé et il a été très applaudi[1]. »

[1]. Voici ce discours de Naudet, tel que le reproduisait le *Moniteur uiversel* du 15 avril :
« Messieurs, des arrangements sûrs, invariables, nous permettent d'abréger désormais, autant que vous le désirerez, la clôture de notre théâtre. Nos soins ne se borneront point à ce sacrifice apparent, qui nous devient précieux par le désir que vous en avez manifesté. Des artistes, consultés sur les moyens de procurer à la classe des citoyens les moins aisés la facilité d'assister à la représentation de nos chefs-d'œuvre, nous ont fait espérer de pratiquer dans cette salle 600 places et plus, à un prix modéré, qui ne nuiront en rien à la commodité des autres spectateurs.
« Vous assurer des plus constants efforts et du respect le plus profond, voilà, Messieurs, le plus doux de mes devoirs et le vœu d'une société dont le zèle a pu être un moment attristé, mais jamais ralenti. Nous serons toujours rassurés par le souvenir des bontés d'une nation généreuse et éclairée, qui, juge et protectrice des talents, a toujours su leur dispenser, avec autant de goût que de justice, et la leçon et l'encouragement ! »
Quant au discours préparé par Chénier, il est avéré que celui-ci

Tout ceci n'était pas fait pour apaiser les esprits. Et puis, la question de *Charles IX* était toujours là, brûlante. La Comédie se refusait toujours obstinément à reprendre les représentations de l'ouvrage, et le public s'émut bientôt de cette situation, dont on peut dire d'ailleurs que tout Paris se préoccupait, la politique se trouvant ici mêlée à une question d'art. Des marques de cette émotion ne pouvaient tarder beaucoup à se produire, et elles se produisirent en effet.

Entre beaucoup d'autres, les gardes nationales de Provence avaient envoyé à Paris des délégués pour prendre part à l'admirable fête de la Fédération. Ces délégués manifestèrent le désir de voir une pièce dont on s'entretenait partout avec chaleur et dont le sujet excitait leur curiosité. Ils eurent l'idée d'écrire à la Comédie pour lui faire part de ce désir, et Chénier appuya leur demande

le fit imprimer, et on assure que, non content de le faire distribuer aux portes du théâtre, il avait confié à des hommes gagés le soin de le répandre dans la salle en le jetant du haut des galeries sur le parterre. C'est du moins, quoique ce dernier fait ait été nié par Talma, ce qu'affirment les Comédiens dans leur brochure : *Exposé de la conduite et des torts du sieur Talma envers les Comédiens-Français* : « Le jour de l'ouverture et avant le lever du rideau, disent-ils, il tomba du cintre et des troisièmes loges une nuée d'imprimés ; c'étoit le discours composé par M. de Chénier, en tête duquel se trouvoit une note, portant entr'autres choses : « Les Comédiens n'ont pas voulu « permettre au sieur Talma de prononcer ce qu'on va lire. On leur « a rendu les droits de citoyens, et *ils craignent de parler en citoyens.* « Quelques personnes de la Comédie-Française sont tourmentées de « *vapeurs aristocratiques*, MAIS AUX GRANDS MAUX LES GRANDS « REMÈDES. » — Je ne sache pas qu'aucun journal ait reproduit ce discours de Chénier.

par une lettre que lui-même adressa aux Comédiens, lettre dans laquelle il les menaçait de faire jouer ailleurs sa tragédie. « ... Si votre société, disait-il, ne remplit pas l'objet de ma demande, je vais très incessamment faire représenter cette tragédie sur un autre théâtre public. » Les Comédiens, qui, après tout, n'auraient peut-être pas demandé mieux, répondirent par un refus en lui écrivant, de leur côté, à la date du 15 Juillet : — « ... Votre pièce est dans le cas de l'article 22 des règlements adoptés par vous-même, et elle a droit à une reprise dans un temps *dont vous conviendrez avec la Comédie*... Nous vous avons dit que nous ne serions libres de reprendre cette tragédie qu'après les autres pièces qui sont dans le même cas, et dont le rang de reprise est fixé avant la reprise de la vôtre... »

Il faut croire que les fédéraux provençaux, à qui la Comédie avait dû répondre aussi par un refus, se piquèrent au jeu et ne se tinrent pas pour battus, car ils devinrent la cause d'un incident plus grave que tous ceux qui s'étaient produits jusqu'alors. Il est vrai qu'ils se virent aidés dans cette circonstance par Mirabeau, lui-même député de Provence aux États-Généraux, tandis que Danton se mêlait en même temps de l'affaire. On voit que la Comédie avait à qui parler.

Mirabeau paraît s'être rendu en personne auprès

des Comédiens, pour leur renouveler de vive voix le désir des fédérés provençaux de voir *Charles IX*; il n'existe point de détails sur l'entretien qu'il put avoir avec eux à ce sujet; mais voici la lettre qu'il leur faisait parvenir à la date du 17 juillet :

Paris, ce 17 juillet 1790.

J'ai réuni hier chez moi, messieurs, les députés des gardes nationales de Provence. Ils m'ont parlé du vif désir qu'ils auraient de voir, avant leur départ, la tragédie de *Charles IX*. D'après tous les sentiments que vous avez bien voulu me témoigner, j'ai pris sur moi, messieurs, de leur faire espérer la représentation de cette tragédie pour lundi. Je désire beaucoup ne m'être pas trop avancé et que, vous aussi, vous fassiez quelque chose pour mes bons Provençaux.

J'ai l'honneur, etc.

MIRABEAU *aîné*.

P. S. — J'apprends, en rentrant chez moi, que vous vous êtes donné la peine de me faire des difficultés... Messieurs les gens de lettres qui ont le droit de passer avant M. de Chénier ne peuvent être choqués que, dans une circonstance extraordinaire, on donne une représentation de sa pièce, et seraient, au contraire, très fâchés d'y mettre obstacle... Je me charge d'écrire à M. de Chénier, et vous réponds d'avance de son consentement. Comme un refus de votre part pourrait faire naître des soupçons peu honorables pour la

Comédie, par l'intérêt que je prends à sa cause j'ose lui conseiller de ne pas compromettre l'opinion de son patriotisme.

J'ai l'honneur d'être bien sincèrement, etc.

MIRABEAU *aîné*.

C'est à cette même date du 17 juillet que Danton adressait, lui aussi, une lettre aux Comédiens pour leur demander, au nom du district des Cordeliers, dont il était le président, une représentation de *Charles IX*. « Le district des Cordeliers, leur disait-il, me charge de vous faire connaître ce vœu, qu'il partage avec un grand nombre de citoyens venus de toutes les parties du royaume. Il se persuade que vous céderez volontiers à ses instances... Il ne vous aura point en vain adressé une réclamation dont vous sentirez toute la justice... »

Toutes ces démarches, se produisant simultanément, étaient évidemment concertées. Il n'importe. La Comédie, ferme en son dessein, ne voulait céder à aucune injonction et persistait dans une obstination qui, se prolongeant en de telles circonstances, devenait un entêtement déraisonnable et dangereux. Elle n'allait pas tarder à s'en rendre compte.

Quelques jours s'étaient à peine écoulés lorsque, le soir du 21 juillet, comme on jouait à la Comédie *le Réveil d'Épiménide*, pièce de Carbon de Flins, et que trois artistes étaient en scène : Naudet, Talma et Mlle Lange, une voix retentissante et bien connue des échos de l'Assemblée nationale s'élève tout à coup du milieu du parterre pour demander la représentation de *Charles IX*. Cette voix n'était autre que celle de Mirabeau, qui, à la tête de ses amis les fédérés de Provence, encore présents à Paris, et en leur nom, lit une demande qu'il avait rédigée d'avance pour réclamer cette représentation [1]. La salle entière se lève alors, et de toutes parts on crie : *Charles IX ! Charles IX !* Devant cette manifestation, Naudet s'avance, et, prenant la parole : « Messieurs, dit-il sans se déconcerter, il nous est impossible de jouer *Charles IX*, parce que madame Vestris est malade, et que M. Saint-Prix est atteint d'un érysipèle à la jambe. » Loin de les apaiser, ces paroles un peu brèves semblent au contraire exciter encore les spectateurs, qui, croyant peut-être à un subterfuge, crient de plus belle et réclament plus impérieusement la pièce qu'on refuse de leur donner. Talma s'avance à son tour, faisant signe qu'il veut parler, et s'exprime à peu près en ces termes : « Messieurs, madame Vestris est en effet

---

1. Certains disent que cette motion fut présentée non par Mirabeau, mais par un des fédérés, nommé Sarrazin. Ce renseignement est assurément inexact.

souffrante, mais je puis vous assurer qu'elle est prête à jouer néanmoins et à vous donner cette preuve de son zèle et de son patriotisme [1]; quant au rôle du cardinal, que M. Saint-Prix est en effet dans l'impossibilité de jouer, un de nos camarades le lira en son absence si vous voulez bien le permettre, et *Charles IX* pourra ainsi être représenté. » Cette proposition fut acceptée avec acclamations, et la Comédie, bien qu'elle en eût, dut s'exécuter. Mme Vestris joua en effet Catherine de Médicis, le rôle du cardinal fut lu par Grammont, et Talma, rappelé avec fureur après la pièce, fut couvert d'applaudissements [2].

Mais on pense bien qu'après un tel scandale les choses n'en pouvaient rester là. Ceci était un incident, non un dénouement, — ce que prouva la suite. La question, d'ailleurs, prenait une singulière importance, et qui dépassait de beaucoup les limites de la Comédie-Française. L'intervention

---

1. Madame Vestris, qui était la sœur de Dugazon, faisait, comme lui et comme Talma, partie de la *gauche* de la Comédie.

2. « Cette représentation fut très orageuse. L'usage était, à cette époque, de rester découvert pendant toute la durée du spectacle; quelques particuliers ayant persisté à garder leurs chapeaux, la force armée fut introduite dans la salle. Le fameux Danton, qui a joué un si grand rôle dans la Révolution, fut arrêté et conduit à l'Hôtel de Ville. » (Étienne et Martainville : *Histoire du Théâtre-Français* depuis le commencement de la Révolution jusqu'à la réunion générale.) — Cet usage de rester découvert à la Comédie-Française, même pendant les entr'actes, avait une source absolument ridicule. Il était né de ce fait que le roi avait une loge à ce théâtre, et que le respect dû à la personne royale s'étendait jusqu'à sa loge, même quand le souverain ne l'occupait pas et qu'elle restait vide!

de Mirabeau eut à elle seule suffi pour passionner le public, et il va sans dire que les journaux s'emparèrent du fait pour le discuter et le commenter selon les opinions politiques de chacun d'eux, les uns approuvant la conduite de Talma et incriminant la Comédie, les autres, au contraire, soutenant celle-ci et blâmant avec énergie le jeune tragédien. Ces derniers allèrent même jusqu'à accuser Talma d'avoir ourdi une sorte de complot contre ses camarades ; ils insinuèrent que le jeune artiste était de connivence avec Mirabeau dans toute cette affaire, et que l'accord était complet entre eux lors de l'incident soulevé par le tribun dans la soirée du 21 juillet. Talma, n'entendant pas qu'on lui fît jouer un rôle qui répugnait à son caractère, et voulant se disculper d'une accusation indigne, adressa aussitôt à Mirabeau la lettre suivante :

27 juillet.

Monsieur,

J'ai recours à vos bontés pour me justifier des imputations calomnieuses que mes ennemis s'empressent de répandre. A les entendre, ce n'est pas vous, *au nom des fédérés de Provence*, qui avez demandé *Charles IX* ; c'est moi qui ai fait une cabale pour forcer mes camarades à donner cette pièce : des journalistes vendus affirment au public tout ce que leur malignité leur dicte. Si vous ne me permettez de lui dire la vérité, je resterai chargé d'une accusation dont on espère tirer parti. Je vous supplie donc, Monsieur, de me permettre de détromper le public, que cent bouches ennemies s'empressent de prévenir contre moi.

F. TALMA.

A cette lettre, Mirabeau fit la réponse que voici :

27 juillet.

Oui, certainement, Monsieur, vous pouvez dire que c'est moi qui ai demandé *Charles IX* au nom des fédérés provençaux, et même que j'ai vivement insisté. Vous pouvez le dire, car c'est la vérité, et une vérité dont je m'honore. La sorte de répugnance que messieurs les comédiens ont montrée à cet égard, au moins s'il falloit en croire les bruits, étoit si désobligeante pour le public, et même fondée sur des prétendus motifs si étrangers à leur compétence naturelle; ils sont si peu appelés à décider si un ouvrage, légalement représenté, *est ou n'est pas incendiaire*; l'importance qu'ils donnoient, disoit-on, à la demande et au refus étoit si extraordinaire et si impolitique ; enfin ils m'avoient si précieusement [précisément?] dit à moi-même qu'ils ne vouloient céder qu'au vœu prononcé de la part du public, que j'ai dû répandre leur réponse. Le vœu a été prononcé, et mal accueilli, à ce qu'on assure; le public a voulu être obéi. Cela est assez simple, là où il paie, et je ne vois pas de quoi l'on s'est étonné. Que maintenant on cherche à rendre vous ou d'autres responsables d'un événement si naturel, c'est un petit reste de rancune enfantine auquel, à votre tour, vous auriez tort, je crois, de donner de l'importance. Toujours est-il que voilà la vérité, que je signe très volontiers, ainsi que l'assurance des sentiments avec lesquels, etc.

MIRABEAU *l'aîné*[1].

Mais on s'échauffait de toutes parts, et l'on peut croire facilement qu'à la Comédie-Française la tranquillité n'était pas de tout point parfaite.

---

1. Ces deux lettres ne furent, chose assez singulière, publiées qu'au bout de quinze jours. C'est la *Chronique de Paris* qui les inséra, toutes deux ensemble, dans son numéro du 11 août 1790. On les trouve dans une des brochures publiées par Talma au sujet de ses démêlés avec la Comédie : *Réponse de François Talma au Mémoire de la Comédie-Française*. Il les fait suivre d'une autre lettre à lui adressée, dont voici le texte :

« Je sais trop bien, Monsieur, avec quel zèle vous vous êtes prêté *à la demande de nos Provençaux*, en contribuant à leur donner une représentation de *Charles IX*, pour ne pas vous en faire mes remercîmens particuliers. Je vous prie de les faire agréer aussi à ceux de vos camarades qui ont concouru comme vous à la satisfaction publique.

« Cette pièce vraiment nationale, intéressante dans tous les temps, et plus encore au moment de la fédération, parce qu'elle combat les préjugés du siècle barbare qu'elle nous rappelle, n'auroit pas dû éprouver autant de difficultés à être jouée, elle auroit dû l'être dès que le vœu public a été connu.

« Je ne vous dirai rien de la mâle éloquence de votre diction, ni du touchant intérêt que vous inspirez. Messieurs nos frères de Paris vous ont déjà témoigné combien vos talens sont précieux à la scène. Continuez, Monsieur, une si belle carrière ; les Provençaux prendront part à votre succès. Agréez tous leurs sentimens, dont je suis flatté d'être l'organe, ainsi que les témoignages d'estime et de confraternité que je porte à des talens aussi brillans que les vôtres.

« J'ai l'honneur d'être, etc.

« BARTHÉLEMY,
« *Commandant le détachement de la Garde nationale du district de Marseille* ».

Toutefois, il faut supposer que dans le public on exagérait ce qui se passait à ce théâtre, car, dans son journal *les Révolutions de France et de Brabant*, Camille Desmoulins faisait un jour allusion, en une phrase incidente, à des violences qui auraient été commises par Naudet sur la personne de Talma et celle de Marie-Joseph Chénier, et qui n'existaient que dans son esprit. Ceci amena la publication de deux nouvelles lettres, émanant des prétendues victimes de ces violences imaginaires. Celle de Chénier, que voici, peut à bon droit être considérée comme excessive, autant dans le fond que dans la forme :

Ce 24 août 1790.

Je viens de lire, messieurs, dans le dernier numéro des *Révolutions de France et de Brabant* : « Le sieur Naudet va gênant la liberté du théâtre, frappe MM. Talma et Chénier, » etc. Ce fait est très faux pour ce qui me concerne. Si l'homme dont il s'agit s'est permis quelque violence contre un citoyen quelconque, ce citoyen pouvoit user à l'instant du droit qu'un homme attaqué a sur la vie d'un assassin. Il pouvoit encore recourir aux tribunaux : selon les anciennes lois, un pareil délit est puni par une peine ignominieuse et corporelle. Dans un pays libre, la loi ne doit pas être moins sévère, car il n'est point de liberté civile si la sûreté des citoyens est à la merci des brigands.

Pour moi, messieurs, assailli depuis long-tems et de

libelles et de lettres anonymes, honoré par les outrages de cette foule d'hommes méprisables autant que par les éloges des amis de la liberté, je n'ai opposé à de viles calomnies que ma conduite et mes ouvrages ; mais ces armes sont insuffisantes contre des assassins, et je me suis vu contraint de porter des pistolets pour ma défense personnelle, du moment où *Charles IX* m'a fait des ennemis de tous les vils esclaves, du moment où plusieurs de ces vils esclaves, abusant du sommeil des lois et de la pusillanimité des magistrats, se sont vantés publiquement d'être devenus des coupe-jarrets.

Marie-Joseph CHÉNIER [1].

Talma, de son côté, protestait ainsi contre l'assertion de Camille Desmoulins :

Comme il est bon, messieurs, de faire connoître la vérité sur tous les faits, quelque peu importans qu'ils puissent être, permettez-moi d'avoir recours à votre journal pour prévenir une erreur à laquelle l'avant-dernier numéro des *Révolutions de France et de Brabant* peut donner lieu en racontant un fait sans entrer dans aucun détail. Il est dit dans ce numéro que *le sieur Naudet va gênant la liberté du théâtre, frappe MM. Chénier et Talma*. M. Chénier a eu l'honneur de vous écrire pour ce qui le concerne : quant à moi, je suis loin de nier le fait qui me regarde. Il y a environ six mois que, le jour d'une représentation de *Tancrède*, au moment de lever la toile, le sieur Naudet, sans avoir été provo-

---

[1]. *Chronique de Paris*, 29 août 1790.

qué en aucune manière, s'abandonna à un excès de brutalité sans exemple chez les hommes dont la raison n'est pas entièrement aliénée. Mais je fis alors ce qu'il convenoit que je fisse pour mettre un homme à l'abri de tout reproche. Néanmoins, connoissant la haine des noirs[1] de la Comédie-Française et leurs habitudes, et prévoyant d'ailleurs que l'incompatibilité des humeurs et des opinions feroit naître de nouveaux sujets de querelle, je pris le parti, comme beaucoup de gens raisonnables, de marcher assez bien armé pour prévenir toute insulte, ou pour la repousser de manière à dégoûter les spadassins d'une seconde tentative. Depuis ce temps, il n'a pris fantaisie à aucun d'eux de me provoquer de nouveau.

Voilà, Messieurs, l'exacte vérité. Je vous supplie de vouloir bien la faire connoître au public.

F. TALMA[2].

On va voir jusqu'à quel point les choses s'envenimèrent. Cette nouvelle lettre de Talma, qui sans doute n'était point faite pour l'apaiser, porta à son comble l'exaspération de ses collègues (on ne peut plus dire ses camarades) de la Comédie-Française. Ceux-ci, bien loin de céder devant l'opinion publique, dont ils ne pouvaient ignorer

---

1. On appelait alors les *noirs* les députés de l'Assemblée nationale qui s'opposaient à tous les décrets favorables à la liberté et qui défendaient opiniâtrement les privilèges de la noblesse et du clergé.

2. *Chronique de Paris*, 1ᵉʳ septembre 1790.

les sentiments à leur égard, se raidirent contre elle au contraire, et prirent une résolution qui ne pouvait qu'augmenter son hostilité envers eux : sur l'initiative de Fleury, ils décidèrent, à la presque unanimité, l'exclusion de Talma de la société et son expulsion du théâtre. C'était une sottise doublée d'une indélicatesse et d'un excès de pouvoir, car enfin, Talma avait des droits ; c'était aussi le feu mis aux poudres. « Aussitôt, la renommée aux mille voix embouche sa trompette et proclame, dans tous les quartiers de Paris, la disgrâce du jeune tragédien. On s'émeut, on s'agite ; les groupes s'échauffent. L'un accuse les Comédiens d'aristocratie ; l'autre attribue à une basse jalousie l'exclusion du favori de Melpomène ; celui-là distribue des sifflets aux conjurés ; celui-ci veut qu'on s'adresse à l'Assemblée nationale : tous jurent de venger leur protégé de l'oppression sous laquelle il gémit. Un bourdonnement terrible part à la fois des cafés, des cercles, des académies, et annonce le violent orage qui va bientôt éclater sur la Comédie-Française [1]. »

Le 16 septembre, une foule houleuse et bruyante envahissait et emplissait, jusqu'à la faire craquer, la salle du Théâtre-Français. On peut dire que l'air était saturé d'électricité, et que chacun des

---

1. Étienne et Martainville.

assistants était venu avec la ferme volonté de provoquer une scène décisive — qui devait pourtant être remise au lendemain. A peine la toile était-elle levée que deux mille voix, partant ensemble comme un coup de tonnerre, poussent un cri formidable : *Talma ! Talma ! Talma !* Les acteurs en scène veulent vainement essayer de se faire entendre et de jouer la pièce annoncée ; c'est peine perdue. Les cris : *Talma ! Talma !* continuent à retentir avec une énergie croissante, jusqu'à ce qu'un des comédiens, s'approchant de la rampe, fasse signe qu'il veut parler. Le silence se fait alors comme par enchantement, et l'acteur annonce que le lendemain on fera connaître au public les raisons qui depuis quelque temps ont tenu Talma éloigné de la scène [1].

C'était reculer pour mieux sauter, et il va sans dire que le lendemain la soirée fut mouvementée. La foule, encore plus grande que la veille, s'il était possible, se montrait encore plus irritée, et elle le fut plus encore par l'opposition d'un certain nombre d'amis de la Comédie, que celle-ci avait tout naturellement trouvé le moyen de faire pénétrer dans la salle. Voici, du reste, comment la

---

1. « Hier, le public a demandé vivement M. Talma au Théâtre-Français. MM. les Comédiens ont promis de rendre compte aujourd'hui des motifs qui ont été cause que, depuis la dernière représentation de *Charles IX*, il n'a plus paru sur le théâtre. » (*Chronique de Paris*, 17 septembre 1790.)

Chronique de Paris, journal fort sage, rendait compte des faits :

L'événement arrivé vendredi (17 septembre) au Théâtre-Français est assez intéressant pour en donner les détails, actuellement que nous les connoissons bien.

Le public a vu avec peine que MM. les comédiens eussent exclu un acteur qui lui plaisoit, et cela pour avoir témoigné trop de zèle pour son service, zèle qui devoit être son excuse auprès de ses camarades. Quelques personnes plus actives, et qui s'intéressoient plus directement à lui, l'ont demandé jeudi ; leur demande a été appuyée par les spectateurs, et MM. les comédiens ont promis une réponse pour le lendemain.

C'étoit un jour qui attire ordinairement peu de monde ; cependant les amis du talent de M. Talma ou de sa personne s'y étoient rendus ; les comédiens, d'un autre côté, ont pu distribuer un grand nombre de billets et cartes ; ce moyen leur est très facile, puisqu'ils en ont le magasin.

M. le maire, instruit de ce qui se passoit, avoit fait dire sagement aux comédiens qu'il ne prétendoit pas décider la question, qu'il falloit attendre l'organisation définitive de la municipalité ; mais que, provisoirement, les comédiens-français ne pouvant pas être juges et parties de M. Talma, devoient jouer avec lui.

Cependant M. Fleury s'est présenté, en noir et ganté, et a dit : « Messieurs, ma Société, persuadée que M. Talma a trahi ses intérêts et compromis la tranquillité publique, a décidé, à l'unanimité, qu'elle n'auroit plus aucun rapport avec lui jusqu'à ce que *l'autorité* en eût décidé [1].

A ces mots, chacun s'est écrié selon son intention ou sa mission. M. Dugazon étoit dans les coulisses. Il s'élance sur la scène et s'écrie : « Messieurs, la Comédie va prendre contre moi la même délibération que contre M. Talma. Je dénonce toute la Comédie. Il est faux que M. Talma ait trahi sa société et compromis la sûreté publique : tout son crime est d'avoir dit qu'on pouvoit jouer *Charles IX*, et voilà tout. »

On sent quelle a dû être la fermentation. M. Dugazon, après cette sortie, a perdu la tête, et a fait la sottise de se retirer sans jouer le rôle dont il étoit chargé.

Le public a exigé que M. Fleury lût la délibération de la Comédie ; elle a été différemment reçue par les divers partis. Suleau, le Lucas des aristocrates, s'est permis des bouffonneries qui ont fait rire, et pourtant très indécentes, en ce qu'il ridiculisoit l'Assemblée nationale [2]. La garde est entrée. Le tumulte alors est

---

[1]. Dans la brochure publiée par la Comédie sous ce titre : *Exposé de la conduite et des torts du sieur Talma envers les Comédiens Français* (Paris, 1790, in-8), le texte de la petite allocution de Fleury est ainsi rapporté. — « Messieurs, d'après votre demande, ma société me charge d'avoir l'honneur de vous informer que le sieur Talma ayant non seulement *trahi les intérêts de sa société*, mais encore *compromis la tranquillité publique*, elle a délibéré *de ne plus communiquer avec lui, jusqu'à ce que l'autorité ait prononcé sur cette affaire.* »

[2]. Suleau, rédacteur des *Actes des apôtres*, journal ultra-royaliste, s'était placé au milieu du parterre, et là, muni d'une énorme sonnette, parodiant le président de l'Assemblée nationale, il donnait la parole à l'un ou à l'autre, s'écriait : *à l'ordre ! à l'ordre !* agitait bruyamment sa sonnette, et enfin, voyant que le tumulte persistait, se couvrait en riant, comme s'il voulait lever la séance.

devenu si violent qu'on a été obligé d'aller chercher M. le maire ; il est arrivé, mais le calme étoit revenu.

Le lendemain il a mandé toute la Comédie ; elle s'est excusée sur ce que ses ordres lui avoient été mal rendus. Il a demandé M. Grammont, qui en avoit été chargé, et il a appris qu'il étoit allé rendre compte aux *gentilshommes de la chambre.* M. le maire a senti, comme il le devoit, ce mépris de son autorité, et il le leur a fait connoître avec la douceur et la dignité qui le caractérisent. Il est étrange en effet que les *gentilshommes* de la chambre du *roi* prennent connoissance d'un fait de *police* qui concerne le *théâtre de la Nation.*

M. le maire a demandé avec instance aux comédiens de jouer avec M. Talma : ils n'ont écouté ni les prières ni les ordres de M. le maire, et l'un d'eux a dit qu'*il les forceroit de porter les clefs de leur salle* AU ROI.

Le conseil de ville a enjoint à MM. les comédiens-français de communiquer et de jouer avec M. Talma, leur camarade. La délibération a été imprimée et affichée [1].

La soirée ne s'était pas terminée d'une façon aussi paisible que le laisserait croire le récit de la *Chronique.* Les têtes, déjà excitées, avaient été fort échauffées par l'attitude à la fois correcte et inflexible de Fleury et par l'inconcevable obstination de la Comédie, qui, très carrément et avec

---

1. *Chronique de Paris,* 21 septembre 1790.

une hauteur presque impertinente, refusait sèchement de céder aux désirs du public. Celui-ci fut rendu tout à fait furieux par l'incartade de Dugazon, qui, perdant la tête, avait quitté le théâtre après sa courte harangue, sans plus songer qu'il devait jouer dans *l'École des Maris*, dont son absence rendait la représentation impossible. Bientôt l'irritation générale fut à son comble, et elle ne tarda pas à se manifester d'une façon quelque peu bruyante. Le tapage grossissant et des cris partant de tous côtés, les spectateurs se mutinèrent, des paroles passèrent aux actes, se bousculèrent les uns les autres, puis commencèrent, au grand effroi des femmes, dont plusieurs s'évanouirent, par casser les banquettes du parterre, et enfin, à l'instigation de quelques-uns, se mirent en devoir d'escalader la scène, d'où tout le monde s'enfuit au plus vite tandis qu'ils brisaient tout sur leur passage et renversaient tous les obstacles. Il était près d'onze heures du soir lorsque cette foule, toujours violente et furieuse, se décida à évacuer le théâtre et se rendit en poussant des cris jusqu'au Palais-Royal, où, si la garde n'était accourue, la scène menaçait de tourner au tragique. Il faut avouer que nos comédiens étaient bien mal inspirés !

En fait, leur obstination ne pouvait que compliquer outre mesure et empirer encore une situation déjà si difficile et si tendue. Il était bien évident que, finalement, ils se verraient obligés de céder. A vouloir pousser les choses à bout et, comme ils disaient, sauvegarder leur dignité, ils ne gagnèrent rien et furent simplement contraints de plier devant la force, outre qu'ils se rendaient odieux en risquant, pour une pure question d'amour-propre, de faire couler le sang.

Mais nous ne sommes pas au bout. A la suite de ce scandale, messieurs de la Comédie-Française furent, on l'a vu, invités *impérieusement* à se présenter devant le maire de Paris, qui n'était autre que l'excellent Bailly, homme calme et sage dont les exhortations ne purent venir à bout de leur entêtement. La *Chronique* nous a instruits du résultat négatif de cette entrevue. C'est à elle encore qu'il faut recourir pour avoir connaissance des faits qui suivirent, car elle est, je crois, le seul journal qui nous mette complètement au courant de tous les détails de cette affaire :

> On sait, dit-elle, que les comédiens-français ont résolu de ne plus reconnoître l'autorité de la municipalité, et de porter au roi, si on vouloit les forcer à l'obéissance, les clefs de leur théâtre, c'est-à-dire *de traiter de couronne à couronne*. Tous les bons citoyens n'ont pu voir une pareille conduite qu'avec indignation ; car si toutes les corporations du royaume méprisoient l'autorité municipale et les magistrats du peuple, si elles ne vou-

loient reconnoître d'autre pouvoir que celui du roi, la *contre-révolution* seroit faite. Cet exemple est donc aussi dangereux qu'il est coupable, et on ne sauroit trop tôt le réprimer.

Depuis cette époque, ils ont soin de remplir le parterre d'un grand nombre de leurs affidés. Les acteurs qui ont montré le plus d'audace dans leur désobéissance sont les plus applaudis, et de vils courtisans vont rapporter au roi que le peuple de Paris est déjà las de son gouvernement, et que les comédiens qui ont déclaré ne vouloir obéir qu'à lui et ont méprisé la décision du conseil de ville sont ceux qui reçoivent les témoignages les plus flatteurs de l'*estime* publique.

Depuis la révolte de la Comédie-Française, la horde de jeunes aristocrates a quitté l'Opéra pour elle, et ce lieu devient véritablement un foyer de rébellion et d'aristocratie.

Quelques jeunes gens, patriotes ardens, s'étoient réunis jeudi pour demander que MM. les comédiens eussent à *obéir à la décision de la municipalité*. Un d'entre eux eut à peine prononcé ces mots qu'une centaine d'hommes, armés de gros bâtons, se levèrent et frappèrent plusieurs personnes. Celui qui avoit fait la motion fut poursuivi par plusieurs d'entre eux jusque dans la rue.

Cette fois, d'après les ordres sages de M. le maire, la garde nationale n'entra point ; mais cette action brutale ne pouvoit avoir pour but que de faire voir combien cet ordre est *ridicule* et combien la garde est nécessaire. Cependant on ne s'est point culbuté les uns sur les autres, on n'a point escaladé le théâtre comme l'autre fois, et certes, si la garde nationale fût entrée, le désordre auroit été plus grand; cependant quelques officiers, sans employer la force militaire, ont empêché l'effusion du sang. M. Cadignan, capitaine de grenadiers, n'a pas peu contribué à arracher un jeune citoyen à la rage des furieux.

Sous quel gouvernement sommes-nous donc ? Quelle est donc la crise qui se prépare, si l'on ne peut forcer les comédiens à respecter la dignité des magistrats, l'autorité des lois et la majesté du peuple [1].

On voit jusqu'où allaient les choses. La délibération de la municipalité enjoignant aux Comédiens de reprendre leurs relations avec Talma avait été affichée par toute la ville sur l'ordre de

---

1. *Chronique de Paris*, 25 septembre 1790. Et voici la lettre que, deux jours après, le jeune homme à moitié assommé adressait à la *Chronique* :

« C'est de moi que vous avez parlé, messieurs, dans le récit des violences commises jeudi dernier à la Comédie-Française, c'est moi qui suis trop heureux d'avoir trouvé mon salut dans la fuite. Voici le fait en deux mots. La toile se lève, on alloit commencer la seconde pièce ; aussitôt je m'agenouille sur ma banquette et je demande : *A quand l'exécution du jugement municipal?* Aussitôt je me vois environné de 150 ou 200 jeunes gens armés de cannes et de bâtons. Les uns me frappent sur la tête, les autres me couvrent d'injures ; tous crioient : *Le voilà, le gueux ; traînons-le à l'hôtel de la Force.* Déjà l'on s'emparoit de moi pour mettre ce projet à exécution ; je me débattis, j'eus le bonheur de séparer la foule de mes assassins et de m'évader par une des petites portes qui avoisinent l'orchestre. Sous les arcades, quelques furieux s'attachoient encore à mes pas et dans la rue de Corneille. Telles furent les suites heureuses de mon civisme. Vous voyez, messieurs, que les ennemis de la révolution ne manquent pas de valeur : près de 200 contre un seul homme, qui n'a même pas fait usage de ses armes pour les repousser ! — DÉCHOSAL. »

Bailly (ce qui prouve à quel point la population s'occupait de cette affaire), et elle était tenue par eux pour non avenue, ce qui occasionnait les événements dont on vient de lire le récit. Quel mobile pouvait donc les faire agir, et quel aveuglement les poussait ainsi à une résistance dont l'inutilité était flagrante et qui ne pouvait que leur aliéner toutes les sympathies ? Il est bien certain que le souvenir de cette conduite maladroite pesa sur eux lorsque, trois ans plus tard, en 1793, ils furent l'objet d'une mesure qui pouvait les conduire tous à la mort. C'est ainsi que les faits s'enchaînent, et que souvent les uns sont la conséquence indirecte des autres.

Nos Comédiens, d'ailleurs, tenaient bon sous tous les rapports, et, sentant que le terrain manquait sous leurs pas, ils voulurent tenter de se justifier auprès du public. A cet effet, ils publièrent une brochure ainsi intitulée : *Exposé de la conduite et des torts du sieur Talma envers les comédiens-français,* brochure qui prenait toutes les allures d'un document officiel, car elle était signée majestueusement : LES COMÉDIENS-FRANÇAIS, et plus bas : DE LA PORTE, *secrétaire.* Talma ne voulut pas être en reste avec ses adversaires, et leur répondit tout aussitôt par une autre brochure : *Réponse de François Talma au Mémoire de la Comédie-Française,* qu'il fit suivre bientôt d'un autre opuscule : *Réflexions de M. Talma et pièces justificatives sur un fait qui concerne le Théâtre de la Nation.* Tout cela était lu avec avidité, comme on le pense, sans modifier en rien le sentiment du public [1].

Pendant ce temps, Dugazon était « aux arrêts ». On se rappelle que dans la soirée orageuse du 17 septembre, sa retraite précipitée avait empêché la représentation de *l'École des maris.* Dès le lendemain il s'excusait publiquement par cette lettre adressée aux journaux :

18 septembre 1790.

Je vous prie, Monsieur, de vouloir bien faire insérer dans votre journal l'aveu très sincère que je fais d'un tort que j'ai eu envers le public vendredi dernier. Je n'ai pas joué dans *l'École des maris,* quoiqu'annoncé sur l'affiche. Je le prie de vouloir bien m'excuser. Je n'ai pu entendre calomnier un de mes camarades, à qui j'ai donné quelques conseils sur l'art de la déclamation et lont le talent a depuis obtenu de justes applaudissemens, je n'ai pu l'entendre calomnier en son absence

---

[1]. L'apparition de la brochure de la Comédie-Française amena la publication de cette courte lettre de Chénier : — « On vient de m'apporter un Mémoire des comédiens-français. C'est un libelle calomnieux, et je démens formellement les assertions qui me concernent. MARIE-JOSEPH CHÉNIER. » L'auteur des *Philosophes*, Palissot, qui avait été aussi pris à partie dans la brochure, y répliqua de son côté, par une lettre beaucoup plus longue et qui ne saurait trouver place ici. Les documents relatifs à cette affaire sont en effet tellement nombreux qu'il faut faire un choix parmi eux, dans l'impossibilité de tout reproduire.

sans me croire obligé de le défendre avec énergie, et l'émotion que j'ai éprouvée a été malheureusement assez forte pour m'empêcher de remplir mon service ; c'est la seule chose qui puisse me causer des regrets. Car je ne me suis jamais cru dispensé de respect envers le public, et j'oserai dire encore de reconnoissance pour les bontés dont il veut bien m'honorer depuis vingt ans.

DUGAZON.

Mais cette confession ne désarma pas Bailly, qui, sans doute ami de la justice distributive, tandis qu'il appelait devant lui les artistes récalcitrants de la Comédie-Française faisait comparaître Dugazon devant le conseil de la commune, chargé de punir son manque de respect envers le public. « Avant-hier, disait à ce sujet la *Chronique*, M. Dugazon a comparu au tribunal de la commune : après avoir été donné acte par le procureur du roi de ses déclarations et de ses excuses, il lui a été enjoint d'être plus circonspect ; et pour avoir manqué au public, il a été condamné à rester huit jours chez lui, d'où il ne sortira que pour son service. Il a été, de plus, condamné aux frais de l'impression dudit jugement, à cent exemplaires. M. Dugazon a dit qu'il ne cherchoit point à pallier sa faute par quelques raisons qu'il lui seroit facile d'alléguer ; qu'il avoit déjà prouvé combien il en étoit affecté, puisqu'il en avoit demandé lui-mème la punition ; qu'il étoit sincèrement affligé d'avoir manqué au public, et qu'il ne trouvoit qu'une consolation dans sa faute, celle de témoigner le premier, entre ses camarades, son respect pour le conseil municipal et sa soumission à la loi et à la constitution, qu'il avoit juré de maintenir et de défendre »[1].

La lutte que la Comédie-Française soutenait à fois contre Talma, contre Chénier, contre la municipalité et, il faut bien le dire, contre l'opinion publique surexcitée, ne pouvait avoir d'autre résultat que sa défaite complète. Les Comédiens la voulurent continuer cependant, résolurent, après une longue discussion, de n'obéir point aux injonctions de la municipalité, et, comme s'ils traitaient de puissance à puissance, députèrent deux des leurs, Belmont et Vanhove, qu'ils chargèrent de notifier leur décision au conseil de ville. Il va sans dire que celui-ci reçut fort mal cette communication, et prit à son tour une nouvelle délibération, fort importante, dont voici le texte :

*Extrait du Registre du Conseil de ville
du 24 septembre 1790.*

Le conseil municipal ayant entendu les sieurs Belmont et Vanhove, autorisés par la Comédie-Française à signer la lettre adressée à M. le maire le 20 sep-

---

1. *Chronique de Paris*, 27 septembre 1790.

tembre, dans laquelle ils annoncent ne pouvoir exécuter l'arrêté du 18 de ce mois qui leur enjoint provisoirement de communiquer et de jouer avec le sieur Talma, déclare la délibération du 20 septembre, et la lettre écrite le même jour à M. le maire, *contraires au respect que la Comédie doit à l'autorité légitime.*

De plus, le conseil, considérant qu'en vertu des décrets de l'Assemblée nationale, sanctionnés par le roi, la police et l'administration des théâtres appartiennent à la municipalité ; que l'arrêté pris par le conseil étant fondé sur ce que les comédiens avaient manqué au public et à leurs engagemens envers lui en le privant arbitrairement d'un acteur qui lui appartient, en dépouillant un citoyen de son état, en se déclarant juges et parties ;

Persiste dans son arrêté du 18 de ce mois ; et pour statuer définitivement sur le fond de la contestation, le conseil ordonne que, dans trois jours pour tout délai, les comédiens-français seront tenus de donner leurs mémoires respectifs, pour en être rendu compte au conseil.

Le texte de cette pièce était menaçant : nos comédiens, véritablement affolés, n'en tinrent pourtant aucun compte, et plus que jamais persistèrent dans une attitude qui ne pouvait aboutir pour eux qu'à un désastre. Le public, qui de jour en jour pensait les voir céder, s'exaspéra enfin de cette résistance, et l'on pouvait prévoir un nouvel orage, plus violent encore que les précédents. Cela ne tarda pas. « Le bruit se répand, écrit-on, que les comédiens refusent d'obéir : on ne peut d'abord se le persuader, mais bientôt le doute même n'est plus permis. Le feu, qui depuis quelques jours commençait a s'éteindre, se rallume avec une nouvelle violence. Le dimanche 26 septembre, des flots de spectateurs se portent impétueusement à la Comédie-Française, et un horrible bruit fait trembler la salle jusque dans ses fondements. — *A quand l'exécution du jugement municipal?* s'écrient les uns. — *A bas!* répondent les autres. On se presse, on s'étouffe, on se frappe à coups redoublés. Qu'on se figure des éclairs qui se succèdent, des nuages enflammés qui se heurtent, dont le choc vomit la foudre et bouleverse tous les éléments, et on pourra se faire une idée du spectacle que présentait le parterre de la Comédie-Française. Duport-Dutertre, le même que le roi nomma ministre de la justice, pria le public de se calmer et assura que la municipalité, reconnaissante du zèle des bons citoyens, saurait faire exécuter son jugement. Le bruit ne cessa un moment que pour redoubler entre les deux pièces. M. Bailly, qui était arrivé, invita les spectateurs à demeurer tranquilles, et la voix de ce magistrat vertueux suffit pour tout faire rentrer dans l'ordre »[1].

1. Étienne et Martainville.

Toujours obstinés pourtant, nos Comédiens, résolus encore à ne pas céder en dépit de cette nouvelle algarade, envoyèrent aux journaux, ce même soir du dimanche 26 septembre, leur programme du lendemain, qui parut en effet le lundi matin, et où il continuait de n'être question ni de Talma ni de *Charles IX*. Voici ce programme, tel qu'on le trouve dans le *Journal de Paris* :

Théatre de la Nation. — Les Comédiens-Français ordinaires du Roi donneront aujourd'hui *la Coquette corrigée*, comédie en 5 actes, en vers, de La Noue.
Mercredi, *Didon*, tragédie.
En attendant *le Cid*, et *Pygmalion*, retardés par l'indisposition d'une actrice.

Mais Bailly, qui, en qualité de maire de Paris, avait charge de la tranquillité publique et que cette situation exaspérait à son tour, était décidé à la faire cesser à tout prix. Les choses prenaient d'ailleurs un tour tellement grave, elles pouvaient si promptement aboutir à une véritable effusion de sang, que de bons citoyens s'émurent et s'alarmèrent de cette éventualité, et adressèrent aussitôt au conseil de ville une pétition dans laquelle, qualifiant avec la sévérité qu'elle méritait la conduite de la Comédie-Française, ils insistaient pour qu'enfin l'on vînt à bout de ses résistances et qu'au besoin, lui retirant en quelque sorte son privilège, on créât un autre théâtre destiné à la remplacer. Voici le texte de cette pétition, dont la rédaction était due à Louis Millin, le jeune savant qui était appelé à devenir un de nos archéologues les plus distingués ; c'est un document qui appartient de droit à l'histoire de la Comédie-Française :

Messieurs,

Un grand nombre de citoyens, justement indignés de voir l'autorité municipale, à qui le corps législatif a confié la police des spectacles, méconnue et méprisée par les comédiens occupant le théâtre dit *de la Nation*; considérant que tout appel des magistrats établis par le corps législatif au roi est un véritable attentat à la constitution, une révolte contre l'autorité légitime, un crime réel de lèse-nation, puisque si chaque corporation du royaume se permettait une pareille démarche il n'y aurait plus de loi, plus de constitution, et que l'État serait de nouveau absolument gouverné par un pouvoir absolument arbitraire :

A arrêté qu'il serait fait une pétitition signée de 150 citoyens actifs et plus, et que cette pétition serait portée par des députés au conseil de ville, à l'effet de demander que les comédiens français soient tenus d'exécuter sur le champ, et sans aucun délai, le jugement provisoire du conseil de ville, et cela avant le jugement définitif qui doit avoir lieu sur la question relative à la discussion survenue entre MM. les comédiens français et M. Talma, attendu qu'il ne s'agit plus de leurs dissensions particulières, mais de faire respecter la dignité des magistrats du peuple et l'autorité des lois.

Les mêmes citoyens, persuadés que les comédiens particuliers du roi ne peuvent être les comédiens d'un peuple libre, que cette différence qui existe entre leur titre et leur fonction les enhardit à opposer sans cesse, et selon leurs intérêts, tantôt l'autorité des magistrats du peuple au pouvoir des officiers de la maison du roi, tantôt le pouvoir des officiers de la maison du roi à l'autorité des magistrats du peuple, demandent que les comédiens occupant le théâtre dit *de la Nation* ayent sur le champ à déclarer s'ils se regardent encore comme comédiens particuliers du roi, et que s'ils persistent dans cette prétention ils soient seulement réservés au service du roi, et qu'il soit à l'instant formé une nouvelle troupe qui ne puisse être soumise qu'à l'autorité municipale.

Les mêmes citoyens, convaincus qu'aucun établissement ne peut prendre le titre de national sans l'autorisation du corps législatif, demandent qu'il soit très expressément défendu aux susdits comédiens de donner à leur théâtre le titre de théâtre de la Nation.

Le conseil de ville est aussi invité par cette réunion de citoyens à faire très incessamment une adresse à l'Assemblée nationale pour la prier de s'occuper le plus promptement possible de la pétition des auteurs dramatiques et de statuer définitivement sur la liberté du théâtre.

Le respect que les citoyens formant cette pétition

ont pour le maintien de l'ordre, de la justice, de la loi, les a engagés à donner les premiers l'exemple d'une semblable démarche, autorisée par les décrets de l'Assemblée nationale. Ils prient instamment le conseil de ville de répondre par sa célérité à leur zèle pour la constitution et à leur confiance.

Cette pétition produisit sans doute son effet. J'imagine toutefois qu'à ce moment Bailly n'avait plus besoin qu'on l'excitât beaucoup au sujet d'une affaire où son autorité avait été méconnue, dans laquelle on avait lassé sa patience, et d'où pouvait résulter un véritable danger public. Il n'hésita donc plus à prendre la résolution que commandaient les circonstances, et pour éviter de nouveaux troubles il ordonna simplement la fermeture immédiate du théâtre, jusqu'à ce qu'on eût enfin consenti à obéir à ses ordres. Cette fois les comédiens, envisageant la gravité du cas dans lequel ils s'étaient placés, durent mettre les pouces. Le théâtre ayant été fermé le lundi, ils firent leur soumission le jour même, et le mardi matin leur programme annonçait pour le soir « la 34ᵉ représentation de *Charles IX*, tragédie nouvelle, et *le Cocher supposé*, comédie en un acte, en prose, de Hauteroche. » Cette représentation, qui attira la foule, comme on peut le penser, eut lieu sans encombre, et était ainsi mentionnée le lendemain dans la *Chronique de Paris* :

La représentation de *Charles IX* avait attiré hier beaucoup de monde : la proclamation qui contient la délibération de la Comédie-Française dans laquelle elle proteste de sa soumission et de son respect pour la municipalité a produit l'effet qu'on en devait attendre

Après la tragédie, M. Talma a été demandé ; il a paru, conduit par M. Dugazon, et il a été fort applaudi. M. Dugazon a été également demandé et applaudi.

M. le maire était dans la première loge, accompagné des officiers municipaux. La représentation a été fort tranquille [1].

Remis ainsi à la scène le mardi 28 septembre, *Charles IX* fut encore joué le surlendemain jeudi, et annoncé pour le dimanche suivant. Mais ici, nouvel incident, et assurément inattendu. *Charles IX* se vit de nouveau mis en interdit, et cette fois par qui ?... par l'auteur. Chénier, en effet, fit défense à la Comédie de jouer davantage sa pièce, et la Comédie, pour ne pas se compromettre encore, et sans qu'il y eût alors de sa faute, jugea prudent de s'en expliquer avec le

---

[1]. C'est, comme je l'ai déjà fait remarquer, dans la *Chronique* surtout qu'on trouve tous les détails relatifs à cette singulière affaire. Mais comme la *Chronique*, journal très sage et très modéré d'ailleurs, n'avait cependant pas caché ses sentiments à ce sujet et avait blâmé vertement la conduite de la Comédie-Française, celle-ci, qui n'était pas à cela près d'une maladresse, avait cru devoir rompre brutalement toute espèce de relations avec le journal. C'est ce qui résulte de cette note que publiait la *Chronique* dans son numéro du 26 septembre :
— « Nous ne pourrons plus donner à l'avenir l'annonce (c'est-à-dire le programme) du théâtre de la Nation, la Comédie ayant *unanimement délibéré* de ne plus communiquer avec la *Chronique*. »

public en faisant insérer dans le *Journal de Paris* un extrait de la lettre que l'auteur lui avait adressée pour lui notifier sa défense [1]. Chénier, de son côté, trouva bon de s'expliquer aussi, et le *Journal de Paris* reçut de lui cette lettre, qu'il publia dans son numéro du 7 octobre :

---

[1]. Voici la communication de la Comédie, telle que la donnait le *Journal de Paris* dans son numéro du 3 octobre :

Aux auteurs du Journal.

Ce 2 Octobre.

Messieurs,

La Comédie-Françoise vous prie d'insérer cet extrait de lettre dans votre Journal : il est essentiel que le public soit instruit des motifs qui s'opposent pour demain dimanche à la représentation de *Charles IX*.

Nous avons l'honneur d'être, etc.

DORIVAL, *Semainier*, GRAMMONT.

(Extrait d'une lettre de M. de Chénier à M. de la Porte, secrétaire de la Comédie-Françoise, du 31 septembre (1er Oct. 1790).

« Ayant vu, mercredi, M. ma tragédie de *Charles IX* affichée pour le lendemain, j'ai écrit à M. le maire, afin de savoir si cette représentation étoit donnée, comme celle du mardi, en vertu des ordres de la municipalité. Sa réponse m'apprend que pour cette fois les comédiens ont affiché *Charles IX* de leur propre mouvement. Je le vois encore affiché pour dimanche. Je vous prie, M. de leur observer que j'en suis l'auteur, que je n'ai cédé à personne le droit de faire représenter cette pièce sans avoir obtenu mon consentement, que si j'ai cédé aux pauvres la rétribution qui m'appartenoit pour *Charles IX*, je dois veiller à leurs intérêts et ne pas laisser envahir leur propriété par les comédiens. Mon intention est donc que *Charles IX* ne soit plus représenté sur ce théâtre jusqu'au moment où l'Assemblée nationale aura prononcé relativement à la pétition des auteurs dramatiques. »

Paris, ce 5 octobre.

Messieurs,

L'extrait de ma lettre que les Comédiens-Français vous ont adressé pour le publier demande un mot d'explication. Depuis que ces messieurs avoient refusé avec tant de constance de jouer *Charles IX* au moment de la Fédération, je m'étois promis de ne laisser représenter aucun de mes ouvrages sur leur théâtre avant que l'ordre convenable y fût établi par une loi générale et par des réglemens nouveaux. La municipalité leur a ordonné de représenter *Charles IX* mardi dernier. Je n'ai voulu ni dû m'opposer à cet ordre. Ils l'ont représenté le jeudi suivant sans un ordre de la municipalité et sans demander mon consentement. Ils l'ont encore affiché pour le dimanche. J'ai fait retirer la pièce de l'affiche, et voici mes raisons.

Selon les réglemens actuels de la Comédie-Française, quand la recette d'une pièce n'a monté qu'à une certaine somme deux fois de suite ou trois fois en différens tems, la pièce n'appartient plus à l'auteur, mais à la Comédie. *Charles IX* n'a jamais été dans ce cas; mais ce qui n'est pas arrivé pourroit bien arriver, grâce à la bonne volonté des comédiens qui ont un art admirable sur ce point, comme on peut s'en convaincre en lisant un fort bon mémoire de M. Fenouillot de Falbaire. Si la chose arrivoit, les pauvres, à qui j'ai cédé ma part d'auteur durant toute ma vie, se trouveroient frustrés de cette donation ; ainsi, pour éviter de les voir dépouillés, j'ai dû attendre le moment où l'Assemblée nationale voudra bien prononcer sur la pétition des auteurs dramatiques. On sait que cette pétition a été fortement appuyée auprès de la municipalité par une autre pétition signée d'un très grand nombre de citoyens distingués.

MARIE-JOSEPH CHÉNIER [1].

Voilà donc *Charles IX* de nouveau éloigné de la scène. Talma aussi sans doute, car il me semble bien qu'à partir de ce moment, et durant au moins quelques semaines, il ne reparut plus sur les planches de la Comédie. Celle-ci, en effet, avait bien pu céder à la force et capituler devant la municipalité ; ses sentiments n'étaient point pour cela changés, et elle ne devait pas être fâchée du prétexte que lui fournissait Chénier de ne plus

---

1. Les droits des auteurs à la Comédie-Française étaient établis par un règlement qu'elle-même leur avait imposé et qui, naturellement, était tout à son avantage. D'après ce règlement, lorsque la recette d'une pièce était tombée deux ou trois fois de suite au-dessous de 1.200 livres en hiver ou de 800 livres en été, l'auteur n'y pouvait plus rien prétendre et ses droits disparaissaient par ce fait. Or, la Comédie usait de mille subterfuges, de mille petits moyens plus ou moins honnêtes pour, à un moment donné, obtenir ce résultat et ne plus rien devoir à l'auteur d'une pièce qui même avait obtenu du succès : on la donnait à certains jours où l'on savait d'avance la recette devoir être faible, ou bien on la faisait jouer par les doubles, etc. Puis, la pièce une fois « tombée dans les règles », — c'était l'expression consacrée, — on la remettait habilement en scène, le public y accourait, la salle se remplissait, mais l'auteur n'en tirait plus aucun profit, car eût-elle produit alors au théâtre 100.000 écus, celui-ci n'en touchait plus un rouge liard. Chénier ne voulait pas attendre ce résultat pour *Charles IX*, et c'est pourquoi il en interdisait la représentation jusqu'à ce que l'Assemblée nationale eût statué sur la pétition par laquelle les auteurs dramatiques réclamaient contre un règlement inique et en demandaient le redressement.

faire jouer le jeune tragédien. Si l'ordre régnait désormais dans l'intérieur du théâtre, ce n'était qu'un ordre apparent, et en ce qui concernait Talma la situation n'était guère changée. On a raconté que tous ceux qui avaient pris son parti dans cette affaire de *Charles IX*, particulièrement Dugazon et sa sœur, Mme Vestris, ainsi que Mlle Desgarcins, avaient été mis en quarantaine par leurs camarades et que, d'un commun accord, nul d'entre eux ne leur adressait plus la parole. Ce qui est certain, c'est que Mlle Contat et Mlle Raucourt, se refusant absolument à subir la présence de Talma, qu'on leur imposait, donnèrent l'une et l'autre leur démission, ce qui provoqua encore certains incidents dans la salle de la Comédie, où trois jours durant divers spectateurs, de ceux apparemment qui se souciaient peu de la rentrée de Talma et de la reprise de *Charles IX*, réclamèrent à grands cris et à grand renfort de tapage la présence des deux artistes fugitives. Devant ces manifestations Fleury, le troisième soir, crut devoir s'avancer sur la scène et donner au public lecture de la lettre par laquelle Mlle Contat déclarait se séparer de ses compagnons, ne voulant point, disait-elle expressément, « consentir à regarder jamais Talma comme son associé et son camarade ». On devine si cette lettre fut l'objet, dans les journaux et dans le public, de discussions vives et passionnées, selon les opinions de chacun [1]. D'autre part, les inimitiés masculines recommencèrent à se faire jour contre Talma. Naudet, excellent homme pourtant et dont on vantait les rares qualités morales, continuait à le poursuivre sinon de sa haine, du moins de sa rancune et de sa mauvaise humeur. C'est ainsi qu'il le prit vivement à partie dans une brochure publiée par lui sous ce titre : *Réponse de M. Naudet,* comédien du Roi, aux injures répandues contre lui dans différents journaux [2]. Talma ne voulut pas être en reste avec lui et fit insérer dans différents journaux une *Lettre de François Talma,* en réponse à une brochure intitulée, etc. A cette lettre, datée du 26 octobre 1790 et publiée dans les journaux du 27, Naudet répliqua lui-même par une *Réponse de M. Naudet* à la lettre de M. Talma du 27 octobre 1790 insérée dans le *Journal de Paris,* la *Chronique* et les *Petites Affiches,* réponse qui était accompagnée d'une autre lettre de son camarade Saint-Prix, dont Talma faisait encore les frais. Mais tout cela n'avait que faire avec la question de la Comédie-Française et de *Charles IX* et lui était complètement étranger : il s'agissait ici du service de Talma comme... garde national, service pour lequel il était placé sous les ordres de Naudet,

---

1. On trouvera à l'Appendice le texte de la lettre de Mlle Contat.
2. Paris, L. Potier de Lille, in-8°.

officier. Tout cela était burlesque, et il fallait vraiment avoir envie de disputer [1].

La paix finit pourtant par se faire, et elle fut conclue dans une représentation gratis qui eut lieu à la Comédie-Française le vendredi 7 janvier 1791. La *Chronique* du lendemain rapportait ainsi l'incident qui s'était produit à cette représentation : —
« ... La pièce finie, une scène vraiment touchante lui a succédé et fait éprouver aux spectateurs une sensation délicieuse. Tout le monde connoit la malheureuse dissension qui régnoit depuis long-tems entre quelques sujets de la Comédie-Française et le reste de la société. MM. Dugazon et Talma, ne consultant que leur amour pour la paix et l'attachement qu'ils n'avoient jamais cessé d'avoir pour leur camarade, ont proposé à M. Naudet de déposer, en présence de leurs frères et de leurs camarades, leur ancienne animosité et de les (*sic*) oublier dans des embrassements mutuels, et ils se sont embrassés. »

D'autre part, les deux transfuges, Mlles Contat et Raucourt, touchées sans doute de cet incident, revinrent sur leur démission et reparurent dès le lendemain à la Comédie-Française. C'est encore la *Chronique* qui nous apprend, dans son numéro

---

1. Les deux lettres de Naudet et de Saint-Prix parurent dans le *Journal de Paris* du 31 octobre. Avant de se faire comédien, Naudet avait été militaire et sergent dans les gardes-françaises.

du 10 janvier, comment les choses se passèrent à cette occasion :

> La réunion des acteurs du Théâtre-Français est complète. Mlles Contat et Raucourt ont reparu avant-hier. Avant la représentation de la pièce, M. Talma s'est présenté, et, s'adressant au public, a dit :
>
> Messieurs,
>
> La journée d'hier a été l'époque de ma réconciliation avec la Comédie. Les événemens ont été tels que je me suis trouvé la cause involontaire des chagrins auxquels la Comédie a été en but (*sic*), et particulièrement M. Naudet, à qui, dans ce moment, je me fais un devoir rigoureux de rendre toute la justice qui lui est due. Mais mon âme ne seroit pas pleinement satisfaite, si votre amour pour les talens ne forçoit pas mesdemoiselles Raucourt et Contat à se réunir à une société à laquelle je consacre un attachement inviolable [1].

Que se passa-t-il pourtant pendant les trois mois qui suivirent, et quels événements nouveaux devaient amener une nouvelle rupture, cette fois définitive, et qui se produisit avec éclat ? Ici les renseignements font défaut de la façon la plus absolue, et nulle part on ne trouve trace des incidents qui rendirent inévitable une scission que

---

1. Mlle Contat fit sa véritable rentrée le samedi 15 janvier dans *le Jaloux sans amour* et *le Mariage secret*, et Mlle Raucourt reparut le lendemain 16 dans le rôle de Clytemnestre d'*Iphigénie en Aulide*.

toute une série d'événements fâcheux pouvaient malheureusement faire craindre et prévoir. Bornons-nous à signaler les faits que nous connaissons, et pour l'intelligence desquels il nous faut faire un retour en arrière.

Le petit théâtre des Variétés-Amusantes, fondé en 1778 par Lécluse à la foire Saint-Germain, presque aussitôt transporté par lui sur le boulevard, c'est-à-dire à l'angle des rues de Bondy et de Lancry, et qui s'était rendu fameux un moment par le succès prodigieux d'une farce devenue légendaire, *Janot* ou *les battus paient l'amende*, était passé aux mains de deux ex-directeurs du Grand-Théâtre de Bordeaux, Gaillard et Dorfeuille, qui, à leur tour, l'avaient transféré au Palais-Royal, dans une salle en bois construite par leurs soins et qu'ils ouvrirent le 1er janvier 1785. Mais en changeant de quartier, et par conséquent de public, les entrepreneurs comprirent qu'ils devaient aussi changer de répertoire, et qu'aux farces que les habitués du boulevard avaient accueillies avec enthousiasme il fallait substituer des pièces d'un genre plus relevé et plus sérieux. De même, ils résolurent d'améliorer leur troupe en la renforçant à l'aide de sujets plus distingués.

A peu près vers le même temps, c'est-à-dire en 1786, le duc d'Orléans, à qui le Palais-Royal appartenait en propre, y faisait construire, sur les dessins du célèbre architecte Louis, une salle vaste et élégante qui, dans sa pensée, devait abriter un jour l'Opéra. Ce prince, en effet, caressait l'espoir que ce théâtre, logé alors dans la salle qu'on lui avait fait élever à titre provisoire au boulevard Saint-Martin après l'incendie de celle qu'il occupait précisément au Palais-Royal (1781), reviendrait à ce même Palais-Royal, où il trouverait alors un logis à sa convenance. Mais, en présence d'obstacles qui lui furent suscités et qu'il n'avait pas prévus, il se vit bientôt obligé de renoncer à cet espoir, et, sa salle prête, ne trouva personne pour l'occuper. Il dut donc, pour ne la point laisser à l'abandon, consentir à la louer aux directeurs des Variétés-Amusantes, et ceux-ci purent bénir l'heureux hasard qui mettait ainsi à leur disposition un théâtre tout battant neuf et construit dans de rares conditions de confort et d'élégance. Ils firent l'ouverture de cette nouvelle salle le 15 mai 1790 [1].

Mais c'est alors surtout qu'ils sentirent toute l'importance qu'allait acquérir leur entreprise, et le soin qu'il leur fallait apporter au choix de leur

---

1. C'est la fort belle salle dans laquelle la Comédie-Française, reconstituée après tant d'événements, s'installa en 1799, et qu'elle ne cessa d'occuper depuis lors jusqu'au 8 mars 1900, où elle disparut dans les flammes, pour être reconstruite aussitôt. On assure qu'elle coûta trois millions au duc d'Orléans, qui, par un bail de trente années, la loua à Gaillard et Dorfeuille au prix de 24.000 livres par an.

personnel et de leur répertoire. Ils firent à ce moment une recrue précieuse en la personne d'un artiste fameux, Monvel, ancien sociétaire de la Comédie-Française, revenant de Suède, où il avait passé plusieurs années, et qui se joignit à quelques excellents artistes déjà nouvellement engagés, tels que Michot, Frogères, Dumaniant, Fusil, Rosières, Mlle Giverne, Mmes Saint-Clair, Lecoutre, et cette intéressante Julie Candeille, l'une des femmes les plus séduisantes et des comédiennes les plus charmantes qu'on pût souhaiter. Ils jugèrent expédient de changer aussi la dénomination de leur théâtre et de substituer, au titre de Variétés, celui de théâtre du Palais-Royal. Quant aux pièces, ayant abandonné le vaudeville et la bouffonnerie pour la comédie pure, en prose ou en vers, ils avaient déjà donné avec succès plusieurs ouvrages en ce genre : *la Joueuse, le Pessimiste*, de Pigault-Lebrun, *la Nuit aux aventures, Guerre ouverte* ou *Ruse contre ruse*, de Dumaniant ; ils continuèrent dans cette voie et jouèrent successivement *l'Heureuse Indiscrétion*, de Monvel, *l'École des frères*, de Ponteuil, *la Double Intrigue*, de Dumaniant, *les Deux Figaros*, de Richaud-Martelly, etc.

C'est pendant ce temps que se produisaient, à la Comédie-Française, les graves démêlés entre Talma et ses amis, d'une part, et, de l'autre, les sociétaires impénitents de ce théâtre, pendant ce temps aussi qu'à la suite d'une pétition des auteurs dramatiques réclamant la liberté des théâtres, l'Assemblée nationale, par un décret du 13 janvier 1791, établissait cette liberté dans son sens le plus large et faisait entrer dans le domaine public tous les chefs-d'œuvre qui étaient jusqu'alors exclusivement réservés à la Comédie-Française. Gaillard et Dorfeuille saisirent tout le parti qu'il y avait à tirer de cette situation nouvelle, à laquelle ils se trouvaient jusqu'à un certain point préparés. Depuis longtemps les auteurs souhaitaient l'établissement d'un second Théâtre-Français; ils résolurent de réaliser ce souhait, entamèrent avec les dissidents de la Comédie-Française des négociations qui ne tardèrent pas à aboutir et attirèrent ainsi à leur théâtre Talma, Dugazon, Grandmesnil, Mme Vestris, Mlle Desgarcins, Mlle Simon, et Mlle Lange [1].

Rien ne paraît avoir transpiré de ce fait dans le public avant qu'il s'accomplît. Les théâtres avaient l'habitude de fermer alors pendant quinze jours ou trois semaines à l'époque des fêtes de Pâques. La Comédie-Française ayant fermé ses portes le 10 avril 1791, le théâtre du Palais-Royal fit de même six jours après, le 16, et dans

---

[1]. Celle-ci n'y demeura pas longtemps et, dès l'année suivante, reparaissait à la Comédie-Française.

le compliment habituel de clôture, l'un des artistes de ce dernier, Saint-Clair, annonçait sa prochaine transformation et, sans citer aucun nom, faisait connaître, d'une façon transparente, l'arrivée de certains artistes destinés à donner aux spectacles futurs tout le relief et tout l'éclat que nécessitait cette transformation : « Il a fallu, disait-il, joindre aux sujets de ce spectacle des acquisitions nouvelles, et pour faire paraître avec quelque avantage Corneille, Racine et Voltaire sur ce théâtre où fut jadis Molière, appeler à notre aide *des talents déjà connus, déjà aimés du public, et qu'une tradition précieuse eût familiarisés avec les chefs-d'œuvre de nos grands maîtres.* » Il était difficile de dire plus sans dire tout, et le public dut comprendre [1].

Les anciennes Variétés-Amusantes, devenues le théâtre du Palais-Royal, changèrent de nouveau leur titre et prirent celui de Théâtre-Français de la rue de Richelieu, qu'elles devaient échanger encore, en 1793, contre celui de Théâtre de la République. La réouverture était fixée au 25 avril : elle fut retardée de deux jours et n'eut lieu que le 27. Voici le programme du premier spectacle, tel que le publiaient les journaux : « THÉATRE-FRANÇAIS, rue de Richelieu. Aujourd'hui, pour l'ouverture, la première représentation d'*Henri*

---

1. Voir à l'Appendice le texte complet de ce compliment.

VIII et *Anne de Boulen*, tragédie nouvelle de M. Chénier, suivie de *l'Épreuve nouvelle*, comédie en un acte, en prose. »

Ce théâtre, ainsi transformé, menaçait la Comédie-Française d'une concurrence directe et redoutable. Celle-ci, par sa morgue, par son manque d'égards et souvent de courtoisie envers les auteurs, par le mépris avec lequel elle traitait ouvertement leurs intérêts, ne songeant qu'à elle et aux siens propres, avait fini par s'aliéner non seulement les sympathies, mais jusqu'à l'estime de la plupart des écrivains qui travaillaient pour le théâtre. Se sentant forte d'un privilège qui, en dehors d'elle, ne leur laissait d'autre ressource que de s'adresser à la Comédie-Italienne, elle les avait tellement indisposés par sa hauteur, son arrogance et ses mauvais procédés que, le moment venu du danger, nul n'était prêt à prendre sa défense et à l'aider dans le combat qu'elle allait avoir à soutenir contre un rival énergique. En ce qui concerne Chénier personnellement, il semblait tout naturel, après ce qui s'était passé, qu'il donnât son appui à un théâtre qui entrait en lutte ouverte avec la Comédie, alors surtout que ce théâtre s'attachait Talma, son interprète favori, et quelques-uns de ses camarades. Chénier avait donc retiré de la Comédie sa nouvelle tragédie d'*Henri VIII*, qui avait été non seulement reçue, mais déjà répétée, et il l'avait transportée à la rue de Richelieu, où, avec Talma (Henri VIII), elle allait avoir pour interprètes principaux Mme Vestris (Anne de Boulen) et Mlle Desgarcins (Jane Seymour), sans compter Monvel, qui dès la seconde représentation y reprit le rôle de Crammer, confié d'abord à un artiste insuffisant. L'œuvre, avec ses défauts, était puissante et forte, et, scéniquement et littérairement, supérieure à *Charles IX*; et comme, d'autre part, elle était jouée de la façon la plus remarquable, on pouvait lui présager un véritable succès. Ce succès, elle l'obtint; mais on va voir que ce ne fut pas sans peine, et nous n'en avons pas fini avec les cabales et les incidents.

La représentation d'ouverture du nouveau Théâtre-Français fut en effet très orageuse, et il est bien certain qu'une cabale avait été organisée pour l'empêcher de réussir. Que, ainsi qu'on l'a dit et qu'on le verra plus loin, cette cabale ait été montée par la Comédie-Française dans le but d'étouffer un rival naissant, c'est ce que, pour ma part, je ne saurais affirmer, mon rôle devant se borner à mettre sous les yeux du lecteur les pièces les plus importantes de ce procès intéressant (il y aurait excès à les reproduire toutes). Quant au scandale, il fut complet. Dès le commencement du spectacle il était aisé de voir que des ennemis ardents s'étaient introduits dans la place, qui s'efforçaient de la démanteler. Un acteur dont la voix était trop faible, chargé du rôle de Crammer, donna d'abord prétexte à quelques manifestations hostiles; puis une enfant, qui représentait le personnage de la jeune Élisabeth et qui se montra complètement insuffisante, provoqua encore du tumulte et des cris violents de la part d'un certain nombre de spectateurs acharnés, auxquels d'autres répondaient par des bravos et des acclamations. En fait, la valeur de l'œuvre était telle qu'elle triompha, malgré tout, de toutes les hostilités et de tous les partis-pris. Mais ce qui prouve bien qu'il y avait cabale ouverte et préméditée, c'est que les manifestants, n'ayant pu mordre sur *Henri VIII*, s'en prirent à la petite pièce, qui n'en pouvait mais, et l'accompagnèrent d'un tel tapage qu'il fut impossible de la jouer jusqu'à la fin et que le rideau dut être baissé avant qu'elle fût achevée. Or, cette petite pièce, c'était l'*Épreuve nouvelle*, de Marivaux, suffisamment connue depuis un demi-siècle et qu'on n'avait aucune raison pour traiter de la sorte. Après avoir constaté l'accueil fait à *Henri VIII*, la *Chronique* terminait ainsi son compte-rendu de la soirée :

... La représentation de la petite pièce a été beaucoup plus orageuse. Les sept ou huit cabales intéressées à la disgrâce de ce théâtre, toutes les espèces d'aristocraties, et notamment l'ancienne féodalité théâtrale, se sont réveillées avec fureur et n'ont pas permis d'achever *l'Épreuve* de Marivaux. Peut-être pouvait-on faire un choix plus heureux. L'entortillage de Marivaux pouvait donner beau jeu à de nombreux ennemis. Ce que nous pouvons assurer, c'est que les acteurs n'ont pas joué de manière à mériter ce barbare traitement et cette scène indécente. Mais c'est une bien vaine consolation pour l'envie. Le coup est porté, il est irrévocable : le public est juste, et nous osons prédire aux entrepreneurs qu'avec du courage et du zèle ils l'auront tôt ou tard pour leur plus ardent défenseur

Quant à ceux qui ont été amenés à cette représentation par des motifs que nous craignons de qualifier, nous leur dirons, avec toute l'autorité du bon sens, que ce n'est pas par des sifflets, par d'indécentes huées qu'ils retarderont les progrès de ce théâtre, qu'il leur faudra lutter désormais non pas de cabales et d'intrigues, mais de talents, de travaux, et surtout de respect pour le public, qui ne tardera pas à trouver mauvais de se voir troubler dans ses plus nobles plaisirs et dans ses plus délicates jouissances par les vils calculs et les honteux ressorts de la jalousie et de la cupidité [1].

Il n'y a ici que des insinuations contre la Comédie-Française, et une allusion, d'ailleurs

---

1. *Chronique de Paris*, 29 avril 1791.

transparente, au rôle qu'on lui prêtait en cette affaire. Nous allons voir préciser les accusations qui s'élevèrent alors contre elle en la rendant responsable des désordres qui s'étaient produits à la représentation d'*Henri VIII*. Chose assez singulière d'ailleurs, c'est Palissot, le trop fameux auteur des *Philosophes*, l'ancien ennemi des encyclopédistes, l'insulteur de J.-J. Rousseau, l'enragé défenseur de l'ancien régime à qui il devait tout devenu l'ardent apôtre des idées nouvelles, c'est Palissot qui se chargea d'attacher le grelot ; c'est lui qui, par une lettre fort longue, datée du 2 mai et rendue publique, lança contre la Comédie un véritable réquisitoire conçu en termes singulièrement agressifs, rappelant sa conduite envers les gens de lettres, les procédés dont elle avait usé envers Talma et ceux de ses camarades qui l'avaient suivi au nouveau théâtre, et enfin s'étonnant de voir que « des Français n'ont pas rougi de s'associer à *des cabales de comédiens* et contre la pièce dont ils espéraient troubler le succès, et contre un nouveau théâtre qui ne doit son existence qu'aux injustices révoltantes de ces mêmes comédiens! »

Ceux-ci ne pouvaient rester muets sous l'affront : ils répondirent, et il est juste de déclarer que, à l'encontre de leurs habitudes, leur réponse ne brillait pas non plus par une extrême modération.

Bien que les développements de leur lettre n'eussent rien à envier à ceux de la lettre de Palissot, ils s'écriaient tout d'abord : « Notre réponse sera courte, mais énergique : *M. Palissot est un imposteur!*... » Puis ils s'efforçaient de se disculper de l'accusation qu'on faisait peser sur eux, et ils poursuivaient ainsi : « Quelles cabales avons-nous formées? Qui sont ceux que nous avons ameutés pour exciter du trouble? Que M. Palissot les nomme, qu'ils se montrent!... Non, ces lâches manœuvres sont indignes de nous. » Et enfin ils terminaient en ces termes : « Nous serions, sans contredit, fondés à rendre plainte et à réclamer la protection des lois contre M. Palissot, dont les imputations calomnieuses tendent à nous déshonorer, à nous enlever la bienveillance du public, à exciter contre notre spectacle la haine de tous les gens de lettres et de tous les théâtres, à éloigner de nous les talents, à rendre notre société odieuse à tous les comédiens et à détruire notre spectacle. Mais il y a si longtemps que l'opinion publique a fait justice de M. Palissot que, quelque dessein qu'il ait de nuire il ne le peut plus, et que nous aurions pu, pour toute réponse à sa lettre, lui faire nos remerciements de l'avoir signée. Si M. Palissot croit qu'il peut répliquer, nous déclarons que nous ne lui répondrons plus, par respect pour le public et pour nous-mêmes [1]. »

On voit à quel ton se trouvait montée la polémique. Ceci n'est rien pourtant. Nous allons voir Chénier lui-même entrer en scène, Chénier, directement intéressé dans la question et ivre de fureur, qui à son tour va prendre à partie les Comédiens et s'adresser à eux dans des termes dont on ne peut que réprouver l'inutile violence et une grossièreté qui va jusqu'au cynisme. Voici sa lettre, qui porte la date du 10 mai, et que je crois utile de reproduire presque en son entier pour montrer à quels excès de langage un écrivain blessé dans son orgueil peut se laisser entraîner :

« Oui, c'est vous qui avez troublé la première représentation de *Henri VIII*, de concert avec des aristocrates et des courtisanes ! Oui, les acteurs, les actrices de votre théâtre, les laquais et les amants de ces demoiselles, leurs créanciers même, vos ouvreuses de loges, vos garçons de théâtre s'étaient rendus soigneusement à cette représentation, et ce n'était point par esprit de curiosité ! Oui, c'est ce respectable corps d'armée qui a dirigé ses principales attaques contre le quatrième acte ! Ayant répété souvent la pièce, vous saviez très bien que c'était la partie la plus pathétique

---

[1]. Cette lettre était signée : *Les Comédiens Français ordinaires du Roi*. On en trouvera le texte à l'Appendice, ainsi que celui de la lettre de Palissot.

de l'ouvrage, et que, là surtout, madame Vestris déployait une supériorité marquée. Oui, les pleurs que ce quatrième acte a fait couler en abondance du moment qu'on l'a écouté, déposent contre les lâches manœuvres qu'on a employées pour faire tomber la pièce ! Oui, quelques-uns d'entre vous se sont effectivement très indécemment comportés, et surtout mademoiselle Contat l'aînée ! Oui, tous ces faits sont attestés par plus de trente témoins, qui se nommeront et déposeront, s'il le faut, devant les tribunaux ! Je n'aurai pas le ridicule d'y dénoncer une misérable cabale, dont la tragédie de *Henri VIII* a si complètement triomphé ; mais si vous avez l'audace d'y recourir vous-mêmes, c'est moi qui vous répondrai en personne, et je m'engage à démontrer que la lettre de M. Palissot ne contient que des vérités, et que c'est vous qui êtes des *imposteurs*. M. Palissot ne s'est point donné avec moi *les honneurs du protectorat* : il a écrit comme un ami, comme un homme qui chérit les lettres, à qui vous devez votre existence et que vous avez toujours payé par une détestable ingratitude. L'esprit de parti a trop souvent divisé la littérature ! ce ne sont pas là vos affaires : mais quand il a fallu dénoncer au public *vos vexations, vos injustices révoltantes et l'astuce profonde* avec laquelle vous envahissiez nos propriétés, tous les partis se sont réunis, et trente auteurs dramatiques ont signé que vous étiez leurs ennemis les plus acharnés.

Vous vous permettez de dire que l'opinion publique a fait justice de M. Palissot : vous ne connaissez pas la force des expressions : les amis de M. Palissot, en lui reconnaissant ce tour d'esprit malin qui a distingué dans leur temps Boileau, Pope et d'autres écrivains célèbres [1], lui reconnaissent aussi un cœur excellent. Les lecteurs, en n'adoptant peut-être pas toutes ses opinions, ont marqué sa place parmi nos écrivains les plus élégants et nos critiques les plus judicieux.

C'est ainsi que l'opinion publique lui *a rendu justice*. Pour vous, quand la pétition des auteurs a dévoilé votre odieuse conduite, les spectateurs vous ont abandonnés comme les gens de lettres, votre salle s'est trouvée déserte, et c'est ainsi que l'opinion publique *a fait justice* de vous. Profitez à l'avenir de cette petite leçon de langue française.

Si M. Palissot répond, vous le menacez de votre silence; et moi, si vous répondez, je vous répliquerai. Au milieu des études qui m'occupent, il me restera toujours dans ma journée une demi-heure pour vous confondre. Avant de supposer qu'on veuille ou qu'on puisse vous déshonorer, songez que vous avez parmi vous des courtisanes dévergondées, des hommes perdus de dettes, quelques-uns flétris par des banqueroutes particulières, songez-y, vous dis-je, et ne provoquez plus la franchise austère d'un écrivain qui n'a jamais attaqué personne, mais qui sait se défendre, et qui vous accablera toujours sous le poids de la raison et d'une conduite irréprochable...

MARIE-JOSEPH CHÉNIER.

---

[1]. Ici, Chénier s'égare un peu. Comparer Palissot à Pope peut sembler au moins hardi.

Il semble vraiment que nos Comédiens étaient dans leur tort, car ils ne jugèrent pas à propos de répondre à cette lettre, non plus qu'à une seconde lettre de Palissot, dans laquelle celui-ci reproduisait formellement ses affirmations. Est-ce le cas de dire : « Qui ne dit mot consent ? » Peut-être [1]. Aussi bien les voyons-nous blâmer, sinon directement à ce sujet, du moins dans la maladresse de leur conduite au point de vue général, par un journal qui ne saurait être accusé ni d'hostilité contre eux ni d'exagération dans ses opinions. Ce journal, de principes politiques essentiellement modérés, et qui n'avait cessé de leur témoigner ses sympathies en toutes circonstances, c'était le *Journal de Paris*, qui s'exprimait pourtant ainsi dans un article consacré par lui à la Comédie-Française :

En jettant, selon notre usage, un coup d'œil sur le travail annuel de chaque théâtre et sur sa situation, nous nous arrêterons d'abord sur celui qui a pris avec si peu d'avantages le titre vain de *Théâtre de la Nation*, et nous remarquerons que depuis cette époque

---

1. Palissot disait, dans cette seconde lettre : «... Quant aux faits que j'ai avancés sur la première représentation d'*Henri VIII*, ils sont de notoriété publique et pourront être attestés par une foule de témoins. Je ne suis pas étonné que les Comédiens se permettent de les nier, mais l'impudence du mensonge n'est pas la hardiesse de la vérité. »

ont commencé les malheurs dont il est la victime [1]. Nous ne chercherons pas à en pénétrer, à en démêler les causes. Nous les trouverions peut-être dans ce même esprit qui a fait adopter aux Comédiens-François un titre aussi orgueilleux qu'insignifiant. Cette Société, trop favorisée par le despotisme, trop accoutumée aux abus qu'il entraîne, n'a pu plier son esprit aux idées nouvelles, n'a pu marcher d'un pas égal avec le reste de la nation. Les comédiens de ce théâtre se sont crus et se croient peut-être encore trop indépendans des auteurs. Engagés, avec quelques-uns d'entre eux et avec une partie de leurs camarades, dans une querelle dont nous ne voulons pas examiner le fond, ils n'ont pas fait, pour se les concilier, les sacrifices que leur imposoit la nécessité. Il en est résulté une scission infiniment douloureuse. Mme Vestris, Mlle Desgarcins, Mlle Lange, MM. Dugazon, Talma, Grandménil, ont quitté le théâtre du Faubourg-Saint-Germain pour passer sur celui de la rue de Richelieu, sur ce théâtre qui, élevé depuis quelque tems à une certaine hauteur par l'intelligence et les efforts constans de ses entrepreneurs, peut devenir, à l'aide des premiers talens de la littérature, le premier théâtre de France, et par conséquent de l'Europe. L'espace et la convenance nous empêchent d'entrer plus avant dans les débats de cette Société... Tous les hommes raisonnablss et sans passion voient avec

---

[1]. C'est au mois de juillet 1789, après la prise de la Bastille, que la Comédie-Française avait adopté ce titre de Théâtre de la Nation.

douleur le dépérissement d'un théâtre qui fit long temps et qui pourroit faire encore la gloire de la nation [1].

On voit ce qu'il en était et à quel point, par sa roideur et son aveugle obstination, la Comédie-Française s'était aliéné l'opinion, combien elle s'était fait de tort dans l'esprit public par ses longs démêlés avec Talma et avec les auteurs, comme elle avait sottement indisposé contre elle jusqu'à ses amis et ses partisans. Tous ces incidents, toutes ces polémiques, tous ces échanges de lettres mutuellement agressives, ne furent certainement pas, je l'ai dit, sans action ni sans influence sur les événements qui se préparaient et dont elle devait être bientôt la victime. Mais ce qu'il faut remarquer, c'est qu'elle parut, malgré tout, ne pas comprendre les dangers de la situation qu'elle avait ainsi créée, qu'elle continua de se conduire avec une inconscience et une imprudence véritablement prodigieuses, et qu'elle semblait décidée à ouvrir elle-même l'abîme qui allait se creuser sous ses pas.

Maintenant que nous l'avons vue à l'œuvre, que nous connaissons les causes et la nature du

---

[1]. *Journal de Paris*, 25 avril 1791.
Tout ne se borna pas, à propos de la scission, aux faits dont on vient de lire le récit. Il en résulta un procès que les sociétaires de la Comédie-Française intentèrent à leurs camarades dissidents, procès dont on trouvera le résumé à l'Appendice.

différend qui amena le schisme auquel elle dut de voir s'élever contre elle une rivalité redoutable, nous allons, reprenant la suite directe de son histoire en ces temps troublés, résumer rapidement les faits qui la conduisirent à une catastrophe.

II

LA COMÉDIE-FRANÇAISE EN 1793

Trois pièces restent célèbres, par les troubles publics qu'elles occasionnèrent, pendant cette période dramatique de l'histoire de la Comédie-Française : ces trois pièces sont *Charles IX*, *l'Ami des lois* et *Paméla*. Nous savons ce qu'il en fut de *Charles IX*, par lequel s'ouvrirent les hostilités entre la Comédie et l'opinion ; nous allons voir ce qu'il advint de *l'Ami des lois*, qui n'était point fait pour apaiser les esprits, et de *Paméla*, qui, bien innocemment, au contraire, mit le comble à la fureur populaire.

La concurrence que lui faisait le nouveau Théâtre-Français de la rue de Richelieu obligea la Comédie à déployer une activité qui n'était pas dans ses habitudes. De la réouverture de Pâques 1791 à la première représentation de *l'Ami des lois* (2 janvier 1793), c'est-à-dire dans un espace de vingt mois, elle ne monta pas moins de quinze ouvrages, pour la plupart fort importants. Elle conservait sur son jeune rival une incontestable supériorité en ce qui concerne le genre de la comédie : avec un groupe d'artistes en tête desquels se trouvaient Molé, Fleury, Dazincourt, Desessarts, Mlles Contat, Joly, Devienne, Mme Petit (qui devint Mme Talma), elle ne pouvait redouter aucune comparaison sous ce rapport ; aussi obtint-elle de vifs succès avec plusieurs comédies nouvelles : *le Conciliateur* ou *l'Homme aimable*, de Demoustiers, *Minuit*, de de Sandras, *le Vieux Célibataire*, de Colin d'Harleville. Il n'en était pas de même pour la tragédie, et si le public de la Comédie-Française accueillit avec une certaine faveur quelques œuvres nouvelles en ce genre, telles que *Marius à Minturnes* et *Lucrèce*, d'Arnault, *la Mort d'Abel*, de Legouvé, l'accord était général pour constater que la présence rue de Richelieu de Talma, de Monvel, de Mme Vestris et de Mlle Desgarcins assurait au nouveau Théâtre-Français une suprématie marquée en ce genre.

Si la lutte entre les deux théâtres s'était continuée sur le seul terrain artistique, elle eût pu, en dépit des circonstances, produire pour l'un et l'autre des résultats relativement favorables. Malheureusement, la Comédie ne profitait pas des leçons sévères qu'elle venait de recevoir, et elle continuait, immuable et impassible, à ne pas se rendre compte de la marche des événements. Étant donnés l'état général des esprits et l'intensité toujours croissante du mouvement des idées révolutionnaires, elle eût eu besoin d'agir avec une prudence excessive pour ramener à elle l'opinion et regagner les sympathies qu'elle avait perdues. Elle eut le tort de ne pas le comprendre et, au contraire, de s'efforcer en quelque sorte de braver le sentiment général. Dans des conjonctures si graves, elle persistait plus que jamais à jouer des ouvrages qui, comme *la Partie de chasse d'Henri IV*, de Collé, *le Siège de Calais*, *Gaston et Bayard*, de de Belloy, donnaient lieu à des manifestations tumultueuses qui lui faisaient le plus grand tort. Tandis que le théâtre de la rue de Richelieu voyait affluer chez lui tous les partisans des idées nouvelles, la Comédie-Française devenait ouvertement le rendez-vous des royalistes exaltés, qui ne laissaient échapper aucune occasion de la compromettre par les applaudissements qu'ils prodiguaient à des œuvres dont la représentation constituait alors un véritable danger. Or, les Comédiens étaient devenus si aveugles, si inconscients de ce danger, qu'au moment même du procès de Louis XVI, en pleine dictature de Robespierre, le 2 janvier 1793, ils ne craignirent pas de donner au public la première représentation d'une pièce de Laya, *l'Ami des lois*, comédie en cinq actes et en vers, véritable œuvre de combat, dans laquelle l'auteur, avec plus de courage que d'à-propos, mettait précisément en scène

Robespierre et Marat, sous les noms de *Nomophage* et de *Duricrâne*, et, dans des vers ardents, exprimait la haine et la répulsion que ces deux deux hommes lui inspiraient justement [1].

Ces deux personnages typiques de *l'Ami des lois* : Nomophage (Robespierre) et Duricrâne (Marat), étaient représentés par Saint-Prix et Larochelle ; les autres rôles étaient tenus par Fleury (Forlis), Saint-Fal (Filto), Vanhove (Versac), Dazincourt (Plaude), Dupont (Bénard) et Mme Suin (Mme de Versac). En un temps où le mépris des lois, de la part de ceux qu'elles gênaient, semblait être à l'ordre du jour, ce seul titre de *l'Ami des lois* devait nécessairement effaroucher certains esprits... indépendants. Et comme ce titre était justifié par la nature de l'œuvre, on conçoit les colères que celle-ci était appelée à soulever d'une part, l'enthousiasme qu'elle ne pouvait manquer de provoquer de l'autre. Un journal qui, dans ces moments terribles, se faisait remarquer par son sang-froid, la *Gazette nationale (Moniteur universel)*, s'exprimait ainsi à son sujet :

Dans un pays où il existe des citoyens, où le mot de patrie offre un sens, la première idée, le premier désir de chacun doit être de chercher les moyens de se rendre utile à tous.

---

[1]. Quelques-uns ont même cru pouvoir avancer que deux autres personnages de la pièce : Filto et Plaude, représentaient Prieur et Chaumette.

L'un de nos auteurs dramatiques, le citoyen Laya, s'est constamment proposé, dans ses productions, ce but honorable. *Le Danger des opinions* attaquait ce préjugé cruel qui rendait commune à des parents vertueux l'infamie due au seul coupable. *Jean Calas* montrait la barbarie et le danger de nos lois criminelles. Le troisième ouvrage qu'il vient de donner, *l'Ami des loix*, tend à éclairer le peuple sur ses vrais intérêts, à lui montrer les maux et les crimes qu'entraînent la licence et l'anarchie, à ramener tous les citoyens vers un centre commun, le bonheur public, qui n'existera jamais sans gouvernement, sans ordre, sans respect des lois..

On ne peut que souscrire au sentiment exprimé dans ces lignes. Malheureusement, il était inévitable qu'une pièce conçue dans un esprit de résistance contre les excès qui se produisaient alors ameutât contre elle les auteurs et les partisans de ces excès, surtout lorsque, par sa franchise audacieuse, elle excitait d'autant plus les applaudissements de ceux qu'irritait et effrayait le relâchement chaque jour plus grand de tous les liens qui constituent une société organisée. On a dit avec justice que « *l'Ami des lois* est moins une bonne pièce qu'une belle action, » et le courage de Laya en cette circonstance est incontestable. Mais, ce qu'il faut ajouter, c'est que le moment et le lieu étaient mal choisis pour une épreuve de ce genre, et qu'une telle œuvre, se présentant trop tard et sur un théâtre depuis trop longtemps connu pour son hostilité contre le mouvement des idées même les plus généreuses, ne pouvait, en l'état des choses et des esprits, qu'aller contre le but même qu'elle paraissait se proposer, savoir : l'apaisement et la réconciliation. En effet, l'approbation trop bruyante et trop pleine d'éclat qu'elle reçut d'un côté excita aussitôt les colères et les méfiances de l'autre, et si les premières représentations de *l'Ami des lois* purent se produire sans protestations, elles donnèrent lieu à des manifestations d'un enthousiasme tel que son excès même ne pouvait qu'engendrer des manifestations contraires. Il n'était pas malaisé de prévoir ce qui pouvait résulter bientôt de ce conflit d'opinions.

Il est certain que chaque nouvelle apparition de la pièce ne faisait qu'augmenter l'effervescence des esprits. « On se plaît chaque jour à répandre, disait la *Chronique de Paris*, que l'on doit se tuer au théâtre de la Nation, à la représentation de *l'Ami des loix*; ces bruits n'ont pu diminuer l'affluence des spectateurs, qui est prodigieuse. On a bien remarqué quelques-uns de nos entrepreneurs d'émeutes et des fabricateurs d'anarchie ; mais ils sont réduits au silence par une majorité aussi respectable qu'imposante. On assure que cette pièce sera donnée gratis, et ce sera une nouvelle obligation que les vrais patriotes auront au jeune auteur de cette pièce et aux acteurs courageux du théâtre de la Nation. L'auteur a toujours été obligé de paroître, et a reçu chaque fois les témoignages les plus flatteurs de l'estime de ses concitoyens [1] ».

Tous les journaux, on le conçoit, ne donnaient pas la même note que la *Chronique de Paris*. Les feuilles révolutionnaires, qui, cela va sans dire, s'occupaient aussi de *l'Ami des lois*, tenaient un langage d'une tout autre nature, et si d'un côté l'on prêchait parfois la sagesse, de l'autre on ne cherchait, selon la coutume, qu'à envenimer une situation déjà très tendue. Les exemples ne manqueraient pas pour le prouver. Je me bornerai à un seul, et on ne lira peut-être pas sans curiosité cette diatribe du trop fameux *Père Duchesne*, qui, dans le style coloré qu'on lui connaît, apportait son mot dans la question :

... Tandis, foutre, que dans les places publiques et les cafés on chante des complaintes sur le sort du pauvre Capet, les batteleurs ci-devant comédiens du roi jouent une mauvaise farce, fabriquée dans le boudoir de la reine Roland. Les véritables défenseurs du peuple, ceux qui ont foulé aux pieds l'or de la liste civile et celui des rois, ceux qui ont bravé les poignards et le poison de Lafayette pour soutenir la liberté et l'égalité, sont traités comme des georges-dandins dans cette

---

[1]. *Chronique de Paris*, 10 janvier.

bougre de rapsodie. Toutes les coquines de Paris, tous les escrocs vont en foule applaudir ce prétendu *Ami des loix*, qui n'est dans le fond que l'ennemi du peuple et de la liberté. Mille noms d'un foutre, pouvons-nous souffrir qu'à notre barbe et à notre nez on insulte ainsi les patriotes ? N'avons-nous plus de sang dans les veines ? Où sont donc vos sifflets, braves sans-culottes, où plutôt n'avez-vous pas de bons gourdins et des nerfs de bœuf pour apprendre à vivre à des foutus baladins qui cherchent à corrompre l'opinion publique ? Devroit-on jouer maintenant d'autres pièces sur nos théâtres que *Brutus* et *la Mort de César* ?

Braves lurons des faubourgs, faites une descente dans le faubourg Saint-Germain, pour signifier aux comédiens du roi qu'ils doivent être maintenant les comédiens de la République ; c'est à vous de censurer leurs pièces. J'avoue, foutre, que vous ne vous occupez pas beaucoup de cette engeance, que, fatigués des travaux de la semaine, vous aimez mieux aller boire à la Courtille, et que vous êtes mille fois plus heureux en pompant du vin de Surêne ou de briolet que d'aller dormir dans les loges de la Comédie-Françoise. Ce n'est pas pour vous que les spectacles sont faits, mais pour les fainéans qui vont là pour tuer le tems. Cependant, mes amis, prenez-y garde. On peut faire plus de mal avec une farce que vous ne vous imaginez. Songez, foutre, que c'est dans une orgie à Versailles et en chantant quelques couplets du roi Richard que le roi Capet forma le projet de vous égorger. Les spectacles sont maintenant un point de ralliement pour nos ennemis. Les aristocrates, les royalistes y essayent leurs forces. Quand ils seront en assez grand nombre pour y faire applaudir les pièces qu'ils font fabriquer, ils se croiront assez puissans pour nous foutre des croquignoles. Alors ils lèveront la crête, et il faudra encore nous donner un coup de peigne [1].

De même que leurs journaux, les sections révolutionnaires de Paris ne pouvaient tarder à s'émouvoir du bruit qui se faisait autour de *l'Ami des lois*. Dès le 10 janvier, on voit celle de la Réunion et celle de la Cité envoyer des délégués à la Commune pour protester contre les représentations de cet ouvrage contre-révolutionnaire [2]. Le lendemain 11, cette dernière reçoit une députa-

---

1. *Le Père Duchesne*, n° 208.
2. A la séance de la Commune de Paris du 10 janvier, une députation de la section de la Réunion se présente et lit l'arrêté suivant : — « L'assemblée générale de la section de la Réunion, instruite qu'une pièce nouvelle intitulée *l'Ami des loix*, représentée sur un théâtre qui se dit celui de la Nation, excite dans ce moment une commotion dangereuse, par les différentes impressions et interprétations favorables à l'esprit de parti..... arrête que des commissaires se retireront à l'instant par devant le Conseil général, pour l'inviter, en respectant la liberté de la presse et les opinions individuelles (?!), à examiner si, dans cette circonstance, il ne conviendroit pas de suspendre ou d'empêcher la représentation d'une pièce qui peut favoriser une division dangereuse... L'assemblée observe que cette mesure est fondée sur des précautions nécessaires par l'influence sensible des spectateurs dont l'incivisme est notoire, et dont le concours ne peut avoir pour objet que de saisir l'occasion de troubler la tranquillité publique. » La section de la Cité prenait de son côté la délibération suivante : — « L'assemblée générale, considérant la licence effrénée que se permettent les directeurs de divers spectacles, en donnant des pièces dont l'incivisme ne peut que corrompre l'esprit public, arrête que le corps municipal sera invité à veiller à ce qu'il ne se passe rien de contraire aux principes du vrai patriotisme et des bonnes mœurs... » — (V. le *Journal de Paris* du 12 janvier 1793.)

tion de Fédérés qui réclament à leur tour et s'expriment dans le même sens. La Commune, qui n'avait jamais grand besoin d'être excitée, examine alors la situation et, à la suite d'une discussion ardente, prend un arrêté ainsi conçu :

Le Conseil général, d'après les réclamations qui lui ont été faites contre la pièce intitulée *l'Ami des loix*, dans laquelle des journalistes malveillans ont fait des rapprochemens dangereux et tendant à élever des listes de proscription contre des citoyens recommandables par leur patriotisme ;

Informé que les représentations de cette pièce excitent une fermentation alarmante dans les circonstances périlleuses où nous sommes ; qu'une représentation gratuite de ce drame est annoncée ;

Considérant qu'il est de son devoir de prévenir, par tous les moyens qui sont en son pouvoir, les désordres que l'esprit de faction cherche à exciter ;

Considérant que dans tous les tems la police a eu le droit d'arrêter la représentation de semblables ouvrages ; qu'elle usa notamment de ce droit pour l'opéra d'*Adrien* et autres pièces ;

Le substitut du procureur de la Commune entendu ;

Arrête que la représentation de la pièce intitulée *l'Ami des loix* sera suspendue, et que le présent arrêté sera envoyé à l'administration de police, pour lui donner immédiatement son exécution, avec injonction de surveiller tous les théâtres et de n'y laisser jouer aucune pièce qui pourroit troubler la tranquillité publique ;

Arrête en outre, sur les dénonciations multipliées

faites par les différentes sections, que le présent sera imprimé, affiché et envoyé aux quarante-huit sections.

>FOLLOPPE, *président*.
>COLOMBEAU, *secrétaire-greffier*.

Cet arrêté fut en effet affiché dans Paris dès le lendemain, 12 janvier, et ce même jour le corps municipal en prenait un semblable. Mais la Commune à cette époque n'était pas tout encore. Au-dessus d'elle était la Convention, auprès de qui se présentait une députation de citoyens pour protester, de leur côté, contre ce double arrêté et réclamer la représentation de *l'Ami des lois*. Laya, qui n'était pas homme à se laisser étrangler sans crier, avait pris les devants et s'était, lui aussi, adressé à cette assemblée, que cette affaire occupa pendant plusieurs séances. Dès le 10 janvier il avait fait parvenir sa pièce à la Convention, en l'accompagnant de cette lettre, qui était lue en séance par l'un des secrétaires :

Citoyens législateurs,

Je ne vous fais point un hommage en vous dédiant ma comédie : c'est une dette que j'acquitte. *L'Ami des loix* ne peut paraître que sous les auspices de ses modèles[1].

---

1. On trouve cette dédicace en tête de la pièce imprimée.

A ce moment, la Convention n'avait aucune mesure à prendre au sujet des représentations de l'ouvrage, mais l'arrêté de la Commune allait bientôt l'obliger de s'en occuper. Nous avons vu que cet arrêté était placardé dans Paris le 12, alors que *l'Ami des lois* était affiché pour le jour même. Laya adressa aussitôt à la Convention une protestation dont voici le texte :

Citoyens législateurs,

Un grand abus d'autorité vient d'être commis contre un citoyen dont le crime est de proclamer les loix, l'ordre et les mœurs. On a anticipé sur la décision de votre commission d'instruction, à laquelle vous avez renvoyé l'examen d'un ouvrage intitulé *l'Ami des loix*. Je me suis rallié dans cet ouvrage aux principes éternels de la raison ; c'était m'identifier avec vous, et l'on vous a calomniés dans le disciple qui ne faisait que répéter vos leçons. Les faux monnayeurs en patriotisme ont affecté de faire croire que j'avais imprimé à la place de leur effigie celle des plus honnêtes patriotes. C'est ainsi que, du temps de Molière, les tartuffes prétendirent que le poète avait voulu jouer le véritable homme pieux. Un de vos décrets, citoyens, punit de mort quiconque tendra au démembrement de la République. Qu'ai-je donc fait ? J'ai marqué du fer chaud de l'infamie le front des anarchistes *démenbreurs*, tandis que ma main, d'un autre côté, attachait l'auréole civique sur celui d'un véritable patriote tenant à l'unité du gouvernement. La Commune, en suspendant les représentations de mon ouvrage, argumente d'une prétendue fermentation alarmante dans les circonstances : le trouble qui se manifeste aujourd'hui n'est dû qu'à son arrêté placardé à l'heure même où le public était déjà rassemblé pour prendre des billets. C'est à la cinquième représentation, après quatre épreuves paisibles, qu'elle ose suspendre *l'Ami des loix*. Comment justifiera-t-elle, cette Commune (et je dénonce ce fait), l'ordre qu'elle vient d'intimer aux comédiens à l'instant où je partais pour me présenter devant vous ? Cet ordre porte que les comédiens seront tenus de lui soumettre, tous les huit jours, le répertoire de la semaine, pour censurer, arrêter ou laisser passer les pièces de théâtre au gré de ses caprices. Ainsi, l'ancienne police vient de ressusciter sous l'écharpe municipale. Comment se justifiera-t-elle, cette Commune, d'oser regarder et de faire courir les comédiens comme ses valets ? de les avoir mandés, il y a quatre jours, pour les tancer de ce qu'ils venaient de représenter *le Cid*, tandis qu'elle tolère sur d'autres théâtres et *le Cid* et *l'Orphelin de la Chine* ? A-t-elle donc oublié encore que les despotes de Versailles voyaient chaque jour représenter et *Brutus*, et *la Mort de César*, et *Guillaume Tell*, etc ? Ah ! sans doute il est temps de s'élever contre ces *modernes gentilshommes de la chambre*. Où en sommes-nous donc, citoyens, si celui qui prêche l'obéissance aux loix est condamnable ? S'il en est ainsi, couvrez-vous de cendres, ô vous à qui il reste encore quelque portion d'âme et d'humanité, et courez vous ensevelir dans les déserts !

Non, je n'ai point fait, comme on ose le dire, de mon art, qui doit être l'école du civisme et des mœurs, la satire des individus. De traits épars dans la révolution j'ai composé les formes de mes personnages : je n'ai point vu tel et tel, j'ai vu les hommes[1].

Étranger à l'intrigue, étranger aux factions, je vis avec mon cœur seulement et mes amis ; je ne connais point, je n'ai jamais vu ce citoyen que des échos d'imposture ont déjà proclamé le rémunérateur de mon civisme[2]. Que celui qui a acheté ma plume se présente, qu'il parle, s'il l'ose ! Elle ne sera jamais vendue, cette plume, qu'au saint amour des loix et de la liberté ! Je ne connais que ma conscience, je suis fort d'elle : ils m'attaquent, ces gens qui ont intérêt à ce que le peuple soit méchant, parce que j'ai prouvé dans mon ouvrage qu'il est bon, essentiellement bon, parce que je l'ai vengé des calomnies qui lui attribuent les crimes des brigands. Citoyens, je ne vois que vous, que la loi que vous dictez au nom du peuple, et je me sens plus libre et plus grand, en lui soumettant ma volonté, que ces misérables esclaves qui prêchent la désobéissance à vos décrets.

Laya.

L'annonce de la représentation de *l'Ami des lois*, l'arrêté de la Commune interdisant cette représentation, le bruit qui depuis deux jours se faisait

---

1. Il semble qu'ici on ne puisse accueillir l'assertion de Laya sans quelque incrédulité.
2. Certaines feuilles jacobines avaient prétendu que Roland, ministre de l'intérieur, avait commandé et payé à Laya son *Ami des lois*. C'était là une simple calomnie.

autour de la pièce, tout cela avait amené à la Comédie-Française, en cette journée du 12 janvier, une foule énorme qui se demandait comment les choses allaient se passer. Cette foule était, comme on peut le penser, nerveuse et singulièrement agitée. La salle était comble, les loges regorgeaient de spectateurs, et les couloirs eux-mêmes étaient pleins de gens décidés à protester contre une mesure que rien à leurs yeux ne pouvait justifier. De tous les points de la salle part bientôt un cri unanime et formidable : *L'Ami des lois ! L'Ami des lois !* Quelques rares individus essaient de s'opposer à cette manifestation : ils sont bousculés, vivement réduits à l'impuissance, et finalement expulsés. De nouveau on réclame la pièce avec insistance, le bruit augmente à chaque minute et le tumulte est à son comble, lorsque enfin on voit le rideau se lever. Le silence se fait aussitôt comme par enchantement. Mais il ne s'agit pas de la pièce, et, tout au contraire, les comédiens viennent donner au public lecture de l'arrêté d'interdiction de la Commune. Il est accueilli par des huées, et bientôt les cris reprennent de plus belle : *La pièce ! La pièce !*

Au milieu de cette effervescence paraît Santerre, le trop fameux commandant de la garde nationale parisienne, qui venait de faire placer, à l'angle de la rue de Bucy, deux pièces de canon braquées sur le théâtre, en même temps qu'il avait disposé dans les entours une nombreuse force armée. Santerre veut se faire entendre et déclare que la pièce ne sera pas jouée. Il est à son tour couvert de huées, conspué, bafoué, injurié par toute la salle, et obligé de quitter la place. Arrive alors Chambon, maire de Paris, qui s'efforce, mais en vain, de calmer les esprits surexcités. Les spectateurs restent sourds à ses exhortations, et lorsqu'il veut se retirer pour aller, dit-il, rendre compte de la situation au conseil général de la Commune, on refuse de le laisser partir, on l'entoure, on le presse, et les plus ardents veulent lui arracher l'autorisation de laisser jouer *l'Ami des lois*. Comme il décline formellement cette responsabilité, on obtient de lui qu'il écrive séance tenante au président de la Convention pour le mettre au courant de ce qui se passe et lui transmettre le vœu du public, qui se refuse à quitter la salle sans avoir vu jouer *l'Ami des lois*.

La situation était singulière. Chambon, pressé de toutes parts, se décide en effet à écrire au président de la Convention, une députation est chargée de porter aussitôt sa lettre à l'Assemblée, et en attendant le retour de cette députation, qui fera connaître la décision des représentants, la salle de la Comédie reste bondée de spectateurs exaltés, impatients, mais devenus relativement paisibles, tandis que sur la scène le rideau demeure obstinément baissé.

Mais ces deux mille spectateurs n'étaient pas seuls à attendre avec une anxiété fébrile, avec une émotion vraiment poignante, le résultat de la démarche faite à la Convention. En dépit des mesures prises par Santerre sur l'ordre de la Commune, en dépit de la force armée qu'il avait postée aux entours du théâtre, des canons qu'il avait fait braquer sur celui-ci, la place de la Comédie-Française (aujourd'hui l'Odéon) et toutes les rues adjacentes étaient remplies d'une foule immense, compacte et frémissante, qu'on n'évalue pas à moins de 30.000 personnes et qui n'était pas moins impatiente du dénouement attendu que les favorisés du sort qui avaient pu dès le matin pénétrer dans le théâtre [1]. Ni le froid, ni l'heure avancée, ni la nuit qui était venue n'avaient pu vaincre l'opiniâtreté de cette foule, bien résolue à connaître l'issue du duel engagé entre les Parisiens et la Commune. Ce spectacle extérieur n'était pas moins curieux sans doute que celui qu'offrait l'intérieur de la Comédie.

Pendant ce temps la Convention, qui venait de prendre connaissance de la protestation de Laya [2],

---

1. Voy. *Biographie universelle et portative des contemporains*, art. LAYA.
2. Laya lui-même s'était présenté en personne à la Convention,

reçoit par son président — c'était Vergniaud — communication de la lettre de Chambon. Cette lettre était ainsi conçue :

> CITOYEN PRÉSIDENT,
>
> Je suis retenu au Théâtre-Français par le peuple, qui veut que la pièce de *l'Ami des loix* soit jouée. Un arrêté du corps municipal en conformité de celui du conseil général irrite les esprits. Une députation de citoyens se porte en ce moment à l'Assemblée nationale. Je vous prie de prendre en considération cette députation, dont le peuple attend les effets avec impatience. Je suis bien convaincu que l'espérance d'obtenir une décision favorable est la seule chose qui l'engage à rester réuni autour du Théâtre-Français.

La lecture de cette lettre à peine achevée, une discussion animée s'engage, à laquelle prennent part Prieur, Julien, Delbret et quelques autres. Plusieurs membres, partisans des actes de la Com-

---

demandant, par le billet que voici, à être admis à la barre :

« CITOYEN PRÉSIDENT,

« Nous écrivons à la hâte à la porte de cette Assemblée: le
« citoyen maire venant de porter à la Comédie-Française un
« arrêté du corps municipal qui défend la représentation de *l'Ami*
« *des loix*, et le peuple s'étant porté en foule autour de sa voiture
« pour demander que la pièce fût jouée, l'auteur demande à
« paroître à la barre pour vous rendre compte de ce qui s'est
« passé et prévenir les désordres qui pourroient en résulter. »
                                                                LAYA. »

La Convention, qui avait d'abord fait introduire Laya, refusa ensuite de l'entendre.

mune, réclament l'ordre du jour, qui en serait l'approbation. Kersaint se lève alors et prend la parole : — « Je demande aussi l'ordre du jour, dit-il, mais en le motivant sur ce que *l'Assemblée nationale ne connaît pas de loix qui permettent aux municipalités d'exercer la censure sur les pièces de théâtre.* D'ailleurs, l'Assemblée ne doit pas avoir d'inquiétudes, puisque le peuple se montre l'ami des loix. »

La motion de Kersaint est adoptée et l'ordre du jour, ainsi motivé, est voté par l'Assemblée. Quelques membres veulent réclamer et demandent la parole à cet effet, mais l'Assemblée maintient formellement son vote. C'était, en réalité, avec un blâme infligé aux prétentions de la Commune, l'autorisation expresse accordée aux représentations de *l'Ami des lois.* La députation qui s'était chargée de la lettre de Chambon retourne en hâte à la Comédie-Française et fait connaître la décision de la Convention, qui est accueillie par des hurrahs frénétiques et un tonnerre d'applaudissements. Il était alors neuf heures du soir, heure à laquelle les spectacles se terminaient d'ordinaire [1]. Mais tout le monde : acteurs et auditeurs, était à son poste, heureux d'une solution si anxieusement attendue ; le rideau se lève, on joue *l'Ami*

---

[1]. A cette époque, les spectacles commençaient à cinq heures du soir.

des lois au milieu des bravos et des acclamations d'une salle enthousiaste, toute frémissante et comme enivrée de l'orgueil de sa victoire, les comédiens électrisés se surpassent eux-mêmes, et les derniers vers de la pièce sont salués par une immense salve d'applaudissements. Il était une heure du matin lorsque la représentation prit fin. Pareil fait ne s'était jamais produit [1].

Mais tout n'était pas fini, et la Commune, qui avait ouvertement blâmé la conduite après tout correcte de Chambon en cette affaire et qui allait l'obliger à se démettre de ses fonctions de maire, la Commune prétendait ne pas rendre les armes. N'ayant pu cette fois empêcher la représentation de *l'Ami des lois*, elle voulut pourtant en venir à

[1]. C'est en rendant compte, comme à leur ordinaire, de cette séance de la Convention dans la *Chronique de Paris*, que Condorcet et Delaunay d'Angers envisageaient comme on va le voir, avec un vrai sentiment de la liberté, cette question de *l'Ami des lois* :

« ... Il s'est élevé, disent-ils, une nouvelle discussion sur la pièce de *l'Ami des loix*; mais pourquoi, lorsque l'instruction publique, la réforme d'un code civil contraire aux principes républicains, l'établissement de la constitution, la nécessité de repousser une ligue puissante acharnée, semblent demander tous nos momens, sommes-nous donc forcés de nous occuper d'une pièce de théâtre? En quoi la représentation de cette pièce a-t-elle troublé l'ordre public d'une manière si effrayante? Elle est dans de mauvais principes? Eh bien, combattez-la par une pièce meilleure. Quoi! le despotisme a laissé jouer *Brutus*, et la République ne pourroit souffrir *l'Ami des loix*!

« Les théâtres peuvent servir à diriger l'esprit public, ils peuvent le perfectionner ou le corrompre, mais une liberté entière est la première condition pour qu'ils soient utiles. Punissez les délits de quelque manière qu'on les commette; mais n'assujettissez aucune espèce particulière d'actions à une censure, à des loix répressives. Où commence la violation des droits d'autrui, là commence aussi le délit, et là finit la liberté. — CONDORCET, J. DELAUNAY D'ANGERS. »

ses fins, et pour retarder, sinon rendre impossible une nouvelle apparition de l'ouvrage devant le public, elle imagina un moyen ingénieux. Ce moyen, comme nous allons le voir, n'était autre que la fermeture temporaire et générale de *tous* les théâtres de la capitale. C'était là, en effet, un procédé radical — et infaillible.

Le lendemain de la soirée dont on vient de lire le récit, dimanche 13 janvier, la Comédie-Française avait affiché un spectacle qui comprenait *Sémiramis* et *la Matinée d'une jolie femme*. Le public, toujours échauffé, recommença, entre les deux pièces, à demander *l'Ami des lois*. Dazincourt prit alors la parole, et s'exprima ainsi que nous le rapporte la *Chronique de Paris* : — « Citoyens, *l'Ami des loix* a été suspendu un instant par un arrêté de la Commune. Un décret de la Convention nationale en a autorisé la représentation, qui a eu lieu hier. Si la réunion de nos foibles talens a pu quelquefois vous intéresser en notre faveur, nous vous demandons, comme une grâce, de nous permettre de retarder de quelques jours la représentation de cet ouvrage, afin de donner le tems aux esprits prévenus de connoître à fond la comédie que vous désirez, et rendre à ses représentations le calme qu'elles exigent et qui nous est si nécessaire [1]. » Néanmoins, devant l'insis-

---

1. *Chronique de Paris*, du 16 janvier.

tance du public, qui ne voulait point se calmer, Dazincourt dut promettre que *l'Ami des lois* serait joué le lendemain 14.

C'est alors que la Commune, pour en venir à ses fins, et sous le prétexte des troubles dont Paris serait menacé par une nouvelle représentation de *l'Ami des lois*, prit carrément un arrêté ordonnant la fermeture immédiate, temporaire et générale de tous les théâtres. Malheureusement pour elle, elle allait, cette fois encore, trouver devant elle la Convention. Celle-ci, dans sa séance du 14, était saisie de la question par Buzot, qui lui dénonçait cet abus de pouvoir. Manuel, Thuriot, Gensonné, Kersaint, Quinette prennent part alors, sur ce sujet, à un débat dont on devine sans peine l'animation, la fermeture simultanée de tous les théâtres dans une ville comme Paris étant un fait d'une gravité extrême, de nature à faire naître précisément les troubles qu'on prétendait vouloir éviter. Enfin, sur une motion de Quinette, l'assemblée vote un ordre du jour enjoignant au Conseil exécutif de prendre les mesures nécessaires pour rendre nul et de nul effet l'arrêté du conseil général de la Commune. Roland, ministre de l'intérieur, adressait, de son côté, en conséquence, ce message au commandant général de la garde nationale de Paris :

J'ai l'honneur de vous adresser une proclamation du Conseil exécutif qui ordonne que les spectacles de Paris seront ouverts comme de coutume, sans égard à l'arrêté du conseil général de la Commune qui le défend.

Je suis chargé en outre par le Conseil exécutif de vous transmettre ses ordres pour que vous veilliez à la sûreté et à la tranquillité de Paris avec la plus grande vigilance et exactitude.

Le ministre de l'Intérieur,
ROLAND.

De nouveau, la Commune était vaincue.

Cependant, en l'état des esprits, la Comédie n'avait pas osé tenir la promesse faite par elle au public, et elle avait affiché pour le 14 non *l'Ami des lois*, mais *l'Avare* et *le Médecin malgré lui*. Ce n'était pas là le compte de ses spectateurs, qui réclamèrent la pièce de Laya, mais qui, cette fois, se heurtèrent à un refus formel de la part des Comédiens [1]. En des circonstances devenues si

---

[1]. Cette fois, le spectacle ne put avoir lieu, ainsi que nous l'apprend le *Journal de Paris* dans son numéro du 16 : — « D'après l'invitation du Pouvoir exécutif provisoire, les Comédiens de la Nation ont affiché dans la journée d'hier, à la porte de leur spectacle, qu'au lieu de *l'Ami des loix* ils donneraient *l'Avare*. Le public assemblé dans l'intérieur de la salle a demandé *l'Ami des loix* et n'a point voulu laisser commencer la pièce de *l'Avare*. Les Comédiens, placés entre le vœu du public et leur soumission aux autorités constituées, ont refusé la représentation de *l'Ami des loix*. Cette lutte a duré jusqu'à neuf heures du soir, heure à laquelle les spectateurs se sont retirés. La scène, quoique longue, grâce aux sages précautions prises par la Municipalité et le Commandant général, n'a eu aucune suite et s'est terminée sans événement fâcheux. On se propose demain de donner *Tancrède*, mais sans pouvoir se promettre d'y réussir. »

graves, ceux-ci ne voulaient point se mettre dans leur tort en jouant un ouvrage qui n'était pas affiché. Ils étaient d'autant plus incités à cette conduite prudente que le conseil général de la Commune, obligé de céder devant l'autorité de la Convention, avait pourtant pris ce même jour un nouvel arrêté par lequel il prétendait encore interdire toute nouvelle représentation de *l'Ami des lois*. C'est à propos de cet arrêté, où il était dit que les « Comédiens français » avaient joué la pièce « au mépris de l'arrêté du conseil général [1] », que ceux-ci jugèrent utile de répliquer et de se défendre publiquement par une sorte de manifeste qu'ils firent afficher dans Paris et qui était ainsi conçu :

LES CITOYENS
composant
LE THÉATRE DE LA NATION
à leurs concitoyens.

Le besoin de notre justification, citoyens, et plus encore, l'hommage que nous devons à la vérité, nous forcent à démentir deux assertions : l'une relative à l'heure où l'arrêté de la Commune nous fut remis samedi ; l'autre, que la Commune, mal informée sans

1. Ce nouvel arrêté, pris dans la séance de la Commune du 14 janvier, s'exprimait ainsi : — « Le conseil général, informé que les Comédiens François, *au mépris de l'arrêté général* qui suspendoit la représentation de la pièce dite de *l'Ami des loix*, se proposent de la continuer... » (Voyez le *Journal de Paris* du 16.)

doute, a énoncée dans son dernier arrêté, où se lisent ces paroles : *que les Comédiens, au mépris de l'arrêté de la Commune*, etc. — Nous certifions et nous offrons de prouver, quant à la première assertion, que l'arrêté prohibitif ne nous fut remis, le samedi 12, qu'à dix heures et un quart du matin, heure à laquelle une partie du public était déjà rassemblée aux bureaux, et non la veille, comme quelques journaux mal informés l'ont imprimé. Quant à la seconde, voici les faits dans la plus scrupuleuse exactitude.

A l'heure où l'on commence le spectacle, au milieu des cris unanimes qui demandaient *l'Ami des loix*, le citoyen Fleury s'est avancé et a dit : « Citoyens, votre empressement à venir voir *l'Ami des loix* nous prouve le désir que vous avez de vous y soumettre [1]. Un pouvoir, constitué par vous-mêmes, en suspend la représentation; je vous supplie de vouloir bien accepter *le Conciliateur* à la place de cette pièce. »

Après ces mots, le citoyen Fleury a présenté au public l'arrêté de la Commune. Quelques citoyens lui ayant objecté que *cet arrêté était contraire aux Droits de l'homme, à ceux de la propriété et de la liberté*, et lui ayant crié de le déchirer, Fleury leur a répondu que *toute Loi émanée d'un pouvoir constitué était respectable, et qu'il mourrait plutôt la Loi à la main que de lui porter atteinte*. C'est au milieu de cette discussion que le maire est rentré sur le théâtre, apportant le décret de la Conven-

---

[1]. C'est-à-dire : de vous soumettre aux lois. La rédaction eût pu être plus précise et plus élégante.

tion, dont Fleury a fait la lecture. Le décret lu, et *d'après la permission du maire et celle du commandant général, motivée sur le seul décret de la Convention, l'Ami des loix* a été représenté paisiblement.

Il résulte de cet exposé que les Comédiens ne sont point coupables d'avoir annoncé le samedi, sur leurs affiches, la cinquième représentation de *l'Ami des loix*, puisque l'arrêté prohibitif ne leur avait été apporté que le samedi, à dix heures et un quart du matin ; il résulte que ce n'est pas non plus au mépris de cet arrêté qu'ils ont représenté l'ouvrage, puisqu'ils ne l'ont fait qu'autorisés par le décret de la Convention, que sur la double permission du maire et du commandant général.

Les Semainiers.

Il est évident que nos comédiens commençaient à se rendre un compte très exact des dangers qu'offrait leur situation. C'est ce qui les engageait à publier ce manifeste; c'est aussi ce qui les amena à se dérober, au dernier moment, à la promesse faite par eux, et à remplacer *l'Ami des lois* par deux pièces du répertoire. Mais, je l'ai dit, cela ne faisait point l'affaire de leurs spectateurs, qui, de nouveau venus en foule, ne voulurent point laisser jouer *l'Avare* et réclamèrent obstinément *l'Ami des lois,* qu'ils se refusèrent non moins obstinément à leur servir. Ce fut encore une soirée mouvementée, que les auteurs de l'*Histoire du Théâtre-*

Français pendant la Révolution racontaient en ces termes :

... La salle était entourée de soldats et de canons ; la police avait vomi tous ses limiers ; enfin, la place de la Comédie ressemblait à une véritable place d'armes. Mais tous ces préparatifs guerriers n'empêchèrent pas le public de demander *l'Ami des lois* : les comédiens s'y refusèrent absolument, et le tumulte était parvenu à son comble lorsque Santerre entra avec la force armée et une députation de la Commune.

— A bas les *gueux* du 2 septembre ! s'écria-t-on de toutes parts. A bas les assassins !

Santerre, sans se décontenancer, fit connaître l'intention de parler au public, et, ayant obtenu un moment de silence, il dit que, la pièce n'étant point affichée, on n'avait pas le droit de la faire jouer, et qu'il ferait arrêter le premier qui se permettrait la moindre interruption. Les mots de « brigands », d' « assassins » furent répétés au même instant par tous les échos de la salle, et le parterre, voyant qu'il ne pouvait faire représenter *l'Ami des Lois*, demanda qu'au moins la lecture en fût faite sur le théâtre : plusieurs jeunes gens s'y élancèrent aussitôt, et la pièce fut lue au milieu des transports du plus vif enthousiasme. *L'Avare* et *le Médecin malgré lui* ne furent pas joués, et il était plus de dix heures du soir lorsque le calme fut rétabli[1].

---

1. Voici, d'après le *Journal de Paris*, le fragment du compte

On pouvait supposer que, de quelque temps au moins, il ne serait plus question de *l'Ami des lois*, surtout en ce moment, où l'attention publique rendu de la séance de la Commune du 15 où il est question de cette affaire :

« SANTERRE. — Je vais vous rendre compte de ce qui s'est passé aujourd'hui à la Comédie. J'avois envoyé suffisamment de force armée sans la faire paroître, j'en avois placé au Luxembourg et dans les environs ; quelques patrouilles se promenoient autour du Théâtre-François et dans les rues adjacentes ; j'ai appris que Vigner, administrateur de police, et son collègue étoient insultés ; je suis entré dans les couloirs... Le peuple a voulu me parler ; il y avoit peu de monde dans les loges, mais beaucoup d'hommes effrénés dans le parterre ; j'ai annoncé que je défendrois ceux qui seroient insultés, que je maintiendrois les arrêtés, que la pièce de *l'Ami des lois* n'étant pas affichée, on ne devoit pas la jouer. On nous a hués, on nous a dit des injures... On nous a traités de gueux du 2 septembre... J'ai mis mon chapeau sur la tête... J'ai dit que je ne reconnoissois plus le peuple, qu'il y avoit là des aristocrates. On m'a signifié qu'on liroit la pièce ; nous avons voulu l'empêcher, on s'y est fortement opposé...

« On a arrêté celui qui m'a insulté, celui qui faisoit le plus de bruit ; on l'a conduit à la mairie... C'est un domestique de Gilet, procureur... J'ai reconnu dans le parterre 5 à 6 personnes pour signataires, et un petit jeune homme en uniforme que j'ai déjà manqué une fois, mais que je ferai suivre ; parmi le nombre, j'ai remarqué une trentaine des agitateurs du Palais-Royal. On est allé porter des plaintes aux Cordeliers ; on m'a accusé d'avoir traité le peuple d'aristocrate. Momoro, président de la Société, m'a fait dire qu'il approuvoit ma conduite, et que si j'avois agi autrement il m'auroit cru de connivence avec les aristocrates.

« VIGNER. — On nous a accablés d'injures et d'outrages ; on nous a dit que nous ne savions nous montrer en public que pour prêcher des assassinats... Nous étions au balcon, ils y sont montés, ils nous ont fait des gestes menaçans, nous nous sommes apperçus que nous étions consignés... On nous a signifié que nous ne sortirions pas... Le général est entré ; nous nous sommes alors montrés fermes... Nous avons dissipé ce rassemblement de factieux, mais ils se sont retirés sur le théâtre ; on y a lu la pièce.

« SANTERRE. — J'ai déclaré pour la 3ᵉ et dernière fois à celui qui lisoit, de cesser cette lecture ; il a obéi.

« VIGNER. — Les comédiens étoient déterminés à ne pas jouer la pièce ; ils vouloient même rendre l'argent.

« Le conseil approuve la conduite des administrateurs de police et celle du commandant général. »

était si passionnément sollicitée par les incidents du procès de Louis XVI, qui se déroulait à la Convention. Cependant, après une courte période d'accalmie, on apprit que la Comédie préparait une prochaine représentation de la pièce de Laya, qu'elle allait donner pour la souscription aux frais de la guerre. Quelque honorable que fût le motif, en apparence comme en réalité, c'était de sa part une nouvelle imprudence, et l'émotion que fit naître cette nouvelle ne tarda pas à le lui faire comprendre. Aussi, dans la crainte d'une nouvelle algarade, crut-elle devoir renoncer à ce projet, en s'en expliquant publiquement, dans la circonstance que voici.

Le 4 février, le théâtre donnait la première représentation d'une aimable comédie de Picard, *le Conteur* ou *les Deux Postes*, qui obtint un vif succès. L'annonce du nom de l'auteur avait été saluée par de bruyants applaudissements, lorsque les spectateurs, s'adressant à Dazincourt, lui demandèrent pourquoi, *l'Ami des lois* ayant été promis pour le lendemain, on renonçait pourtant à jouer la pièce. Dazincourt s'avança alors et fit connaître le vœu de ses camarades et du théâtre dans une allocution dont le *Journal de Paris* rapporte ainsi les termes :

Citoyens, ce théâtre, le plus ancien et le plus persécuté de tous, dont on calomnie même les actes de bienfaisance, ne peut être garant que de son aveugle soumission à la Loi et de son entier dévouement à vos moindres désirs. Nous sommes informés que plusieurs sections ont porté au Comité central des réclamations contre la prochaine représentation de *l'Ami des Loix*. L'emploi que nous avions annoncé du produit de la recette ne peut laisser aucun doute sur la pureté de nos intentions. Si vous consentez à nous continuer les bontés dont vous nous comblez tous les jours, n'exigez pas les représentations d'un ouvrage dont les suites pourraient nous devenir funestes.

Cette fois, c'en était bien fini de *l'Ami des lois*, et on ne le revit plus qu'après le 9 Thermidor, époque où son retour à la scène, loin de renouveler les incidents qui avaient marqué sa première apparition, passa complètement inaperçu.

Mais on peut affirmer, tellement l'émotion avait été grande de tous côtés au sujet de cet ouvrage, tellement la Comédie-Française avait donné prise sur elle en cette affaire par ses maladresses et ses imprudences, qu'à partir de ce moment sa perte était résolue par ses ennemis. Il ne fallait à ceux-ci qu'un prétexte, et un prétexte se présente toujours lorsqu'on est décidé à le faire naître. La meilleure preuve, c'est qu'on le trouva cette fois dans la représentation d'une pièce tout à fait inoffensive et sans la moindre apparence politique, *Paméla* ou *la Vertu récompensée*, comédie que François de Neufchâteau avait imitée de celle de Goldoni,

Paméla nubile, dont le poète italien avait lui-même emprunté le sujet au célèbre roman anglais de Richardson, déjà mis à contribution par Voltaire pour sa *Nanine* et avant lui par Boissy et La Chaussée, qui avaient fait représenter chacun une *Paméla*, l'un à la Comédie-Italienne, l'autre à la Comédie-Française, tous deux en 1743. On voit la filiation, et combien cela devait paraître innocent et l'était en effet. Ce fut pourtant ce qui motiva les clameurs, puis les colères, puis les dénonciations des hommes acharnés à la ruine de la Comédie et qui devaient la faire disparaître dans un désastre sans nom[1].

L'œuvre nouvelle, offerte au public le 1ᵉʳ août 1793, était jouée par Fleury, Dazincourt, Vanhove, Saint-Fal, Dupont, Champville, Mᵐᵉ Joly,

---

1. Pour donner une idée de la situation que s'était faite la Comédie, et des réflexions qu'elle inspirait à de certains, il me semble curieux de reproduire ici ces lignes extraites du petit almanach *les Spectacles de Paris* de 1794 : — « La Comédie-Française, seule (de tous les théâtres) parut prendre à tâche de heurter de front l'opinion publique. Depuis la scission qui s'étoit opérée dans son sein, depuis le moment où Talma, Dugazon et la citoyenne Vestris l'avoient quitté pour aller fonder une colonie plus révolutionnaire dans la rue de la Loi, cette société suivit aveuglément le goût des gens du *bon ton*, de ce qu'on appelloit encore *la bonne compagnie*. Une teinte aristocratique vint couvrir de sa rouille impure toutes ses opérations et toutes ses nouveautés. Aucune ne fit un pas vers la Révolution. Le feuillantisme vint enfin accoucher de *l'Ami des Loix*, et soudain les patriotes et les gens de goût prévirent la chute du Théâtre-Français, jusqu'à cette époque le plus beau théâtre de l'Europe. Cet ouvrage excita un bruit considérable, dont la Convention elle-même fut étourdie. Les modérés, les brissotins et les aristocrates eux-mêmes coururent en foule à cette pièce, dont les gens simples et crédules ne sentoient pas toute la perfidie. Ainsi les bons

Mlle Mézeray et la toute séduisante Mlle Lange, cette dernière chargée de personnifier l'héroïne, la tendre et touchante Paméla. Par suite de quelles circonstances bizarres Mlle Lange, après avoir quitté la Comédie-Française pour le théâtre de la rue de Richelieu, avait-elle ensuite quitté celui-ci pour revenir à la Comédie, et cela au plus fort du danger, en pleine Terreur, alors que ce théâtre, en butte aux haines les plus farouches, avait accumulé sur lui les rancunes et les colères les plus violentes? c'est ce que je ne saurais dire et ne puis expliquer [1]. Quoi qu'il en soit, voici comment et dans quels termes brefs la *Gazette Nationale* (*Moniteur universel*) traçait l'analyse de cette *Paméla*, dont la courte existence allait être si troublée :

> Mylord Bonfil, passionnément amoureux de sa servante Paméla, après avoir vainement tenté de la séduire veut, pour s'en distraire, tantôt la mettre au service de sa sœur, mylady Davers, tantôt la marier, et tantôt la

aidèrent, sans le savoir, les méchans dans leurs projets criminels, et presque tout Paris vit *l'Ami des Loix*. Mais les patriotes brûlans et éclairés ne tardèrent pas à reconnoître la maligne influence d'un théâtre qui s'éloignoit tous les jours de la hauteur des principes révolutionnaires. *L'Ami des Loix* disparut de son répertoire, et quelques mois après, à l'époque de *Paméla*, nouvelle pièce entachée encore des anciens préjugés, le théâtre dit de la Nation fut fermé et ses acteurs furent incarcérés. »

1. Elle était rentrée à la Comédie dès le mois d'avril 1793 et, avant de créer *Paméla*, avait repris sa place dans le répertoire en jouant *Mahomet, la Feinte par amour, la Fausse Agnès, Zaïre*, etc.

renvoyer à ses parents. Enfin, malgré les reproches de sa sœur et de lord Arthur, son ami, il est décidé à l'épouser lui-même lorsque le bonhomme Andrews, père de Paméla, tombe à ses pieds, lui déclare qu'il est le comte Oxpen, un des chefs des Montagnards écossais, dont la tête est proscrite. Mylord Bonfil est presque fâché de ne pouvoir faire à Paméla le sacrifice des préjugés en lui donnant sa main. Cependant il se trouve que le père de lord Arthur avait obtenu la grâce du comte Oxpen. Cette circonstance met le comble au bonheur de mylord et de Paméla, dont le mariage se trouve très bien assorti.

On va voir par quelle imprudence, évidemment bien involontaire, l'auteur de *Paméla* avait donné barre sur lui au sujet de cette pièce, et combien était éveillé l'œil des ennemis de la Comédie. J'ai dit que Voltaire avant lui, dans sa *Nanine*, s'était inspiré du roman de Richardson. Or, en le rappelant dans son compte rendu, la *Gazette nationale*, journal qui n'était rien moins qu'excessif, faisait cette remarque : — « ... mais ni l'auteur anglais, ni Voltaire, n'a fait son héroïne fille d'un comte ; tous deux ont senti que c'était manquer le but moral de leur ouvrage, qui était de combattre le préjugé de la naissance. » Tout est là. Dans *Nanine*, l'héroïne était une simple roturière, fille d'un soldat, que son origine obscure n'empêchait pas d'épouser un jeune fils de famille noble.

Au contraire, François de Neufchâteau avait cru devoir faire de Paméla une fille noble, mais que l'on croit sans naissance, et que celui qui l'aime ne se décide à épouser à la fin que parce que son rang lui est révélé.

Or, c'est cette maladresse de l'auteur de *Paméla* au point de vue scénique qui lui fut reprochée comme un crime au point de vue social, et c'est cette grande question du principe de l'égalité restant impuissant à triompher des préjugés de race, qui devait attirer sur lui et sur ses interprètes les foudres jacobines. Un journal infâme, *la Feuille du salut public*, dirigé par un nommé Rousselin, et qui ne se complaisait qu'en dénonciations lâches, en appels effrontés à la plus extrême violence, mena surtout cette campagne. Il le fit non seulement avec une ténacité prodigieuse, mais avec une étonnante et terrible habileté, procédant d'abord sans excès apparent, préparant peu à peu le terrain et agissant avec une sorte de prudence machiavélique, pour en arriver plus sûrement à ses fins. Son compte rendu de *Paméla*, publié dès le lendemain de la représentation, ne fait en quelque sorte qu'indiquer la question : — « Cette pièce, dit-il, est du style le plus pur et le plus agréable ; l'égalité y est célébrée d'une manière douce, persuasive et conciliatrice ; *mais l'égalité n'y triomphe point*. Ce drame ressemble beaucoup à

Nanine, par le cadre, par les principes ; mais il offre une différence vraiment *immorale*. *Nanine*, bien antérieure, et faite sous le règne des préjugés, ayant plus d'obstacles à vaincre, remporte la victoire de *l'égalité* ; et Paméla ne seroit point épousée si elle ne se trouvoit la fille d'un ci-devant. » Et l'article se terminait ainsi : — « La salle étoit remplie ; les femmes présentoient un luxe vraiment monarchique. Les *royalistes impurs* abondoient ; ils ont voulu saisir quelques allusions *malignes et bêtes*, mais le cri républicain leur a témoigné que la majorité n'aime point un dénouement qui est à l'unisson des désirs impies de *Cobourg* et de ses laquais ».

La note est donnée ; elle s'enflera bientôt, aidée malheureusement par la sottise et l'imprudence de ceux qui ne craignaient pas de faire de chacune des représentations de *Paméla* un prétexte à manifestations royalistes et contre-révolutionnaires. Les journaux jacobins, celui que je viens de signaler en tête, en profitèrent pour élever d'autant plus la voix ; bientôt la Commune et la Convention s'en émurent, et le 29 août un ordre du Comité de salut public interdisait, une heure avant le spectacle, la neuvième représentation affichée pour le soir. L'auteur offrit alors de faire des changements à sa pièce, et il faisait connaître la situation dans cette lettre, adressée par lui à tous les journaux :

Jeudi, à cinq heures un quart, la représentation de ma pièce de *Paméla* a été suspendue par un ordre du Comité de salut public de la Convention nationale, et il n'y eut point de spectacle, ce soir, au Théâtre-Français.

Je n'ai su que le jeudi soir, bien avant dans la nuit, quels étoient les motifs de l'arrêté du Comité.

J'ai changé sur-le-champ ce qui, en 1793, avoit paru prêter à des allusions que je n'avois pas pu prévoir lorsque je composai ma pièce en 1788, et que je la lus au Lycée en 1789.

Le vendredi matin, le Comité a vu et approuvé mes changemens.

Un nouvel arrêté a levé la suspension.

Il falloit aux acteurs le temps d'apprendre les corrections avec lesquelles cette pièce reparoîtra demain lundi.

Je me suis rendu au désir de plusieurs patriotes qui paroissoient fâchés que Paméla se trouvât noble. Elle sera donc roturière, et sans doute elle y gagnera. Il est vrai que l'auteur y perd.

Ce changement détruit une seconde comédie en cinq actes, en vers, que j'étois tout prêt à donner, d'après celle de Goldoni [*Pamela maritata*], et qui remplissoit mieux l'objet que l'on avoit en vue; mais on étoit impatient, et je n'ai pas voulu laisser le moindre doute sur mes sentimens, bien connus.

La liberté est ombrageuse : un amant doit avoir égard aux scrupules de sa maîtresse; et j'ai fait d'ailleurs, aux principes de notre révolution, tant d'autres sacrifices, d'un genre un peu plus sérieux, que celui de deux mille vers n'est pas digne d'être compté.

FRANÇOIS (de Neufchâteau).

Paris, le 1er septembre.

La *Feuille du salut public*, qui, le 21 août, avait publié sur *Paméla* un nouvel article dans lequel elle l'appelait ironiquement « la vertueuse, la sublime *Paméla* », en faisant remarquer de nouveau que la Comédie-Française était « infectée d'un grand nombre de royalistes », qui « s'empressoient de saisir ou plutôt d'imaginer les allusions qui leur convenoient, » la *Feuille du salut public*, en insérant dans son numéro du 3 septembre la lettre de François de Neufchâteau, la faisait suivre de cette *Note du rédacteur*, note que celui-ci avait soin de signer de ses initiales : A. R. (Alexandre Rousselin), ce qu'il ne faisait que dans les cas graves :

Note du rédacteur. — J'ignore si les sacrifices faits par le citoyen François à la liberté, *lorsqu'elle n'existoit pas*, peuvent l'excuser d'avoir, *quand la République a consacré son existence*, offert aux valets de l'aristocratie, toujours déguisés en *honnêtes gens*, un nouveau point de ralliement, sur le théâtre dit de la Nation ; mais je sais qu'un patriote vient d'être insulté à la représentation, dans une salle où les croacemens (*sic*) Prussiens et Autrichiens ont toujours prédominé, où le défunt *veto* trouva les adorateurs les plus vils, où le poignard qui a frappé Marat a été aiguisé lors du faux *Ami des loix*. Je demande, en conséquence,

> Que ce sérail impur soit fermé pour jamais,

que pour le purifier on y substitue un club de sans-culottes des faubourgs, que tous les histrions du Théâtre dit de la Nation, qui ont voulu se donner les beaux airs de l'aristocratie, dignes par leur conduite d'être regardés comme gens très suspects, soient mis en état d'arrestation dans les maisons de force; qu'enfin, le citoyen François veuille bien donner à sa philosophie une pente un peu plus révolutionnaire.

Voilà le langage du *Père Duchêne*, m'allez-vous dire : à cela je réponds que c'est celui de la vérité républicaine, et que peut-être ma motion n'est pas loin d'être appuyée. — A. R.

On va voir qu'en effet la motion n'était pas loin d'être appuyée, à l'heure où ces lignes étaient écrites. Mais que s'était-il donc passé, je ne dirai pas pour la justifier, mais pour la prétexter? Voici.

Le Comité de salut public ayant, comme le dit la lettre de François de Neufchâteau, approuvé les changements faits par lui à sa pièce, la neuvième représentation de *Paméla* avait été autorisée et affichée pour le lundi 2 septembre. Il va sans dire que la foule s'était de nouveau portée au théâtre; et comme on supposait que cette foule pourrait....

manquer de sang-froid, un avis spécial de la municipalité prévenait que l'on entrerait « sans cannes, bâtons, épées, et sans aucune espèce d'armes offensives ». La soirée fut houleuse néanmoins. Mais c'est au quatrième acte qu'elle devint tout à fait fâcheuse. Lorsque Fleury en vint à prononcer ces deux vers :

> Ah ! les persécuteurs sont les seuls condamnables,
> Et les plus tolérants sont les plus raisonnables !

un « patriote », comme le qualifie Rousselin, interpella tout à coup l'acteur, et s'écria à haute voix : « Point de tolérance politique ! c'est un crime ! » Ce fut le signal de la bagarre. A peine avait-il proféré ces mots que notre homme est couvert de huées, entouré de tous côtés, menacé d'arrestation et, finalement, comme il voulait répondre et résister, expulsé de la salle sans plus de façons. Mais en partant, comme on le pense, il jura de se venger — et il tint parole.

Ce « patriote », qui se nommait, dit-on, Jullien de Carentan, était un officier de province envoyé en mission auprès du Comité de salut public. A peine était-il sorti du théâtre, où la représentation se poursuivait sans encombre après son départ, que, furieux de sa déconvenue, il court au club des Jacobins, où comme d'habitude trônait Robespierre, demande incontinent la parole, raconte les faits dont il a été la « victime », s'efforce de rendre son récit aussi saisissant que possible, et par ce récit enflamme les esprits et provoque la colère de tous. Comme, en réalité, c'est là le fait matériel, tangible, qui décida du sort des malheureux Comédiens, il n'est pas superflu de le faire connaître aussi *officiellement* que possible. Je reproduis donc ce fragment de la séance des Jacobins d'après *le Républicain français*, l'un des rares journaux qui rendaient compte régulièrement des réunions de cette aimable assemblée :

> UN MILITAIRE. — Voici un fait dont je viens d'être témoin. Je sors du Théâtre de la Nation, où j'ai assisté à la représentation d'une pièce intitulée *Paméla*. La scène étoit couverte de décorations royalistes et aristocratiques de toute espèce, cordons bleus, etc., et de cocardes noires à tous les chapeaux ; je crus d'abord que c'étoit pour en faire voir le ridicule, et j'attendis patiemment le dénouement : point du tout, c'est que la pièce entière étoit consacrée aux éloges de cette espèce de gens qu'on appeloit autrefois de *grands seigneurs*. J'avois peine à contenir mon indignation ; mais elle éclata lorsque j'entendis prononcer trois vers, dont voici le sens :
>
>> ... Les persécuteurs seuls sont coupables,
>> Et les plus tolérans sont les plus pardonnables ;
>> Tous les honnêtes gens seront de cet avis.
>
> On applaudissoit avec fureur ; je me levai et m'écriai que, si on avoit dessein de faire quelque application à

notre révolution, je m'inscrivois en faux et repoussois la calomnie. *A bas* ! crioit-on des loges. Je les défiai tous et je ne sortis qu'à l'aspect d'un homme décoré d'une écharpe tricolore, que je pris pour un magistrat et à qui, comme tel, je crus devoir obéir provisoirement. Ce n'étoit qu'un comédien qui se prétendoit directeur du conseil d'administration du théâtre, et qui se permit de m'interroger devant plusieurs personnes et osa me demander pourquoi je troublois ainsi l'ordre dans un lieu public. Je répondis que quand, dans un lieu public, on se permettoit de débiter des maximes contraires aux loix, au bon ordre, et attentatoires à la tranquillité des citoyens, ce n'étoit pas introduire le désordre que de rappeler ceux qui osent le faire, et ceux qui applaudissent, à une conduite plus décente, mais, bien au contraire, rétablir l'ordre violé. On me demanda quel étoit mon état, ma mission. Je suis, répondis-je, capitaine de dragons employés au siège de Lyon, mandé au Comité de salut public pour des raisons qui ne regardent que lui et moi : je vous déclare que mon arrestation ici, outre son illégalité, peut entraîner des suites très dangereuses. « Eh bien ! reprit-on, si le Comité de salut public a besoin de vous, il viendra vous chercher. » Comme j'insistai, on me demanda quels étoient mes répondans. Je citai toute la députation de mon département, tous montagnards, et dont je suis parfaitement connu : je citai quelques autres députés à la Convention, avec qui je suis lié ; je citai toutes les sociétés populaires dont je suis membre, et notamment celle des Jacobins, parmi les membres de laquelle je compte plusieurs amis. « Ah ! vous êtes

Jacobins, me dit-on, il n'est pas étonnant que vous vous soyez récrié au mot *honnêtes gens.* »

C'est, disoit-on à mon oreille, un agent envoyé par le club pour espionner, insulter les personnes honnêtes, les gens comme il faut.

Enfin, je n'eus ma liberté que conditionnellement ; ils me demandèrent que je promisse que je n'essaierois plus de troubler la tranquillité et l'ordre public, et que j'assisterois dorénavant, avec le respect convenable, à une représentation publique d'un théâtre bien composé.

Robespierre. — La Convention a rendu un décret par lequel elle ordonne aux théâtres de jouer trois fois par semaine des pièces patriotiques. Le même décret ordonne que les théâtres qui joueront des pièces aristocratiques et injurieuses à la révolution seront fermés. Le Théâtre de la Nation est dans ce cas, et doit encourir la peine prononcée par la loi contre le délit.

Il y a quelque tems qu'on vint dénoncer au Comité de salut public une pièce de ce théâtre, où des signes, des décorations aristocratiques étoient prodigués avec une insolence affectée, une pièce dont le style annonçoit l'intention formelle de jeter un vernis d'odieux sur la révolution salutaire qu'a opérée le peuple français, où le gouvernement anglais étoit loué avec une affectation condamnable, ce qui ne pouvoit être fait que dans la vue d'en imposer au peuple sur les abus de ce gouvernement monstrueux, et lui en faire désirer un semblable. L'ordre fut envoyé de suspendre les représentations de la pièce, et d'en représenter le manuscrit au Comité de salut public.

Le lendemain, l'auteur vint lui-même apporter son

manuscrit, et l'on fut bien étonné d'apprendre que c'étoit L. François de Neufchâteau, député à l'Assemblée législative. Je n'étois pas pour lors au Comité; mais les membres à qui il en fit la lecture trouvèrent beaucoup de choses répréhensibles dans cet ouvrage, et l'auteur promit de les retrancher. C'est sur cette promesse qu'on eut l'indulgence de lui permettre de la faire représenter, mais sous la condition préalable des corrections projetées, sans quoi l'on devoit en arrêter la représentation et poursuivre l'auteur comme libelliste [1].

Là se borne le compte rendu du journal sur ce sujet. Mais un tel incident devait nécessairement avoir des suites, et l'affaire ne pouvait pas s'arrêter aux Jacobins, qui, malgré leur influence, ne constituaient pas un pouvoir public et n'avaient point qualité pour prendre une décision effective. Pour agir avec une apparence de légalité, il fallait l'intervention du Comité de salut public. Robespierre avait juré la perte des Comédiens, et sentait le moment venu de les frapper; il ne perdit pas une minute pour saisir celui-ci de la question. Quittant les Jacobins, il se rend au Comité, y expose les faits à son tour, et demande qu'on agisse avec vigueur et promptitude. Le Comité, qui montrait rarement le besoin d'être éperonné en ces matières et qui, on le sait, n'avait point

---

1. *Le Républicain Français*, 6 septembre 1793.

coutume de perdre son temps en vaines discussions, délibère aussitôt et prend, séance tenante, l'arrêté suivant, par lequel il ordonnait, en même temps que la fermeture de la Comédie-Française, l'arrestation immédiate de *tous* les artistes de ce théâtre ainsi que celle de l'auteur de *Paméla* :

Le Comité de salut public,

Considérant que des troubles se sont élevés dans la dernière représentation au Théâtre-Français, où les patriotes ont été insultés ; que les acteurs et les actrices de ce théâtre ont donné des preuves soutenues d'un incivisme caractérisé depuis la révolution et représenté des pièces anti-patriotiques,

Arrête :

1º Que les Théâtre-Français sera fermé ;

2º Que les comédiens du Théâtre-Français et l'auteur de *Paméla*, François (de Neufchâteau) seront mis en état d'arrestation dans une maison de sûreté, et les scellés apposés sur leurs papiers ;

Ordonne à la police de Paris de tenir plus sérieusement la main à l'exécution de la loi du 2 août dernier relativement aux spectacles.

Le Comité pourtant n'était pas tout encore. Il fallait à son arrêté la sanction de la Convention nationale, dont il n'était qu'une émanation. Ce fut Barrère qui se chargea de l'obtenir, et sans plus tarder. Mais il est bon de remarquer que quand la Convention fut saisie par lui de la question, les faits étaient acquis et, comme on va le voir, les Comédiens étaient déjà pour la plupart sous les verrous. C'est dans la séance du 3 septembre, présidée par Robespierre, que Barrère, prenant la parole pour donner connaissance à l'assemblée des rapports de son Comité de salut public, appuya particulièrement la mesure prise par lui au sujet des Comédiens. Cette partie de la séance est ainsi analysée par *le Moniteur* :

BARÈRE. — Le Comité a pris cette nuit des mesures pour raviver l'esprit public. Il est des choses peu utiles en apparence, mais que l'on trouvera nécessaires quand on pensera aux commotions que l'opinion publique a souvent reçues. Le Théâtre de la Nation, qui n'était rien moins que national, a été fermé. Cette disposition est une suite du décret du 2 août, portant qu'il ne serait joué sur les théâtres de la République que des pièces propres à animer le civisme des citoyens. La pièce de *Paméla*, comme celle de *l'Ami des Loix*, a fait époque sur la tranquillité publique. On y voyait non la vertu récompensée, mais la noblesse ; les aristocrates, les modérés, les feuillants se réunissaient pour applaudir les maximes proférées par des mylords ; on y entendait l'éloge du gouvernement anglais, et dans le moment où ce duc d'York ravage notre territoire. Le Comité fit arrêter la représentation de la pièce. L'auteur y fit des corrections ; cependant il y laissa des vers qu'on ne peut pas approuver, tel est celui-ci :

Le parti qui triomphe est le seul égitime.

Hier cette pièce fut représentée sur ce théâtre, et l'aristocratie, qui est toujours aux aguets, s'y assembla. Pendant la représentation, un patriote, un aide de camp de l'armée des Pyrénées, envoyé auprès du Comité de salut public, fut indigné de voir encore sur la scène des marques distinctives de la noblesse, de voir la cocarde noire arborée, d'entendre applaudir à l'éloge du gouvernement aristocratique d'Angleterre. Il interrompit ; à l'instant il fut cerné, couvert d'injures, et arrêté.

Le Comité, à qui les faits furent rapportés, se rappela *de* l'incivisme marqué dans d'autres occasions par les acteurs de ce théâtre, et qu'ils étaient soupçonnés d'entretenir des correspondances avec les émigrés, et fit attention que le principal vice de la pièce de *Paméla* était le modérantisme ; il crut qu'il devait faire arrêter les acteurs et les actrices du Théâtre de la Nation, ainsi que l'auteur de *Paméla*. Si cette mesure paraissait trop rigoureuse à quelqu'un, je lui dirais : Les théâtres sont les écoles primaires des hommes éclairés, et un supplément à l'éducation publique [1].

Barrère, que, moins de deux ans après, la même Convention devait traduire à sa barre et condamner à la déportation, et qui se défendait alors de la conduite tenue par lui en cette circonstance, n'en obtint pas moins à ce moment l'approbation complète de la mesure prise par le Comité. En effet, sur ses paroles, l'assemblée, présidée par Robespierre, prit la délibération suivante :

---

1. *Moniteur universel*, 5 septembre 1793.

La Convention nationale,

Approuve l'arrêté pris le 2 septembre par le Comité de salut public, et renvoie au Comité de sûreté générale pour l'examen des papiers qui seront trouvés sous les scellés.

Ainsi, il n'avait même pas fallu vingt-quatre heures aux ennemis des Comédiens pour assouvir contre eux leur haine trop longtemps contenue et pour, d'un seul coup, les frapper tous et les placer dans une situation qui pouvait devenir tragique. Le lundi soir avait lieu la neuvième représentation de *Paméla*; cette représentation n'était point terminée que les Jacobins se trouvaient informés des incidents qui s'y étaient produits ; peu d'instants après, le Comité de salut public décidait leur arrestation ; dans la nuit même cette arrestation était opérée ; et enfin, le lendemain mardi, la Convention donnait son approbation à la mesure prise par son Comité. Il était, en vérité, difficile de faire plus en moins de temps.

Aussi, la *Feuille du salut public* était-elle au comble de la joie, et dès son numéro du mercredi 4, exprimait-elle ainsi cette joie par la plume de son directeur :

Enterrement de Paméla, *et arrestation des muscades et muscadins, ci-devant pensionnaires ordinaires du ci-devant* Veto.

Paméla ne sera plus jouée ; cette fille orgueilleuse du

citoyen François ne sera point *maritata*[1]. Elle vient de mourir *vierge*, et cette copie défigurée de la naïve et modeste *Nanine* va dormir à jamais et se reposer avec son auteur dans le tombeau monarchique de *l'Ami des Loix*.

Notre prophétie d'hier vient de s'accomplir. Les comédiens *ordinaires du roi* sont enfin mis en état d'arrestation, et sans doute ces laquais éhontés de l'aristocratie vont subir la peine tardive que provoquoient depuis si long-tems leurs crimes collectifs et individuels envers la révolution.

Ce n'est point uniquement pour s'être plû à présenter dans une république le triomphe de la *noblesse* sur l'*égalité*, que le peuple veut leur châtiment; ce fait très coupable sans doute n'est que le *millième* pareil. Le spectateur le plus impartial déposera dans leur procès qu'ils ont été constamment et audacieusement le point de ralliement de tous les scélérats *déguisés en honnêtes gens*, c'est-à-dire de cette bourgeoisie lâche et impudente, qui sous le prétexte d'une *indifférence timide*, cherche à distraire la nation de la république, et à perpétuer les beaux airs *de la noblesse*.

Hérault-Séchelles a éveillé les républicains aveugles devant la victoire *nobiliaire* de *Paméla* sur l'égalité; mais il ne suffit pas de l'arrestation provisoire de ces hommes et de ces femmes perdues d'aristocratie; je demande, par supplément à ma motion d'hier, qu'en qualité de gens suspects *bien notoires !* ils restent hors d'état de nuire détenus jusqu'à la paix, époque à

---

1. Allusion à la seconde pièce, *Pamela Maritata*, que Goldoni avait tirée du même sujet.

laquelle ils seront déportés en *Russie*, où ils porteront ce talent *monarchique* et *efféminé* que la République n'aura point à regretter, et qu'elle eût dû déjà proscrire à jamais de son sein. — A. R.

On voit qu'aux yeux des purs Jacobins, la vengeance était incomplète et insuffisante. Ceux-ci demandaient l'exil, d'autres plus tard demanderont la mort. Et s'ils ne l'obtinrent pas, on peut dire qu'il n'y eut point de leur faute.

Mais il faut voir maintenant de quelle façon s'était opérée l'arrestation des artistes du Théâtre de la Nation, qui, ne se doutant pas de l'imminence du danger qu'ils couraient, avaient, comme d'habitude, envoyé à tous les journaux le programme de leur spectacle du lendemain, que ceux-ci publièrent aussi selon la coutume, et qui annonçait *la Veuve du Malabar* et *le Médecin malgré lui* [1].

---

[1]. Par conséquent on peut tenir pour inexact le renseignement donné par MM. Porel et Monval (*l'Odéon*, t. I), et d'après lequel, le 3 septembre, l'affiche de la Comédie-Française aurait porté ces mots : *Relâche jusqu'à nouvel ordre*. Il me paraît bien certain, en effet, que s'il y eut ce jour-là une affiche, ce qui semble douteux, elle devait être conforme au programme publié par les journaux. Une autre erreur du même livre est celle qui mentionne *l'École des Bourgeois* comme ayant été jouée à la suite de *Paméla* à sa neuvième représentation. J'ai relevé, parce que cela ne me semblait pas sans intérêt, les programmes des neuf représentations de *Paméla*; les voici très exactement, et l'on peut voir que *l'Ecole des Bourgeois* n'y figure pas une seule fois. La première avait eu lieu le 1ᵉʳ août, avec *l'Esprit de contradiction* ; la seconde le 3, avec *le Pari retrouvé* ; la troisième le 5, avec *l'Épreuve* ; la quatrième le 8, avec *le Tuteur* ; la cinquième le 12, avec *le Conteur* ou *les Deux Postes* ; la sixième le 17, avec *l'Épreuve* ; la septième le 21, avec *Zénéide* ; la huitième le 25, avec *la Manie des arts* ; enfin la neuvième, affichée pour le 29 avec *la Pupille* et interdite, fut donnée seulement le 2 septembre avec *les Folies amoureuses*, l'auteur y ayant opéré les changements annoncés.

III

ARRESTATION ET INCARCÉRATION DES COMÉDIENS-FRANÇAIS

A la date du 3 septembre 1793, qui est celle de la fermeture de la Comédie-Française ordonnée par le Comité de salut public, la troupe de ce théâtre était composée des artistes dont voici les noms :

Molé	Mmes Lachassaigne
Desessarts	Suin
Dazincourt [1]	Raucourt

1. «... Dazincourt savait depuis longtemps qu'il était menacé. Dans les derniers jours de juillet 1793, quelqu'un que je connais particulièrement, mais qu'il ne m'est pas permis de nommer, l'accosta au moment où il était prêt à entrer à la Comédie. On donnait *le Distrait* : il allait s'habiller pour paraître dans le rôle de Carlin. Cette personne lui marqua le désir de l'entretenir un moment en particulier : Dazincourt l'engagea à l'accompagner dans sa loge. Son domestique l'y attendait; il le fit sortir. Avant tout, ce personnage, alors inconnu pour lui, se nomma; puis il lui dit :

« Je sais qu'on se propose des mesures sévères contre la majeure
« partie des comédiens-français, il est encore temps de vous y sous-
« traire : croyez-moi, ne perdez pas un instant et retirez-vous dans
« une maison hors de Paris, jusqu'à ce que l'orage, prêt à éclater,
« soit passé. C'est à votre honneur que je confie ce secret, qui ne
« repose en ce moment que dans le cœur des monstres qui l'ont
« conçu ; je vous dirai, quand il en sera temps, comment il est venu
« jusqu'à moi. Si vous le divulguiez, si vous en faisiez part à vos
« camarades, les yeux de mes collègues se porteraient infaillible-

Fleury	Mmes Louise Contat
Bellemont	Perrin-Thénard
Vanhove	Louise Joly
Florence	Devienne
Saint-Prix	Émilie Contat
Saint-Fal	Petit-Vanhove
Naudet	Fleury
Dunant	Lange
Larochelle	Mézeray
Champville	Montgautier
Dupont	Ribou (rôles d'enfants)
Marsy	
Gérard	
Ernest Vanhove	
Alexandre Duval	
Jules Fleury	

Tous ces artistes furent arrêtés le 3 septembre et écroués dès le lendemain, à l'exception de Mlle Mézeray, arrêtée seulement le 4, mais qui subit le sort de ses camarades, et des trois sui-

---

« ment sur moi, et vous savez ce qui en résulterait. Je vous laisse-
« rais maître de faire de ma confidence l'usage qui vous paraîtrait
« convenable, si je n'étais pas père de famille. »

« Dazincourt remercia, comme il le devait, l'homme qui venait de lui donner un avis aussi important pour sa sûreté; mais en lui marquant toute sa reconnaissance : « Je serais lâche, lui dit-il, si
« j'abandonnais mes camarades : mon devoir est de partager leur
« sort, quel que puisse être l'événement. Ainsi, je resterai; mais je
« conserverai toute ma vie le souvenir de la preuve d'intérêt que
« vous venez de me donner. » Et il joua son rôle de Carlin avec la même gaîté que si, avant d'entrer en scène, on lui eût annoncé la plus agréable de toutes les nouvelles. » — *Mémoires de Dazincourt*, par H. A. K*** S (Henri Alexis Cahaisse), Paris, Favre, 1809, in-8°).

vants, qui échappèrent à la proscription : 1° Molé, qui n'était pas chez lui lorsque la police vint pour l'y chercher, dont les papiers furent visités néanmoins, mais qui ensuite ne fut pas inquiété, j'ignore pour quelle raison ; 2° Naudet, qui, quelque temps auparavant, était parti pour faire un voyage en Suisse ; 3° Desessarts, qui, malade depuis plusieurs semaines, s'était, sur l'ordre des médecins, rendu à Barèges pour y prendre les eaux ; c'est là qu'il apprit l'arrestation de tous ses compagnons, et cette nouvelle lui causa une telle révolution qu'il dut prendre le lit et mourut peu après, le 8 octobre. Par contre, Larive, bien qu'il n'appartînt plus à la Comédie-Française, et qui revenait de Bordeaux, où il avait été donner des représentations, fut arrêté dix jours après les artistes de ce théâtre, le 13 septembre, et partagea leur captivité.

Les journaux nous donnent quelques renseignements au sujet de ces arrestations. Dès son numéro du 7 septembre, le *Journal de Paris* publie cette note sous sa rubrique ordinaire, *État des prisons* : « Sainte-Pélagie, du 4. Entrées, les citoyennes Petit (Mlle Vanhove, alors épouse Petit, plus tard femme de Talma), Anne-Françoise-Élisabeth Lange, Fleury, Lachassaigne, Devienne, Suin, Joly, Raucourt ; point de causes expliquées. — Du 5, entrée, la citoyenne Mézeray, attachée au

Théâtre-Français, arrêtée comme mesure de sûreté. »

Tandis que les femmes étaient écrouées à Sainte-Pélagie, les hommes étaient conduits aux Madelonnettes. C'est aussi là que fut enfermé Larive, qui, mis en liberté peu de jours après, sur la demande de sa section, fut bientôt arrêté de nouveau, sur les réclamations hautaines de la *Feuille du salut public* et de son aimable directeur, que déjà nous avons appris à connaître, A la date du 19 septembre, ce journal publiait la note infâme que voici :

Élargissemens. — A peine le sieur Mauduit-Larive, ci-devant pensionnaire ordinaire du *roi*, a-t-il été incarcéré, qu'il se trouve tout à coup *relâché*, et cela par ordre des *administrateurs de police*. Le motif d'un élargissement aussi légèrement prononcé ne peut être qu'erreur, ou... de la part de ces magistrats ; mais nous ne doutons pas qu'ils ne réparent leur indiscrétion, en leur rappelant les faits qu'il est difficile de croire qu'ils aient pu oublier.

Le sieur Mauduit-Larive a été arrêté comme homme *suspect*. D'après le décret de la Convention, tous les *suspects* doivent être détenus jusqu'à la *paix*. Et quel homme peut être plus suspect aux yeux de tous les bons citoyens que le sieur Mauduit-Larive, qui, 1º a recélé chez lui l'*assassin* du Champ-de-Mars (Silvain Bailly); 2º a joué à Bordeaux l'infâme, le *faux Ami des Loix* ; qui a contribué de tous ses moyens, par l'*opium rolan*-

din, à refroidir l'esprit méridional, jadis *républicain*, aujourd'hui *monarchique*, ou plutôt *monarchisé*; qui... etc.

Et que serviroit donc aux patriotes de se lever en masse ? de veiller jour et nuit pour déjouer les complots des conspirateurs ? de terrasser dans la Vendée les rebelles ? de périr dans les combats de la liberté contre la tyrannie ? d'instituer, de renouveller, de *régénérer* les comités, si le travail des patriotes surveillans se trouve *détruit* par... les administrateurs de police ? par les *préposés du peuple*, qui devroient être les exécuteurs les plus *inflexibles* de sa volonté *prononcée*.

C'est une loi digne de Licurgue, que celle qui ordonne qu'aucun *élargissement* d'homme suspect n'ait lieu que par le *scrutin épuratoire* des *sections*, de la *commune* et des *tribunes*; j'en demande l'exécution la plus *immédiate* à l'ordre du jour.

Les principes en sont purs, et ses effets seront utiles, ils seront même *glorieux*; car il sera honorable de jouir de sa *liberté*, quand elle aura été achetée par l'estime universelle de ses concitoyens; alors que le *creuset* impartial fera justice du patriotisme clinquant, le *républicanisme pur* restera; alors je ne serai plus exposé à marcher sur la terre de l'*égalité*, coudoyé par les *scélérats* déguisés en *honnêtes gens*.

A. R...

On voit que cette note était signée, comme Rousselin ne manquait jamais de le faire dans les grandes occasions, pour bien prouver que c'était lui qui parlait. On le fit attendre un peu, mais sans doute pour la forme, car il finit par obtenir pleine satisfaction. Il ne lâchait pas prise d'ailleurs, et, le 21, il publiait ces quelques mots : « *Prédiction*. On dit que le sieur Delarive (*sic*) ne tardera pas être réintégré à la Force. » Cette question Larive semblait préoccuper le public, car on lisait dans *la Quotidienne* du 25 : « Larive, acteur des Français, avoit été conduit aux Magdelonnettes, puis réclamé par sa section : il est de nouveau en état d'arrestation. » Mais la nouvelle n'était pas encore exacte, et *la Quotidienne* se rectifiait ainsi le lendemain : « Larive n'est point arrêté, mais il y a garnison dans sa maison. » Il ne tarda pas beaucoup néanmoins à aller revoir ce qui se passait à Sainte-Pélagie, car voici la note que publiait le *Journal des Spectacles* dans son numéro du 26 septembre : « Nous lisons dans différens journaux, que le citoyen Larive, acteur du Théâtre-Français, qui, après avoir été enfermé aux Magdelonnettes, à son retour de Bordeaux, avoit été mis en liberté, vient d'être de nouveau arrêté, comme l'avoit prédit la *Feuille du salut public*, que nous avons précédemment citée. »

Mais la haine de Rousselin contre les Comédiens était tenace et ne désarmait pas. Bien au contraire, ce misérable avait l'œil toujours fixé sur eux, et les suivait avec une attention toute particulière, ainsi que nous allons le voir. Dans son numéro du 27 septembre, à l'« état des prisons », on lisait dans le *Journal de Paris* : « Sainte-Pélagie, du 25. Sorties, Élisabeth Lange et Joséphine Mézeray. » Ces deux artistes pourtant n'avaient point été mises en liberté, comme on pourrait le croire, et *la Quotidienne* du 30 rétablissait les faits en disant : « Les citoyennes Lange et Mézeray ont obtenu d'être transférées dans une maison de santé, sous la garde de deux gendarmes. » En effet, elles avaient été extraites de Sainte-Pélagie pour être transportées à la maison de santé Belhomme. Mais la *Feuille du salut public* ne pouvait manquer une si belle occasion de se distinguer, et le 3 octobre elle insérait cette note, dans laquelle elle exprimait son dépit pour le présent et ses craintes pour l'avenir : — « Les demoiselles Lange et Mézeray sont sorties de Sainte-Pélagie, sous prétexte de maladie. Passe pour ces *brebis innocentes*; mais quels sont donc les préposés usurpateurs qui se permettent toujours de faire des exceptions aux décrets prononcés par la volonté du peuple, et qu'est-ce qui nous répond qu'en suivant cette pente de tolérance évasive, la dame Raucourt ne sortira point demain sous le même prétexte, et qu'après-demain cette insolente sultane n'ira point de nouveau présider un comité aristocrate de *comédiens ordinaires du roi*? [1] »

---

1. Et puis, la *Feuille du salut public* se faisait facétieuse à l'occasion, s'efforçant même d'être spirituelle. Dans son numéro du

De fait, ni Mlle Lange, ni Mlle Mézeray, ni Mlle Raucourt, ni aucun de leurs camarades ne fut alors rendu à la liberté, si ce n'est peut-être Champville, à qui l'on prête une démarche particulièrement honorable. Plusieurs écrivains racontent en effet, sans entrer d'ailleurs dans des détails plus précis et sans donner même une date à cet incident, que Champville serait sorti de prison et que, ayant connu naguère Collot d'Herbois (on sait que celui-ci avait été comédien), il aurait aussitôt couru l'implorer en faveur de ses infortunés compagnons ; c'est alors que celui-ci lui aurait répondu : « Dans un mois il ne sera plus question des Comédiens-Français ; ce sont des contre-révolutionnaires trop dangereux. La tête ira à l'échafaud, et la queue sera déportée. Ainsi, ne m'en parle plus, pour ta propre sûreté. »

8 septembre, cinq jours après l'arrestation des Comédiens, elle avait publié cette note joviale : — « Le jour de l'arrestation des *pensionnaires ordinaires du ci-devant Veto*, la stupeur s'etoit emparée des muscades et des muscadins leurs complices. Chacun se disoit tout bas à l'oreille cette singulière aventure, et beaucoup, non moins coupables, s'étonnoient tout bas de n'être pas compris dans la règle générale contre les *gens suspects*. Aujourd'hui le silence est rompu, et déjà l'impertinence et le bon ton des mauvais calembours ont succédé à l'épouvante. L'un raconte que la dame Raucourt écrivoit ci-devant au *prince des Nains*, ou *nain* des princes, que les comédiens français *se sont levés en masse pour aller aux Madelonnettes*. Un autre, que le sieur Desessarts [il était doué d'un énorme embonpoint] s'est, à lui tout seul, pareillement levé en masse, et que les gendarmes qui ont été l'arrêter l'avoient pris pour un rassemblement Un troisième, que les administrateurs de la police se sont consultés entre eux pour savoir si la dame Raucourt devoit être mise dans la prison des hommes ou des femmes. » Cette dernière facétie se rapportait à certains penchants attribués à Mlle Raucourt.

Les malheureux, pourtant, on le conçoit, faisaient tous leurs efforts, employaient tous les moyens pour tenter d'obtenir leur délivrance. Vers la fin du mois de décembre ils adressèrent à ce sujet une pétition à la Convention, pétition dont toutes mes recherches n'ont pu réussir à me faire découvrir le texte, et que je ne puis faire connaître qu'en reproduisant ce fragment du compte rendu de la séance du 5 nivôse an II (26 décembre 1793), tel que le publiait le lendemain le *Moniteur* :

Les artistes du Théâtre de la Nation adressent à la Convention une pétition par laquelle ils lui exposent que, depuis quatre mois, ils gémissent dans les fers ; la levée de leurs scellés a suivi le moment de leur arrestation : on n'y a rien trouvé qui pût les inculper ; ils étaient résolus d'attendre avec une respectueuse résignation la décision de la Convention nationale. Mais l'infortune de leurs parents, qui ne vivaient que de leurs travaux, et qu'une cessation si longue menace de réduire à la plus cruelle misère, leur fait un devoir de réclamer aujourd'hui le rapport de leur affaire ; ils s'estimeraient heureux si la Convention, en ordonnant leur élargissement, confiait à leurs talents le soin de propager dans tous les cœurs les principes républicains et l'amour de la liberté.

THIBAULT. --- Vous avez créé une commission pour examiner les motifs d'arrestation des détenus. Les individus qui réclament annoncent que leurs scellés ont été levés et ne laissent lieu contre eux à aucune inculpation. Votre Comité de sûreté générale étant investi d'un grand pouvoir comme d'une grande confiance, je demande qu'il puisse, s'il le trouve juste, ordonner l'élargissement provisoire des artistes qui réclament, et que toutes les réclamations pareilles lui soient directement adressées.

La convention renvoie cette pétition au Comité de sûreté générale.

Est-ce à cette pétition que sont dues les quelques libérations dont les Comédiens furent l'objet à partir des premiers jours de janvier 1794? Je ne saurais le dire. En tout cas, il ne saurait être encore ici question de l'intervention occulte mais efficace en leur faveur du fameux Labussière, car celui-ci n'entra en qualité d'employé au Comité de salut public que vers le milieu du mois d'avril suivant. Mais, pour la première fois, je vais pouvoir faire connaître exactement ces libérations, avec la date précise de chacune d'elles. La note très précise et très détaillée qu'à ce sujet je vais reproduire ici, m'a été communiquée il y a quelques années par un grand amateur de théâtre, M. Ménétrier, fort au courant de notre histoire artistique, dont il s'occupa toujours avec passion, et auteur, avec M. de Manne, de trois ouvrages intéressants et très informés : *Galerie historique des comédiens de la troupe de Nicolet* (1869), *Galerie historique de la Comédie-Française* (1876), et *Galerie historique des acteurs français, mimes et paradistes*, etc. (1877). M. Ménétrier, mort aujourd'hui, avait dépouillé avec soin, aux archives de la préfecture de police (disparues dans l'incendie de 1871), tous les dossiers et les recueils de procès-verbaux relatifs à la captivité des Comédiens-Français en 1793 et 1794; il avait bien voulu me donner communication de ses manuscrits, en m'autorisant à en prendre copie, et c'est grâce à ce document unique que je vais pouvoir faire un peu de lumière sur des faits si inexactement et si imparfaitement connus jusqu'ici. On appréciera l'importance des renseignements contenus dans la note que voici :

> Tous les principaux artistes furent arrêtés et incarcérés le 3 septembre, et le scellé mis sur leurs papiers; ce scellé fut levé le lendemain, après visite qui ne révéla rien de suspect, ainsi que j'ai pu m'en convaincre par la lecture des procès-verbaux des commissaires nommés à cet effet, dont j'ai pris communication. Bien que Larive n'appartînt plus à la Comédie-Française, il fut arrêté le 13 septembre 1793 et conduit à Sainte-Pélagie, d'où il sortit deux jours après : arrêté de nouveau et conduit à Sainte-Pélagie le 20 Brumaire (11 Novembre), il fut transféré à Port-Libre le 13 Nivôse (3 Janvier 1794) et mis en liberté seulement le 17 Thermidor suivant (5 Août 1794).
> Les hommes furent conduits aux Madelonnettes, et les femmes à Sainte-Pélagie. Le 4 Nivôse an II (25 décembre 1793), les premiers furent transférés à Pic-

pus, d'où sortirent successivement pour être mis en liberté, savoir :

Dupont, le 12 Nivôse an II (2 Janvier 1794);
Vanhove et Saint-Fal, le 15 Pluviôse (4 Février);
Fleury et Ernest Vanhove, le 9 Floréal (29 Avril);
Saint-Prix, le 1er Prairial (21 Mai).

Pour ceux dont je n'ai pas trouvé la date de sortie de prison, il est certain que Dunant dut être élargi au moins au commencement de Pluviôse (Janvier-Février 1794), puisqu'il débute au Théâtre de la République dans la seconde quinzaine de ce mois. D'autre part, La Rochelle était certainement en liberté dès le commencement de Ventôse au plus tard, puisque le 6 Ventôse (25 février 1794), il débute à son tour au Théâtre de la République dans *l'Andrienne*, comédie de Baron, et joue le 8 suivant l'Intimé dans *les Plaideurs*. Quant à Dazincourt et Florence, ils ne paraissent pas avoir été mis en liberté avant le 9 Thermidor.

En ce qui concerne les femmes, les procès-verbaux nous donnent les dates de mise en liberté des suivantes :

Mlle Joly, le 14 Nivôse (4 Janvier 1794);
Mlle Devienne, le 9 Pluviôse (29 Janvier) [1];
Mlle Fleury, le 10 Pluviôse (30 Janvier);
Mmes Suin et Lachassaigne, le 14 Pluviôse (3 Février);
Mme Petit-Vanhove, le 15 Pluviôse (4 Février);
Mlle Lange, le 1er Prairial (21 Mai).

---

[1] « ... Pour Mlle Devienne, elle fut redevable de sa liberté à la haute protection de Vouland, un des membres les plus influents du Comité de sûreté générale, qui s'intéressa à elle sur les vives instances de Gévaudan [son futur époux], alors entrepreneur de charrois pour les armées. » (DE MANNE : *La Troupe de Voltaire*, p. 413.)

De Sainte-Pélagie, où elle avait été enfermée avec ses compagnes, Mlle Lange avait été transférée à la maison de santé Belhomme, 161, Faubourg-Saint-Antoine, le 24 Septembre 1793, puis réintégrée à Sainte-Pélagie du 15 au 16 Pluviôse (4-5 Février 1794), et enfin transportée à la prison des Anglaises de la rue Saint-Victor le 9 Germinal (30 Mars), où elle resta jusqu'à sa délivrance. Quant à Mlles Raucourt, Louise Contat et Émilie Contat, elles aussi avaient été, de Sainte-Pélagie, transférées à la prison des Anglaises de la rue Saint-Victor, mais deux jours avant Mlle Lange, c'est-à-dire le 7 Germinal (28 Mars). Pas plus que Dazincourt et Florence, elles ne paraissent avoir été mises en liberté avant le 9 Thermidor. Il en est sans doute de même de Mlle Mézeray, qui, arrêtée seulement le 4 et conduite à Sainte-Pélagie, fut transférée à la maison de santé Belhomme en même temps que Mlle Lange, et ensuite à la prison des Anglaises le 7 Germinal, le même jour que Mlles Raucourt et Contat.

Pour ce qui est des autres artistes appartenant à la Comédie, nous n'avons rien trouvé les concernant dans les procès-verbaux conservés aux archives de la préfecture de police [1].

---

[1]. L'un de ces procès-verbaux, resté inconnu jusqu'à ce jour, a, par un hasard inexpliqué, échappé à la destruction ; c'est celui relatif à l'arrestation de Dazincourt et de Dunant, qui a passé récemment en vente publique et que la Comédie-Française a acquis pour ses archives. C'est un document intéressant, dont voici le texte exact :

« L'an mil sept cent quatre-vingt-treize, deuxième de la République, le mardy trois septembre sur les midy, à la réquisition du citoyen Niquille, officier de paix, porteur d'un ordre de l'adminis-

Sur les trente-trois artistes qui composaient le personnel de la Comédie-Française le 3 septembre 1793, lors de la fermeture de ce théâtre, trente seulement, nous l'avons vu, avaient été arrêtés, trois d'entre eux, Molé, Desessarts et Naudet,

tration de police de ce jourd'huy en exécution d'un arrêté du Comité de salut public du jour d'hyer qui ordonne que le Théâtre-François sera fermé, que les comédiens du Théâtre-François seront arrêtés et que les scellés seront apposés sur leurs papiers.

« Nous commissaire de police de la section de Beaurepaire assisté des cytoyens Joubert et Moutard, commissaires du comité de surveillance, nous sommes transporté en la demeure du cytoyen Dazincourt, l'un des acteurs du Théâtre-François, rue des Francs-Bourgeois place Saint-Michel, où étant sommes montés au second étage sur le derrière, ayans trouvé led. cytoyen, lecture luy ayant été faitte dud. ordre, il a déclaré qu'il étoit près d'obéir ;

« Perquisition exactement faitte des papiers dud. cytoyen Dazincourt, il ne s'est trouvé que des livres, brochures et rôles de pièces de théâtre, pour quoy n'a été apposé aucuns scellés.

« Et de ce que dessus avons dressé le présent procès-verbal en présence desd. cytoyens commissaires de section qui ont signé ainsi que led. cytoyen Niquille.

« Niquille, Joubert, Moutard,
Regnault, Dazincourt.

« Et de suitte nous sommes transporté au domicile du cytoyen Dunant hôtel de Bordeaux, n° 793 à l'effet de l'exécution dud. ordre.

« Le cytoyen Massin tenant led. hôtel nous a dit que led. cytoyen Dunant, acteur des François étoit en province, sommes monté en la chambre garnie qu'il occupe, il ne s'est trouvé aucuns papiers.

« Et de ce que dessus avons dressé le présent procès verbal en présence des sus nommés qui ont signé :

« Niquille, Moutard, Joubert,
« Regnault. »

Il résulterait de ce document que Dunant n'aurait pas été arrêté le 3 septembre au matin. Était-il réellement en province, comme le porte le procès-verbal ? ou bien, ayant eu vent de quelque chose, s'était-il caché, et réussit-il à échapper au sort de ses camarades ? ou encore, fut-il arrêté plus tard ? Je n'ai de réponse pour aucun de ces points d'interrogation.

ayant, pour des raisons diverses, échappé au sort de leurs camarades. De ce qui précède, il résulte que sur ces trente prisonniers, quinze au moins, dont huit hommes et sept femmes, avaient certainement, entre le 1ᵉʳ Janvier et le 20 Mai 1794, recouvré leur liberté. Si l'on y joint Champville, qui semble bien avoir été délivré même avant eux, on peut croire que quatorze de ces artistes restèrent en prison jusqu'au 9 Thermidor et à la chute de Robespierre et des siens. Ces quatorze artistes étaient Dazincourt, Bellemont, Florence, Marsy, Gérard, Alexandre Duval, Jules Fleury, et Mˡˡᵉˢ Raucourt, Louise Contat, Emilie Contat, Perrin-Thénard, Mézeray, Montgautier et Ribou. Ce nombre est porté à quinze par le fait de l'arrestation de Larive, qu'on avait cru devoir joindre à ses anciens compagnons.

On a dit et répété que ceux des artistes de la Comédie-Française qui furent assez heureux pour être remis en liberté avant le 9 Thermidor ne l'avaient été qu'à la condition expresse de s'engager au théâtre de la République. Je ne sais ce qu'il faut penser de cette assertion ; en tout cas, si elle est exacte pour quelques-uns, elle ne l'est pas pour tous ; car si nous voyons débuter successivement à ce théâtre Mˡˡᵉ Joly (14 janvier 1794), Dupont (4 Février), La Rochelle (24 Février), Vanhove (Février), Dunant (*id.*) et Mᵐᵉ Petit-Vanhove (*id.*) ¹, nous savons aussi que Mlle Devienne débuta le 6 Mars au Théâtre-National de Mlle Montansier (qu'il ne faut pas confondre avec le Théâtre Montansier proprement dit), où déjà se trouvait Molé, et quant à Fleury, Saint-Prix, Saint-Fal, Ernest Vanhove, Mmes Suin, Lachassaigne, Lange et Fleury, ils ne semblent pas avoir reparu devant le public, les uns avant le mois de Juillet, les autres avant le mois d'Août 1794, époque à laquelle ils se trouvèrent réunis à la salle du Faubourg-Saint-Germain, c'est-à-dire à leur ancien Théâtre de la Nation, devenu, par suite des circonstances, le Théâtre de l'Égalité. Il est vrai que pour ceux-là, on ignorait jusqu'à ce jour qu'ils eussent été mis si tôt en liberté.

Quoi qu'il en soit, c'est donc seulement en faveur des quinze artistes (y compris Larive) dont j'ai plus haut rappelé les noms, que put s'exercer l'activité généreuse et désintéressée de Labussière. Il eut encore fort à faire, comme on le verra, pour les soustraire au péril qui les menaça jusqu'au dernier jour.

---

1. Mme Joly fit sa première apparition au théâtre de la République dans le rôle de Finette du *Dissipateur*, Dupont dans Saint-Albin du *Père de famille*, La Rochelle dans Dave de *l'Andrienne*, Vanhove dans *Brutus*, Mme Petit-Vanhove dans Sophie du *Père de famille* et dans *l'Épreuve nouvelle*. (Voir à ce sujet le premier numéro du *Journal des Théâtres et des Fêtes nationales* de Duchosal, du 1er Fructidor an II.)

IV

LABUSSIÈRE ET SON ŒUVRE

On a, en ces dernières années, beaucoup parlé de Labussière, en rappelant le rôle courageux joué par cet homme généreux et un peu étrange dans l'affaire si dramatique de l'emprisonnement des artistes de la Comédie-Française en 1793. C'est surtout lors de l'apparition de la pièce de M. Victorien Sardou, *Thermidor*, que l'attention s'est trouvée reportée sur ce personnage, dont l'écrivain avait fait comme le héros de son drame. Mais déjà M. Jules Claretie, dans son roman de *Puyjoli*, avait remis en lumière cette physionomie, à certains égards énigmatique. Une polémique s'éleva à son sujet, dans un journal, entre un artiste de la Comédie-Française, M. Jules Truffier, qui niait avec persistance le rôle attribué jusqu'alors à Labussière, et M. Sardou, qui, au contraire, revendiquait justement pour lui l'honneur, qu'on ne lui avait encore jamais contesté, d'avoir, au péril de sa propre existence, sauvé celle de quelques-uns des artistes de la Comédie-Française en danger de mort. Ayant pris, à cette époque, une part de cette discussion, ayant réuni tous les éléments qui pouvaient servir à éclaircir la question, je vais m'efforcer de faire connaître avec toute la précision possible, à l'aide de documents certains, ce qu'était Labussière, ce que fut sa conduite à l'égard des Comédiens-Français et à quels dangers il ne craignit pas de s'exposer en personne pour les sauver de l'échafaud qui les attendait. C'est un chapitre de l'histoire de la Comédie qui, je l'espère, sera tracé pour la première fois d'une façon sûre et fidèle.

Ce nom de Labussière est en effet, quoiqu'on dise et quoiqu'on fasse, intimement et énergiquement lié à l'histoire de la Comédie-Française pendant la Révolution, et celui qui le portait continuera, je pense, pendant longtemps encore, d'être considéré comme le sauveur héroïque de tant d'artistes soustraits par lui à une mort presque certaine. Un de ses détracteurs, qui semble avoir conçu contre lui une sorte de haine rétrospective, s'est laissé entraîner jusqu'à dire qu'il avait été « inventé » par J.-B. Laffitte, l'éditeur des *Mémoires de Fleury* (lesquels, pour le dire en passant, quoique n'ayant pas été « écrits » par Fleury lui-même, sont loin d'être aussi apocryphes qu'on l'a voulu prétendre ; j'en appelle à tous ceux qui sont un peu au courant de l'histoire du théâtre en France). Or, Laffitte, qui commençait la publi-

cation de ces *Mémoires* en 1835, n'avait point à
« inventer » Labussière, dont le nom avait été
mis en évidence dès 1803 par le livre incohérent,
mais curieux, du « jurisconsulte » Liénart : *Charles
ou Mémoires historiques de M. de la Bussière*, et
même, peu de temps auparavant, par l'ouvrage
plus sérieux, quoique asssez imparfait, d'Étienne
et Martainville : « *Histoire du Théâtre Français*
depuis le commencement de la Révolution jusqu'à
la réunion générale. » Mais il ne suffirait pas
d'avoir recours à ces publications pour être justement renseigné et sur le compte de Labussière,
et sur les procédés qu'il employa pour sauver, en
s'exposant lui-même aux plus grands dangers, la
vie de tant de personnes qui, sans lui, eussent
augmenté certainement dans une proportion
notable le nombre des victimes de la Terreur.
C'est à d'autres de ses contemporains qu'il faut
s'adresser encore, c'est surtout aux journaux, cet
instrument vivant et indispensable de l'histoire.
C'est là qu'on peut espérer trouver les éléments
qui permettent de reconstituer le rôle bienfaisant
joué par Labussière à la fin de cette époque
cruelle, d'apprécier particulièrement l'immense
service rendu par lui à ceux des artistes de la Comédie-Française qui gémissaient encore sous les
solides verrous du Comité de salut public, et
dont la captivité semblait ne devoir trouver d'autre
terme que leur supplice.

Labussière était sinon un déclassé, du moins un *inclassé*, un peu de la race de ceux que Mürger, un demi-siècle plus tard, devait si bien décrire dans sa *Vie de Bohême*. S'il prit un instant l'état militaire, ce fut pour le quitter bientôt, son caractère un peu fantasque et très indépendant s'accommodant mal de la sévérité de la discipline et des devoirs qu'elle impose. S'il fut quelque peu comédien, ce fut d'une façon capricieuse et sans qu'il ait paru prendre le métier vraiment au sérieux. Mêlé par la suite à la vie bruyante et dissipée de la jeunesse parisienne, et la tournure de son esprit gouailleur lui ayant, au plus fort de la Révolution, fait courir de sérieux dangers, il ne trouva d'autre moyen de se soustraire à ces dangers que de s'enrôler précisément dans l'administration révolutionnaire. Puis, le péril passé, il semble avoir renoncé à toute espèce de travail ou d'emploi, à toute occupation rétribuée, puisqu'au bout de quelques années il s'estime heureux d'accepter le produit d'une représentation, d'ailleurs très fructueuse, que les Comédiens-Français donnent à son bénéfice en souvenir et en reconnaissance de la conduite naguère tenue par lui à l'égard de quelques-uns d'entre eux. Il gaspille rapidement la somme fort respectable qui lui est remise à cette occasion, tombe bientôt dans une misère profonde, puis disparaît complètement. On ne sait alors plus rien de lui, sinon qu'une attaque de paralysie le conduit à la folie et qu'il meurt, jeune encore, dans un asile d'aliénés.

Sa biographie est courte, on le voit. Il s'appelait Charles-Hippolyte Labussière, et, second fils d'un chevalier de Saint-Louis peu fortuné qui avait été officier de marine, il était né à Paris en 1768. Des trois fils de cet officier, l'un était destiné à la robe, le second, celui qui nous occupe, à l'épée, le troisième à la religion. A peine Charles était-il âgé de seize ans lorsque, sans doute pour obéir au vœu de son père, il prit du service et entra, en qualité de cadet, dans le régiment de Savoie-Carignan, alors en garnison à Dunkerque. Que fit-il lorsque, au bout de peu de temps, l'état militaire lui étant à charge, il eut quitté son corps et renoncé au métier des armes pour revenir à Paris ? Sans fortune omme il était, il fût sans doute obligé d'abord de prendre un emploi quelconque pour s'assurer la vie matérielle, ce qui ne l'empêchait pas de s'amuser et de jeter en riant la gourme de la jeunesse. Ici, j'aurai recours à un homme qui l'avait bien connu, un écrivain aujourd'hui ignoré, Fabien Pillet, que M. Sardou a eu l'occasion de nommer dans la polémique qu'il a soutenue au sujet de Labussière, et qui était précisément l'auteur de la notice consacrée à celui-ci dans la *Biographie Michaud*[1]. Or, voici ce qu'on lit dans cette notice :

... De retour à Paris, où il (Labussière) fréquenta des jeunes gens et des femmes dont la vie était plus joyeuse qu'exemplaire, il joua avec quelque succès les rôles de niais sur des théâtres de société et acquit dans le monde la réputation d'un plaisant mystificateur. Dans les premières années de la Révolution, s'étant trop librement égayé aux dépens des orateurs de section et des comités de surveillance, il s'en fit de redoutables ennemis et il était déjà près de porter la peine de son imprudence, lorsqu'il réussit à se faire employer dans les bureaux du Comité de salut public, c'est-à-dire au quartier général de la Terreur, où quelques-uns de ses amis avaient, comme lui, trouvé un sûr asile. Muni d'une carte du Comité, il se vit dès lors respecté de ces mêmes révolutionnaires dont il avait craint le ressentiment. Ce fut dans son bureau, espèce de greffe où l'on réunissait les dossiers des détenus, qu'il se ren-

---

1. Fabien Pillet, écrivain distingué qui s'est beaucoup occupé de théâtre, et en homme compétent, était le chef du bureau dans lequel Labussière était employé au Comité de salut public. Je ferai remarquer que dans sa notice il renvoie, pour les détails sur la vie de celui-ci, à divers ouvrages et notamment aux *Mémoires de Fleury* ce qui justifie l'observation que je faisais plus haut en disant que ces Mémoires ne sont pas aussi apocryphes qu'on se plaît un peu trop à le dire. A tout le moins peut-on être assuré d'y trouver souvent une bonne part de vérité. Il n'est peut-être pas sans intérêt de rappeler que cet écrivain modeste, qui était un homme distingué, fut le père de Léon Pillet, qu'on vit directeur de l'Opéra sous le gouvernement de Juillet, et plus tard, sous le second empire, consul de France à Venise.

dit éminemment utile aux personnes incarcérées en détruisant chaque jour, sans qu'on pût s'en douter, ce qu'on appelait alors les pièces « accusatives » (pièces à charge). Le nombre des prisonniers qu'il préserva ainsi du tribunal révolutionnaire fut très considérable...

On trouve ici la première mention du rôle bienfaisant attribué à Labussière. Mais bien des années auparavant, Fabien Pillet avait fait allusion à ce rôle dans une autre notice consacrée par lui à Labussière, celle-ci dans un petit livre spécial, *la Nouvelle Lorgnette des Spectacles*, qui n'était autre chose qu'une sorte de petit dictionnaire biographique des acteurs et actrices des théâtres de Paris. Voici comme il s'exprimait alors :

Il (Labussière) sera longtemps fameux dans l'histoire du théâtre de la rue Saint-Antoine, dont il étoit agent principal sous les ordres du citoyen Mareux, propriétaire, qui, de son côté, étoit aussi très fameux dans sa section en qualité de commissaire de bienfaisance [1].

Le citoyen Labussière s'est consacré à l'emploi des niais, et par cette raison, se trouve souvent en concurrence avec le citoyen Comart; il y a cependant, entre ces deux artistes, une nuance qui les distingue; l'un

---

[1]. Il s'agit ici d'un petit théâtre connu sous le nom de théâtre Mareux, qui était situé au n° 46 de la rue Saint-Antoine et qui, avant la Révolution, était un simple théâtre de société, où la comédie était jouée par des amateurs. Il fut quelques instants et à diverses reprises, sous la Révolution, spectacle public et payant, pour revenir ensuite à sa destination première.

marche sur les pas de Volange, l'autre sur ceux de Brunet.

Si je passois en revue le petit nombre d'hommes qui ont rendu de grands services aux victimes de la Révolution, le citoyen Labussière auroit ici un article plus étendu; mais, par bonheur, le souvenir de ses bonnes actions est gravé dans plus d'un cœur, et ce que j'en dirois seroit superflu [1].

On voit que Pillet ne manquait pas une occasion de rendre justice à la conduite de Labussière et de proclamer bien haut les services qu'il avait rendus. Il le fit encore dans un autre petit recueil du genre de celui que je viens de citer, la *Revue des Comédiens*, publié en 1808. Il le fit une dernière fois, en 1838, *trente ans après la mort de Labussière,* dans un petit volume de mélanges, vers et prose, qu'il intitulait *Bigarrures anecdotiques*. Et si j'insiste sur cette insistance de sa part, c'est pour répondre aux observations de certains sceptiques plus ou moins sincères, qui se sont efforcés de nier le rôle de Labussière et qui ont accumulé de prétendues raisons pour démontrer qu'il n'était qu'un simple farceur, un mystificateur vulgaire, dont le seul but aurait été de se gausser du public en se faisant à bon marché passer pour un héros et en s'attribuant toute une

---

1. *La Nouvelle Lorgnette des Spectacles*, Paris, impr. Dufay, in-18, an IX-1801.

série d'actions qui étaient autant de mensonges et d'impostures. Or, en dehors même de toutes autres preuves, il faut considérer que Pillet était précisément, au Comité de salut public, le chef du bureau dans lequel Labussière avait été placé comme employé, qu'il le vit à l'œuvre, qu'il se fit en quelque sorte son complice, au moins en le laissant faire et en fermant volontairement les yeux, et que son témoignage, si souvent renouvelé pendant le cours de quarante années et absolument désintéressé, peut sans doute passer pour souverainement décisif.

A l'époque — 1801 — où était publiée la notice que je viens de citer, nous voyons que Labussière appartenait à un petit théâtre de société, dont il avait été comme une sorte d'administrateur. Mais il paraît avoir été, plusieurs années auparavant, réellement comédien, car la Comédie-Française possède dans ses archives des feuilles d'émargement de l'ancien théâtre des Variétés du Palais-Royal (dont elle reprit la salle lors de sa reconstitution en 1799), sur lesquelles le nom de Labussière figure pour les années 1787, 1788 et 1789. C'est donc, vraisemblablement, très peu de temps après son retour à Paris qu'il prit, d'une façon un peu obscure et sans doute par suite de circonstances particulières, la profession de comédien. Il y revint un peu plus tard, à l'époque de la Terreur, mais non, je pense, sans quelques intermittences, selon le caprice et la fantaisie de son caractère bizarre, fantasque et indépendant. C'est le livre de Liénart, dont j'aurai l'occasion de parler plus loin, qui nous fait connaître l'époque de sa première apparition au théâtre Mareux, laquelle semble remonter au mois de janvier 1793. Il s'y produisit ensuite à diverses reprises, à telles enseignes qu'un jour, au cours d'une violente discussion avec un de ses camarades, jacobin endurci, il brisa et mit en miettes les deux bustes de Marat et de Lepelletier qui « ornaient » les deux côtés de l'avant-scène du théâtre. On assure que Labussière parut aussi un instant, en 1797, sur la scène de l'Odéon[1].

Quoi qu'il en soit, c'est cette modeste notice de la *Nouvelle Lorgnette des Spectacles* qui nous apporte le premier témoignage des services signalés rendus par Labussière à tant de gens, parmi lesquels les artistes de la Comédie-Française, à l'époque de la Terreur. L'année suivante, Étienne et Martainville publiaient leur *Histoire du Théâtre-Français* pendant la Révolution, et, dans une longue note de cet ouvrage, rendaient à Labussière l'hommage qui lui était bien dû. Mais c'est

---

1. C'est dans le livre de MM. Porel et Monval, *l'Odéon*, que j'ai rencontré ce renseignement, dont je n'ai trouvé trace nulle part ailleurs.

précisément à propos de ce livre que le *Journal des Débats*, dans son numéro du 5 Messidor an X (23 juin 1802), publiait une lettre extrêmement intéressante relative à Labussière, lettre dont aucun historien ne paraît avoir eu connaissance, et qui nous donne le premier récit un peu détaillé de faits qui n'avaient été révélés jusqu'alors que d'une façon sommaire. L'auteur de cette lettre, justement touché de la belle conduite de Labussière, annonce d'abord qu'il s'est informé à son sujet et que c'est le résultat des recherches faites par lui qu'il désire communiquer au public par la voie du journal :

Citoyen,

En lisant l'*Histoire du Théâtre-Français* par les cit. Étienne et Martainville, j'ai principalement fixé mon attention sur une note des auteurs de cet ouvrage : amateur des arts et particulièrement du Théâtre-Français, je n'ai pu me défendre d'un sentiment de reconnoissance pour cet employé du Comité de salut public, à l'humanité ingénieuse duquel nous devons l'existence des Comédiens-Français. C'en étoit donc fait des dépositaires de nos chefs-d'œuvre dramatiques, et la gloire que l'Europe accorde à la scène française s'obscurcissoit donc à jamais par l'ordre des décemvirs, si la Providence n'eût inspiré à un employé subalterne l'idée courageuse d'arracher à la faulx révolutionnaire, au péril de ses jours, les organes des Molière, des Corneille, des Racine, des Voltaire, etc. Curieux d'approfondir la vérité et les circonstances de cet événement extraordinaire, j'ai pris des informations ; et après être remonté à la source, je me suis procuré des détails intéressans que je vous transmets comme un monument de la cruauté des hommes et de l'humanité d'un simple individu à qui on doit la conservation de plus de douze cents victimes condamnées à périr, soit à cause de leurs vertus, soit à cause de leurs richesses, soit à cause de leurs talens.

On va voir que le correspondant du *Journal des Débats* était en effet bien renseigné, car les faits qu'il expose ont tous été confirmés par la suite de la façon la plus formelle. Il continue en ces termes :

Charles-Hyppolyte Labussière entra au Comité de salut public, bureau des détenus, en qualité de commis copiste, trois mois et demi avant le 9 Thermidor. Ce bureau des détenus étoit un bureau de renseignemens sur les prisonniers de toute la République, et de dépôt de pièces qu'on livroit à la commission populaire, par ordre des membres du Comité de salut public, pour aller de là au tribunal révolutionnaire. Labussière étoit celui des commis à qui les pièces revenoient en dernier ressort, pour être numérotées et enregistrées ; tous les jours, à deux heures après-midi, il les remettoit à un membre de la commission populaire, chargé de les retirer de ses mains sans lui en donner le récépissé, et quarante-huit heures après, les détenus se

trouvoient en jugement, c'est-à-dire conduits à l'échafaud.

Labussière, dès les premiers momens de son entrée au bureau des détenus, avoit déjà conçu le projet de tirer parti de sa place en faveur de toutes les victimes qu'il pourroit sauver. Tous les jours il avoit vingt à vingt-cinq pièces à remettre à la commission : il commença d'abord par soustraire la famille Sénéchal, Mme Leprestre de Château-Giron et ses deux demoiselles. Pendant les six premiers jours il se contenta de cacher les pièces ; cependant, comme le volume commençoit à devenir très gros, et qu'il ne pouvoit ni les emporter pendant le jour, ni même les garder cachées, il imagina de les faire disparoître pendant la nuit ; en conséquence, il se rendoit au Comité de salut public à une heure du matin, au moment où les membres de ce Comité étoient en délibération ; il montoit à son bureau, alloit à sa cachette, y prenoit les pièces, les faisoit tremper dans un seau d'eau, et en faisoit une pâte composant cinq à six boules qu'il mettoit dans sa poche. Vers les six heures du matin il alloit au bain, où il trempoit encore ces mêmes boules de papier, déjà durcies par l'excessive chaleur qu'il faisoit (c'étoit dans les premiers jours de Messidor), et les subdivisoit en petites boules qu'il lançoit dans la Seine par la fenêtre de la chambre de son bain.

La nuit du 9 au 10 Messidor, il fut, comme à son ordinaire, à une heure après minuit, pour enlever son travail du 7, du 8 et du 9. Cette expédition sauvoit, avec une quarantaine de personnes, précisément l'élite de la Comédie-Française, les citoyens Fleury, Dazincourt, Larive, Mlle Contat et sa sœur, Mlles Lange et Raucourt[1], et comme il descendoit le pavillon de Flore, muni de toutes les pièces, il entend plusieurs députés se disputer très vivement ; l'heure étoit indue, il se trouvoit dans le cas de la loi des suspects. Que faire ? Comment conserver le fruit de son heureuse audace ? Il n'a pas de tems à perdre ; il aperçoit un coffre qui se trouve encore dans ce moment au deuxième étage du pavillon de Flore ; c'est le ciel qui le lui présente ; il ne balance point, il s'y tapit bien doucement. Collot d'Herbois et compagnie passent, voilà le danger disparu avec les alarmes, mais pas pour long-tems : Labussière, gagnant sa demeure, est à peine sur le boulevard Italien, qu'il se voit arrêté par un membre du Comité révolutionnaire de la section Lepelletier. Celui-ci le traite comme il étoit d'usage alors, et après les douces qualifications de conspirateur, contre-révolutionnaire, etc., il prétend lui mettre les mains dans les poches ; quelle position effrayante ! Le courage et l'humanité qui animent le vertueux dépositaire triomphent du recors populaire ; il sort victorieux de cette lutte cruelle, et arrive enfin chez lui avec son heureux larcin.

A six heures il va au bain, refait de nouveau de petites boules, et confie encore à l'onde son salut et l'arrêt de mort des artistes célèbres qui font aujourd'hui les délices de la scène française.

1. Il y a ici une erreur, d'ailleurs compréhensible, en ce qui concerne les noms. Fleury avait été mis en liberté dès le 9 Prairial, et quant à Larive, Fabien Pillet nous apprend dans sa notice, comme on le verra plus loin, qu'une erreur de Labussière faillit au contraire lui être fatale.

Le 9 Thermidor arrive ; Labussière devient secrétaire de Legendre, de Paris ; alors tous les moyens sont possibles : il met en liberté tout ce qui réclame. Que ne dut pas faire à cette époque favorable celui qui, dans le péril, n'avoit écouté que son cœur ? Il faudroit un volume entier pour rendre compte des événemens extrordinaires qui lui sont arrivés pendant le cours de la Révolution. J'ai raconté ce qu'il y avoit de réellement curieux, de vraiment surprenant et au-dessus de tout éloge comme de toute récompense.

Recevez ma narration fidelle, et faites-en part à vos lecteurs.

J. C. T.

Quel était l'auteur de cet article, si sympathique à Labussière et si exact généralement dans tous ses détails, ainsi qu'on peut s'en convaincre en lisant ce qui a été écrit par la suite sur le personnage ? Je ne saurais le dire d'une façon certaine, mais je remarque pourtant que les initiales dont il est signé se rapportent exactement aux nom et prénoms de Joseph-Charles Trouvé, publiciste qui avait été l'un des rédacteurs importants du *Moniteur universel* pendant la première période de la Révolution, qui, récemment, venait de faire en Italie un assez malheureux essai de ses facultés dans la diplomatie et qui devait être, plus tard, préfet et baron de l'Empire. Il me semble, jusqu'à plus ample informé, que l'on peut justement attribuer à Trouvé l'article en question, lequel, au surplus, ne saurait que lui faire honneur.

Cet article nous fait, le premier, connaître le procédé devenu légendaire à l'aide duquel Labussière faisait disparaître les papiers et documents accusateurs relatifs aux personnes qu'il voulait arracher à la mort, ce procédé ingénieux qui consistait à faire tremper ces papiers, à les réduire en pâte et à les détruire en les confiant au courant de la Seine. C'est à l'aide de ce moyen — singulièrement dangereux, on le comprend, s'il avait pu seulement être soupçonné — qu'il sauva un nombre considérable de prisonniers. D'aucuns évaluent ce nombre à 500 personnes, d'autres disent précisément 924, et Liénart, l'historien de Labussière, l'élève à 1.153, dont il donne les noms ! (Il est à remarquer qu'aucun des personnages portés sur les listes de Liénart n'a jamais réclamé publiquement.) Parmi les malheureux qu'il arracha ainsi à la mort, je citerai au hasard les noms suivants : Volney, le grand philosophe, l'aimable chevalier de Florian, la vicomtesse de Beauharnais, qui devait être l'impératrice Joséphine, MM^{mes} d'Aiguillon, de Beaufort, de Schomberg, de la Ferté, M. de Boulainvilliers, le poète La Chabeaussière, le fidèle collaborateur de d'Alayrac, et sa femme, Mme de Buffon, Mlle de Sombreuil, le maréchal de Ségur, M. et Mme de

Praslin, M. et Mme de Luynes, la duchesse de Duras, la duchesse de Fleury, M. de Cossé, MM^mes de Lévis, de Poix, de Beauvau, de Bouillon, la célèbre comédienne Mlle Montansier et son compagnon de Neuville, M. de Laporte, ancien intendant de Lorraine, M. de Lauraguais, M. de Cormeilles, M. de La Touche-Tréville, M. de Ségur jeune, Mme de Luxembourg, Mme de Custine, Mlle Chabert, etc., etc.

C'est le 1er floréal an II (21 avril 1794) que Labussière prit place dans les bureaux du Comité de salut public, et c'est juste trois semaines après, le 22 (12 mai), qu'il fit le premier essai du procédé qui devait si bien lui réussir en supprimant six dossiers qui concernaient, comme le disait exactement la lettre du *Journal des Débats*, les deux familles de Sénéchal et Le Prestre de Château-Giron. « Il eut le bonheur, nous apprend son historien Liénart, les jours suivans, d'enlever encore furtivement soixante pièces accusatives, ce qui sauva soixante personnes en empêchant leur mise en jugement. » Une fois lancé de cette façon, il ne s'arrêta plus. Mais à ce sujet, ceux qui, de nos jours, ont voulu contester à Labussière la générosité de sa conduite, ont été jusqu'à dire que, dans le cas où en effet il aurait sauvé la vie à certaines personnes, ce n'eût pu être qu'aux dépens de la vie de certaines autres, parce qu'il aurait été obligé de substituer les pièces concernant celles-ci, qu'il ne protégeait pas, à la procédure relative à celles-là, qu'il favorisait. Déjà, paraît-il, ce dernier reproche lui avait été jadis adressé. Il faut voir avec quel accent d'indignation Fabien Pillet s'élève contre une pareille imputation : « Cette chicane de l'ingratitude, dit-il, *est fondée sur une infâme calomnie*. Il ne faisoit assurément pas de substitutions arbitraires ; tout son *gâchis* (c'est ainsi qu'il appeloit son travail) consistoit à ôter des dossiers ce qui étoit à la charge des détenus, et à ralentir sous tous les prétextes imaginables les transcriptions et envois de pièces. Il sauvoit ainsi la plus grande partie des accusés sans intervertir la marche des choses au préjudice de qui que ce fût — si ce n'étoit toutefois au préjudice des commissions populaires et du tribunal révolutionnaire, qui, ne trouvant pas leur compte à cette opération, dénoncèrent plus d'une fois le bureau de Charles-Hippolyte Labussière, comme cherchant à soustraire tous les coupables à la vengeance nationale [1]. »

Tout cela n'était donc pas sans que l'intervention généreuse et désintéressée de Labussière l'exposât à de véritables dangers. Mais il est presque certain que ces dangers furent plus grands

---

[1]. *La Revue des Comédiens*, 1808.

encore lorsqu'il eut à s'occuper des Comédiens-Français que lorsqu'il agissait en faveur de tel ou tel « accusé » pris isolément. Parmi ces comédiens, quelques-uns, nous l'avons vu, avaient été mis en liberté individuellement, grâce à j'ignore quelles influences. Mais une quinzaine d'entre eux étaient encore en prison, notamment Dazincourt, Florence, Mlle Raucourt, Mlle Mézeray, Mlle Contat et sa sœur...[1]. Il s'agissait donc ici d'un procès en quelque sorte collectif; les personnages incriminés étaient particulièrement en vue, poursuivis d'une haine toute spéciale, et, par l'ensemble même qu'ils formaient, ne pouvaient être facilement oubliés, ainsi qu'il arrivait parfois pour certains autres. Aussi, la difficulté fut-elle grande en ce qui les concernait, et peut-on vraiment dire qu'en entreprenant de les sauver, Labussière jouait hardiment et courageusement

---

1. On a attribué à Mlle Contat le couplet suivant, qu'elle aurait écrit dans sa prison quelques jours avant le 9 Thermidor, en assurant qu'elle aurait la force de le chanter sur la charrette qui devait la conduire au supplice :

> Je vais monter sur l'échafaud,
> Ce n'est que changer de théâtre.
> Vous pouvez, citoyen bourreau,
> M'assassiner, mais non m'abattre.
> Ainsi finit la Royauté,
> La valeur, la grâce enfantine...
> Le niveau de l'égalité
> C'est le fer de la guillotine.

Si Mlle Contat, dont on s'est plu souvent à louer l'esprit, est effectivement l'auteur de ce couplet, il faut avouer que sa muse était indigente.

sa tête. Que Robespierre et les siens eussent tenu
la France pantelante une semaine de plus dans
leurs mains, que les événements du 9 Thermidor
eussent été reculés seulement de quelques jours,
et l'on ne peut dire ce qu'il fût advenu de Labussière et de ses protégés, en compagnie desquels
peut-être il eût gravi les marches de l'échafaud.

On n'oubliait pas ceux-ci en effet, on les suivait de près, et la preuve en est dans ce billet doux
que leur ancien confrère, le farouche Collot d'Herbois, qui, peut-être en sa qualité d'ex-comédien,
les honorait surtout d'une rancune implacable,
adressait à l'accusateur public, Fouquier-Tinville,
en lui envoyant un dossier le concernant. Le
dossier contenait un rapport du conseil général
de la Commune sur les faits à la charge des « accusés », un réquisitoire de Chaumette, procureur
de ladite Commune, réclamant leur renvoi devant
le tribunal révolutionnaire, et une série de dénonciations dues à divers particuliers. Quant au
billet, qui portait la date du 8 Messidor an II
(27 juin 1794), on y voit que Collot laissait à
Fouquier un délai de cinq jours pour préparer
le procès qui, selon lui, n'avait que trop tardé sans
doute :

Le Comité t'envoie, citoyen, les pièces concernant
une partie des *ci-devant comédiens-français*. Tu sais,
ainsi que tous les patriotes, combien ces gens-là sont

contre-révolutionnaires; tu les mettras en jugement le 13 Messidor.

A l'égard des autres, il y en a quelques-uns parmi eux qui ne méritent que la déportation ; au surplus, nous verrons ce qu'il en faudra faire après que ceux-ci auront été jugés.

COLLOT (D'HERBOIS).[1]

Cinq jours ! il fallait donc se presser, et Labussière avait moins de temps encore à perdre que Fouquier-Tinville. C'est dans sa précipitation sans doute que, avec le plus grand désir d'être utile aussi à Larive, dont le dossier était joint à celui de ses anciens camarades, une erreur grave de sa part faillit, au contraire, perdre celui-ci plus sûrement et plus rapidement. C'est Fabien Pillet qui nous l'apprend dans sa notice de la *Biographie Michaud* : — « Son zèle en faveur du tragédien Larive, dit-il, fut sur le point d'avoir un effet bien affligeant. Par une cruelle méprise, il anéantit les pièces que cet acteur avait produites pour se justifier, et il laissa dans les cartons celles qui appuyaient l'accusation. Par bonheur, le chef de bureau, instamment pressé par le Comité de livrer à Fouquier-Tinville le dossier *tel qu'il était,* différa, sous divers prétextes, d'obéir à ces injonctions, et eut ainsi le bonheur de prolonger les

---

[1］ Je crois bien que Liénart est le premier qui ait publié cette pièce dans son livre sur Labussière.

délais jusqu'à la journée libératrice du 9 Thermidor. Il va sans dire que la joie de Labussière fut aussi grande que l'avait été son inquiétude. » Ce que Pillet néglige de dire, c'est que le chef de bureau qui, en cette circonstance comme en bien d'autres, se fit l'aide et le complice de Labussière, était Pillet lui-même.

Néanmoins, Labussière réussit si bien à brouiller les choses en faveur de ses protégés que le procès, depuis si longtemps pendant en dépit des désirs de ceux qui le poursuivaient, dut subir encore un retard par suite de l'absence des documents nécessaires, et qu'on finit par s'en émouvoir à la Convention même; de telle sorte que Fouquier-Tinville se vit obligé d'adresser au comité de police générale, sous forme d'excuse à la fois et de réclamation, la pièce que voici :

Paris, 5 Thermidor an II de la républ.
franç. une et indiv.

LIBERTÉ, ÉGALITÉ OU LA MORT.

L'accusateur public près le Tribunal révolutionnaire
Aux citoyens membres représentans du peuple chargés de la police générale.

CITOYENS REPRÉSENTANS,

La dénonciation qui a été faite, ces jours derniers, à la tribune de la Convention n'est que trop vraie; votre bureau des détenus n'est composé que de *royalistes* et de *contre-révolutionnaires*, qui entravent la marche des affaires.

Depuis environ deux mois, il y a un désordre total dans les pièces du Comité; sur trente individus qui me sont désignés pour être jugés, il en manque presque toujours la moitié ou les deux tiers, et quelquefois davantage [1]: dernièrement encore tout Paris s'attendait à la mise en jugement des comédiens-français [2], et je n'ai encore rien reçu de relatif à cette affaire ; les représentans Couthon et Collot m'en avaient cependant parlé, et j'attends encore des ordres à cet égard.

Il m'est impossible de mettre en jugement aucun détenu sans les pièces qui mentionnent au moins le nom et la prison; dans un pareil désordre, on a fait appeler dans les maisons d'arrêt des personnes qui avaient été exécutées la veille (!) : cela peut faire un très mauvais effet dans l'esprit public (!!). Je compte vous remettre, à la fin de cette décade, un nouveau travail sur les détenus qui entrera, je crois, dans vos vues, et qui ne contribuera pas peu à consolider les bases de la République.

Salut et fraternité.
FOUQUIER-TINVILLE.

1. Cette phrase de Fouquier répond indirectement et péremptoirement à ceux qui prétendaient que Labussière n'aurait sauvé certaines existences qu'aux dépens et au prix de certaines autres. On voit ici que s'il faisait disparaitre un grand nombre de dossiers, il ne les remplaçait point par d'autres.

2. La mort de ces malheureuses victimes paraissait tellement certaine, que, le 13 Messidor, les ponts et les quais étaient plus garnis encore qu'à l'ordinaire : une foule de curieux était accourue pour les voir marcher au supplice. » (Étienne et Martainville.)

Fouquier escomptait l'avenir, qui allait se resserrer pour lui et pour les siens : il n'eut pas sans doute, comme il l'annonçait, le loisir de communiquer au Comité l'intéressant travail qui devait être le fruit de ses méditations. Avant la fin de la décade, Robespierre était réduit à l'impuissance, et le 9 Thermidor allait, avec bien d'autres, délivrer nos comédiens.

Labussière avait donc réussi, selon son désir et au prix de mille dangers, à sauver ceux des artistes de la Comédie-Française que les hommes du Comité du salut public avaient su maintenir pendant onze mois dans les prisons de la Convention. Il est à croire que tous furent mis en liberté à la fois, et si l'on ne peut fixer à ce sujet une date précise, du moins certains faits nous renseignent-ils d'une façon très approximative. Tout d'abord on peut supposer que ceux qui avaient été considérés comme les « complices » de François de Neufchâteau ne durent pas rester en prison plus longtemps que l'auteur de *Paméla* lui-même. Or, pour celui-ci, nous savons au juste à quoi nous en tenir. En effet, dans son numéro du 21 Thermidor (8 août), le *Journal de Paris* publiait sous ce titre : « Vers du citoyen François (de Neufchâteau) aux membres des comités de Salut public et de Sûreté générale qui ont proposé de lui rendre sa liberté », trois pièces de vers (mauvais d'ailleurs) adressées, la première « au citoyen Barrère », la seconde « au citoyen Voulland », la troisième « au citoyen Goupilleau (de Fontenay) », et les quatre premiers vers de cette dernière nous donnent la date de la délivrance de François de Neufchâteau :

> Il est donc arrivé, le jour de la justice !...
> Près d'un an, dans les fers, je l'attendis en vain.
> Trois cent trente-six jours ! ô Dieu ! quel long supplice !...
> Mais aussi, quel moment divin !...

L'auteur de *Paméla* ayant été, comme les Comédiens, arrêté le 3 septembre 1793, les trois cent trente-six jours de captivité qu'il constate nous apprennent donc qu'il fut mis en liberté le 4 ou, au plus tard, le 5 août 1794 (16 ou 17 thermidor).

C'est donc évidemment à la même date, ou très approchant, qu'il faut placer la délivrance des Comédiens. D'ailleurs, le *Journal des Théâtres* de Duchosal, dont la publication commença aussitôt après le 9 Thermidor, nous fait connaître que Larive et Mlle Thénard parurent dès le 24 thermidor, dans *Guillaume Tell*, au théâtre de l'Égalité (qui n'était autre que l'ancienne salle de la Comédie-Française, faubourg Saint-Germain), et que, le 29, Fleury, Dazincourt et Mlle Contat s'y montrèrent à leur tour dans *la Métromanie* et *les Fausses Confidences*. Il semble donc certain qu'avant la fin de thermidor tous devaient être en liberté, même Dazincourt, dont on a dit à tort qu'il avait été maintenu en prison longtemps après ses camarades [1].

Mais, pendant ce temps, que devenait Labusrière ? C'est encore Fabien Pillet qui va nous l'apprendre : « Placé ensuite, dit-il (après le 9 Thermidor), auprès du trop fameux Legendre, membre du Comité de sûreté générale, il obtint de ce député, alors transfuge du club des Jacobins, une quantité incombrable de mises en liberté [2] ; mais, à l'époque du 13 Vendémiaire (5 octobre 1795), il fut à son tour arrêté et il ne sortit de prison, au bout de huit jours, que pour rentrer dans la vie privée. Quelques-unes des personnes auxquelles il avait rendu d'importants services voulurent bien lui en exprimer leur reconnaissance. Les Comédiens-Français donnèrent à son bénéfice, sur le théâtre de la Porte-Saint-Martin, une représentation à laquelle le premier consul assista et dont le produit s'éleva à 14.000 francs [3].

Nous aurons à parler de cette représentation.

---

1. Les hommes du Comité de salut public avaient voué, dit-on, une haine toute particulière à Dazincourt, pour cette seule raison que la reine Marie-Antoinette, qui, on le sait, jouait avec les personnes de son entourage la comédie de société à Trianon, l'avait choisi naguère pour son professeur de déclamation.
2. Entre autres, dit-on, 10.000 religieuses et 1.800 prêtres réfractaires déportés, qui furent délivrées grâce à lui.
3. *Biographie Michaud.*

Mais elle n'eut lieu qu'en 1803, et jusque-là nous n'avons que bien peu de nouvelles de Labussière. Chercha-t-il à se produire de nouveau au théâtre ? Il y reparut en effet, mais il ne semble pas que ce fût encore d'une façon sérieuse et suivie. Nous retrouvons sa présence au théâtre Mareux, où, à la date du 4 brumaire an III (26 octobre 1794), il joue le rôle d'André dans une comédie de Patrat, *l'Heureux Quiproquo*, mais cela paraît tout à fait accidentel. A ce moment il était encore chez Legendre, auprès duquel il remplissait les fonctions de secrétaire intime, ce qui lui donnait quelque influence auprès de ce personnage, qui, pour se faire pardonner ses infamies passées, lui accordait ou lui donnait toutes facilités d'obtenir les grâces qu'il demandait. Il resta auprès de lui jusqu'au mois d'avril 1795. On peut croire qu'il reprit alors la vie dissipée qu'il avait menée avant son entrée dans les bureaux du Comité de salut public. Ce qui peut le faire supposer, c'est sa double arrestation lors des événements du 13 Vendémiaire. Arrêté le 14 et relâché le même jour, il est de rechef arrêté le lendemain et cette fois conduit avec beaucoup d'autres au collège Mazarin, d'où il sort enfin au bout de quelques jours. Comment et de quelle façon s'était-il, au moins momentanément, trouvé compromis dans cette affaire ? c'est ce que je ne saurais dire. Toujours est-il qu'à partir de ce moment, et quoique un instant encore il ait reparu au théâtre Mareux, on perd complètement sa trace jusqu'au jour où il est question de la fameuse représentation qu'organisèrent pour lui les artistes de la Comédie-Française, alors définitivement et solidement reconstituée, après une foule de traverses et d'efforts infructueux.

L'histoire de cette représentation est assez compliquée. Tout d'abord il est bon de remarquer, ce que ne fait pas ressortir le récit de Fabien Pillet, que Labussière dut l'attendre neuf ans, et que son organisation, semée de difficultés de tout genre, ne dura pas moins de six grands mois, ce qui ne prouve pas en faveur de la reconnaissance de ceux à qui il avait sauvé la vie et de leur empressement à lui être utile. En effet, cette représentation, qui eut lieu seulement le 15 germinal an XI (5 avril 1803), était décidée depuis le milieu de vendémiaire précédent, c'est-à-dire depuis les premiers jours d'octobre 1802, ainsi que le prouve indirectement la lettre suivante, adressée à cette occasion à Labussière par les adjudicataires du droit des pauvres, alors affermé à des entrepreneurs :

Du 21 Vendémiaire an XI.

Nous sommes instruits, citoyen, que les sociétaires du Théâtre-Français se proposent de donner une représentation à votre bénéfice. Nous voyons avec plaisir qu'ils acquittent la dette de la reconnoissance que la plupart d'entre eux vous doivent pour les avoir compris dans le grand nombre des personnes que vous avez soustraites à la hache révolutionnaire.

Pénétrés d'admiration pour l'ami de l'humanité qui s'est tant de fois dévoué pour la servir, nous vous prions d'accepter la remise du dixième que nous avons le droit de percevoir sur cette représentation.

Que votre délicatesse n'en souffre pas, citoyen; cet argent ne sera pas tiré de la caisse des indigens puisque nous sommes adjudicataires par bail de l'impôt établi à leur profit; et le sacrifice que nous faisons en votre faveur sera plus que compensé par la satisfaction de nous associer à cet acte de la reconnoissance que vous doivent tous les amis des arts et tous les hommes sensibles.

G. J. COTTREAU et THIERRY,
Fermiers de la taxe des indigens sur
les spectacles [1].

Il y avait cinq mois que Labussière avait reçu cette lettre, lorsqu'enfin la représentation projetée, et toujours remise, sembla prendre corps d'une façon sérieuse et put être officiellement annoncée. Voici dans quels termes le faisait le *Courrier des Spectacles* du 23 ventôse an XI (14 mars 1803):

---

[1]. Cette lettre fut publiée dans le *Courrier des Spectacles* du 7 Germinal an XI.

Les comédiens-français, désirant dédommager M. Labussière de ce que la représentation à son bénéfice a été trop longtemps différée par l'effet de diverses indispositions et autres obstacles imprévus, viennent d'arrêter que cette représentation auroit lieu le 9 Germinal prochain, dans l'ancienne salle du grand Opéra, Porte-Saint-Martin, qui vient d'être louée à cet effet de préférence au théâtre Favart, dont le local beaucoup moins spacieux ne procureroit pas à leur libérateur une recette aussi digne de lui être offerte. Ils représenteront la tragédie d'*Hamlet*, qui n'a pas été jouée à Paris depuis dix-huit ans, et la comédie des *Deux Pages*, que le public ne se lasse jamais d'aller voir.

Une dernière remise eut lieu, et le spectacle annoncé pour le 9 ne put avoir lieu que le 15 Germinal (5 avril). En en rendant compte, le même journal nous fait connaître ce qu'on pourrait appeler « les dessous » de cette représentation :

Enfin, la voilà donnée, cette représentation que le Théâtre-Français devoit à si juste titre à celui qui a soustrait les soutiens de notre scène à la hache révolutionnaire. Mais pour arriver à ce dénouement, que de lenteurs il a fallu essuyer, que d'obstacles il a fallu combattre, que de petites intrigues de coulisses il a fallu vaincre ! Il étoit pourtant si simple, si naturel, ce mouvement des comédiens envers leur bienfaiteur ! Mais
   Trop de reconnoissance est un fardeau peut-être !
et la représentation d'hier n'a que trop justifié ce vers

de *Tancrède*. — *Depuis six mois* celui qui en étoit l'objet en avoit vu reculer le moment ; semblable à un créancier dont la vue importune ses débiteurs, il frappoit en vain à toutes les portes, en vain il en appeloit à tous les cœurs, tous sembloient se fermer à sa voix. Un jour c'étoit un prétexte, le lendemain un autre. On n'osoit pas positivement le refuser, mais on le remettoit toujours. Tantôt on adoptoit telle pièce, tantôt on se rejetoit sur une absence ou sur une indisposition. *Tardè benè facere, nolle est*. Enfin, las de tant de délais honteux, un beau zèle s'empare des acteurs de la tragédie, qui s'empressent de venger la gloire du corps entier. Peu sont du nombre de ceux que M. Labussière a sauvés : Mmes Raucourt, Thénard et Florence sont de ce petit nombre ; les autres, les citoyens Talma, Després, Armand, Lacave et Mlle Bourgoin sont étrangers à son action généreuse. Qu'importe ! ils décident de jouer la tragédie d'*Hamlet*. Le public s'attendoit à applaudir les premiers sujets : à l'exception des deux premiers rôles et de celui de confidente, il n'y a vu que des doubles, et son mécontentement a éclaté plus d'une fois.

Autrefois nos premiers talens se seroient fait un mérite de paroître seulement pour dire un vers ; Lekain se seroit honoré dans un jour pareil d'apporter une lettre. Larive a-t-il rougi de prendre les plus petits rôles, même dans la comédie ? Aujourd'hui on se croiroit avili si l'on payoit sa faible part d'une dette si légitime.

Mais si l'on doit accuser plusieurs comédiens de négligence en cette circonstance, de quel œil a-t-on pu voir qu'ils donnoient une autre tragédie, *Adélaïde Duguesclin*, jouée par Mlle Duchesnois le soir même où ils devoient laisser la foule se porter à la représentation pour M. Labussière ? C'est là plus que de l'indifférence.

Nous n'étendrons pas davantage ces réflexions, qui ont surtout rapport à la tragédie ; car la comédie paroît s'être prêtée de bonne grâce à cet acte de gratitude, et on a eu le plaisir de voir dans *les Deux Pages* les talens chers à Thalie sauvés par M. Labussière. Cette comédie a été jouée avec le plus grand ensemble, bien différente en cela de la tragédie d'*Hamlet*, où Mlle Raucourt et surtout Talma ont reçu seuls les témoignages de la satisfaction publique. Ce dernier a été vraiment tragique dans son rôle et a été redemandé après la pièce.

Le premier consul a assisté à la tragédie, et à son arrivée et à son départ il a reçu des spectateurs d'unanimes applaudissemens.

Le journaliste n'y allait pas de main morte, et l'on peut dire que la leçon était rude. Il semble qu'elle fût méritée, et ce rappel aux convenances et aux bienséances ne trouva pas de contradicteurs.

Mais voici, au sujet de cette représentation si longtemps attendue, si difficilement préparée et si souvent remise, un document vraiment intéressant, et dont on pourrait croire que personne jusqu'à ce jour n'a eu connaissance, tellement il est resté ignoré. C'est une lettre de Labussière même, qu'il livra à la publicité pour remercier tous ceux qui lui étaient venus en aide en cette circonstance. Dans cette lettre fort digne, où il rappelle avec la plus parfaite convenance la conduite tenue par lui pendant la Révolution, il se garde bien de laisser percer aucun sentiment d'humeur à l'égard des artistes de la Comédie-Française, de laisser croire à la négligence et au mauvais vouloir si justement attribués à quelques-uns d'entre eux dans l'article que je viens de citer, lequel n'était pas tenu à la même discrétion. Il leur exprime au contraire sa gratitude dans la forme la plus heureuse, explique habilement des retards qu'il semble considérer comme ayant été inévitables, et n'écrit pas un mot qui puisse donner lieu à une équivoque. Disons d'ailleurs que, en dépit de tout, le résultat de la représentation donnée à son profit avait été brillant, puisque la recette s'était élevée au chiffre, bien rare à cette époque, de 14.000 francs; il y avait là de quoi le consoler de bien des déboires et de bien des ennuis. Voici cette lettre, qui fut publiée dans le *Courrier des Spectacles* du 24 germinal :

Paris, le 21 germinal an XI.

L'intérêt que vous m'avez témoigné dans votre feuille et la publicité que vous avez donnée à la représentation annoncée à mon bénéfice par MM. les comédiens-français me font un devoir de vous faire mes remerciemens authentiques, ainsi qu'à tous les membres qui composent cette société célèbre. Tout cède à la faulx du temps, tout s'oublie, le mal comme le bien. A une époque sanglante et d'horrible mémoire, j'ai eu le bonheur, au péril de ma vie, d'arracher bien des victimes à la hache révolutionnaire. Heureux si je n'eusse été dans la nécessité cruelle de compromettre plus d'une fois celle de mes camarades du bureau des détenus, où je m'étois introduit, en qualité de commis expéditionnaire, par un stratagème aussi simple que bizarre ! Je dois avouer que, sans leur courageuse humanité, tous mes efforts eussent été inutiles. Ils fermoient officieusement les yeux sur mes larcins et s'associoient, par leur silence, à la gloire et aux dangers de mes entreprises. Les tigres qui buvoient alors le sang des hommes, quoique assiégés de craintes et de soupçons, n'avoient garde de se méfier de moi. Mon extérieur négligé et mon ton de franchise et de plaisanterie me donnoient à leurs yeux un air de simplicité qui me rendoit sans importance. J'osai donc être humain dans un temps où l'humanité était un crime ; je parvins à sauver successivement une infinité de personnes dont j'ignorois jusqu'aux noms, *onze cent cinquante-trois* prisonniers, la plupart très connus. J'en remis la liste, après le 9 Thermidor, à Legendre, qui me prit pour son secrétaire. De ce nombre étoient MM. les comédiens-françois. On m'avoit remis les pièces qui les concernoient, pour être enregistrées et livrées sur le champ à la commission populaire ; c'est-à-dire qu'il n'y avoit qu'un pas de cette formalité à l'échafaud. Quelle perte irréparable pour la scène française si le succès n'avoit couronné mon courage ! J'avois rempli un devoir cher à mon cœur ; mais le souvenir de mon dévouement n'en étoit pas moins effacé peut-être, sans MM. Étienne et Martainville. Ces deux jeunes littérateurs, dans leur *Histoire du Théâtre-Français*, ont rappelé des faits ensevelis dans l'oubli et qui semblent s'être passés il y a mille ans, tant leur atrocité paroît invraisemblable grâce à l'unité de vœux et d'opinions qui règne en France depuis qu'un héros pacificateur l'a sauvée de l'anarchie et de l'horreur des tombeaux. M. Dazincourt, à cet éveil donné par hasard dans un ouvrage dramatique, se livrant à l'impulsion de sa belle âme, s'informa de moi, voulut me voir, et, touché de ma situation, proposa à sa société d'acquitter ce qu'il appeloit une dette par une représentation à mon bénéfice.

Les comédiens-françois ont tous manifesté un zèle généreux, dont je les prie de vouloir bien recevoir ma juste reconnoissance. Diverses contrariétés ont retardé longtems l'effer de la leur, et Mlle Raucourt, principalement, a fait trois études consécutives d'ouvrages qui devoient être joués d'abord et qui n'ont pu l'être ensuite. Lorsque les moralistes se plaignent partout de l'ingratitude et de l'oubli des hommes, il est bien consolant pour mon cœur de n'avoir qu'à me louer de leur reconnoissance. J'ai eu la satisfaction de voir, à l'assemblée du théâtre de la Porte-Saint-Martin, une partie de ceux à qui j'ai eu le bonheur d'être utile. J'ai parlé à quelques-uns d'entre eux, qui m'ont accablé de bontés et d'éloges. MM. Cottreau et Thierry, dont je ne saurois trop célébrer le désintéressement quoiqu'ils ne me dussent rien, ont refusé leur droit sur le dixième de la recette affecté à l'impôt des pauvres, dont ils sont les adjudicataires. Le respectable auteur d'*Hamlet* non seulement a renoncé à sa part d'auteur, il a poussé même la délicatesse jusqu'à refuser un billet d'entrée gratuite. M. Talma, après avoir fait, comme Mlle Raucourt, des études en pure perte, a redoublé d'efforts et de zèle pour ne point retarder la représentation qui a eu lieu le 15 germinal.

Veuillez donc recevoir tous les sentimens d'une reconnoissance sans bornes, MM. Dazincourt, Fleury, Talma, Florence, Armand, Lacave, Larochelle, Desprès, Mmes Raucourt, Contat, Mézeray, Thénard, Bourgoin, Lachassaigne, Volnais, et vous MM. Cottreau, Thierry, Étienne et Martainville.

Salut et estime,

CH. LABUSSIÈRE.

Le nom de Labussière, déjà révélé par Fabien Pillet, mis en lumière avec une sorte d'éclat par Étienne et Martainville dans un livre dont le succès était considérable, devenait tout à coup presque célèbre par le fait de la représentation qui avait eu tant de retentissement. Ce nom volait de bouche en bouche, et tout Paris s'entretenait de celui que chacun appelait le sauveur de la Comédie-Française. C'est à ce moment qu'un personnage nommé Liénart, « jurisconsulte » de son état et prudhomme de sa nature, eut l'idée de faire de Labussière le sujet d'un livre dans lequel il retracerait (à sa manière) les hauts faits accomplis par son héros et qui lui avaient valu une renommée si légitime. Ce brave homme, dont malheureusement le talent n'égalait pas la bonne volonté, n'y allait pas de main morte : il trouva le moyen de couvrir de sa prose assez de papier pour en former quatre volumes in-12, ornés de gravures qui ne sauraient pas plus excuser l'incohérence de son récit que la platitude, l'incorrection et l'emphase ridicule de son style. Quand tout fut prêt, il publia son chef-d'œuvre sous ce titre : « *Charles* ou *Mémoires historiques de M. de la Bussière*, ex-employé au Comité de salut public, rédigés par M. Liénart, jurisconsulte, » en le faisant précéder des deux lettres que voici :

Lettre de M. Liénart, jurisconsulte,
à M. de la Bussière.

Paris, le 1er Vendémiaire an 12.

Monsieur,

Des circonstances fortuites ayant fait passer en mes mains un manuscrit contenant une grande partie des anecdotes relatives aux services que vous avez rendus aux victimes destinées à la hache révolutionnaire, lorsque vous étiez employé aux Comités de Salut Public et de Sûreté générale, j'ai l'avantage, Monsieur, de vous prévenir qu'ayant recueilli soigneusement et rédigé tous les faits qui vous sont personnels et qui honorent votre philantropie, je n'attends plus que votre agrément pour rendre publiques d'aussi belles actions ; et pour que votre modestie n'en soit pas blessée, je vous prie d'accepter un exemplaire de cet ouvrage, dans lequel vous verrez que je n'ai tracé que de grandes vérités.

Je suis, Monsieur, avec la plus parfaite considération, Votre très humble et très obéissant serviteur.

LIÉNART, *jurisconsulte.*

Réponse de M. de la Bussière à M. Liénart, jurisconsulte.

Ce 3 Vendémiaire an 12

Vous me demandez, Monsieur, la permission de mettre au jour des Mémoires historiques portant mon nom, et dont les faits me sont personnels ; je vous déclare que n'ayant aucune espèce de prétention, ni d'intérêt à cet égard, vous êtes absolument le maître d'en agir comme bon vous semblera.

Salut et considération.

C.-H. LABUSSIÈRE.

On ne saurait imaginer chose plus sotte et plus ridicule que ce prétendu livre du « jurisconsulte » Liénart. Avec les meilleures intentions du monde, ce biographe naïf et par trop inexpérimenté, qui outrageait avec autant de candeur la langue française que le sens commun, n'a produit qu'une rapsodie informe et absolument illisible, une sorte de recueil d'anas à l'aide duquel on ne pourrait même pas reconstituer la vie de celui qu'il avait la prétention d'immortaliser, tellement les quelques et très rares renseignements utiles qu'il contient sont noyés dans un fatras de cancans et d'anedoctes absurdes, aussi nulles au point de vue de l'intérêt que douteuses quant à leur authenticité. Et pourtant, tel était l'intérêt qui s'attachait alors à Labussière, telle l'avidité du public touchant les détails relatifs à sa personne et à sa vie, que, tout misérable que fût le livre de Liénart, il fallut au bout de dix-huit mois en faire une seconde édition. Fabien Pillet, qui ne cessait de s'occuper de son ami chaque fois qu'il en trouvait le prétexte ou l'occasion, rendit compte de cette nouvelle édition dans le *Journal de Paris* du 24 ventôse an XIII (15 mars 1805). Ce n'est pas tout : un peintre nommé Laneuville fit le portrait de Labussière, qu'il exposa au Salon de 1804, et ici encore je retrouve Fabien Pillet, cette fois se rendant coupable d'une petite supercherie assez originale, qu'il n'avoua qu'une trentaine d'années plus tard. Voici ce qu'on lisait dans le *Journal de Paris* du 6 novembre 1804 :

Vers faits au Salon de peinture, devant le portrait de Ch. H. Labussière. (N° 265.)

De mon brave libérateur,
Mes amis, voilà bien l'image,
Telle qu'à mon esprit la retraçoit mon cœur !
Mais quelle obscurité règne sur son visage ?

> Son front qu'animoit la gaîté
> Paroit ici tout contristé ;
> Je gage qu'en prenant séance,
> Il avoit l'œil fixé sur quelque malheureux
> Ou qu'un mortel sauvé par ses soins généreux
> Lui parloit de reconnoissance
>
> (*Par M. P. Alex. de Chateney.*)

Ce portrait est peint par M. Laneuville. L'auteur de ces vers fut détenu à la Force sous le régime de la Terreur et dut, avec beaucoup d'autres, son salut à M. Labussière.

Or, dans le petit volume intitulé *Bigarrures anedoctiques*, qu'il publiait en 1838, Fabien Pillet, qui sans doute n'aimait rien laisser perdre, pas même les mauvais vers, reproduisait ceux-ci, en les accompagnant de cet aveu : « Ces vers furent insérés dans un journal, sous le nom supposé de P. Alex de Châtenet. » Il ne se rappelait même plus l'orthographe exacte du nom qu'il avait employé pour cette petite mystification, mais ce lui était un nouveau prétexte pour parler de Labussière, mort depuis trente ans, et pour lui consacrer encore une petite notice.

A ce moment, les pseudo-mémoires de Liénart étaient bien oubliés. Malgré leur peu de valeur, on peut regretter que ceux-ci ne nous conduisent que jusqu'en 1803, car on ne sait plus rien alors de Labussière. Que devint-il à partir de cette époque, et du moment où les Comédiens-Français eurent donné à son bénéfice la représentation qui avait si heureusement rappelé et mis en un si grand relief sa généreuse et courageuse personnalité ? C'est ce que nul aujourd'hui sans doute ne saurait dire, car il rentre alors dans l'obscurité la plus complète. Ici encore, ici toujours, c'est à Fabien Pillet qu'il faut avoir recours, car il est le seul à qui l'on doive quelques mots, par malheur bien insuffisants, sur la fin misérable de son ami. Voici ce qu'il dit, après avoir constaté que la représentation de la Porte Saint-Martin avait produit, ainsi qu'on l'a vu plus haut, la grosse somme de 14.000 francs : — « Incapable d'économie, Labussière eut bientôt dissipé cette somme, et malgré quelques secours secrets qu'il reçut de l'impératrice Joséphine, par les mains de Mme de Larochefoucauld, il tomba dans une extrême misère [1]. A la suite d'une attaque violente de paralysie, ses facultés intellectuelles se dérangèrent à un tel point que la police se vit forcée de le tenir enfermé dans une maison de fous, où il mourut peu de temps après, entièrement oublié de ceux-là même pour lesquels il avait exposé sa vie [2]. »

---

1. On se rappelle que Joséphine, alors simple vicomtesse de Beauharnais, avait été au nombre des personnes sauvées par Labussière.

2. *Biographie Michaud.* — Pillet signale à diverses reprises cette ingratitude envers Labussière de ceux à qui il avait sauvé la vie. Dans sa *Revue des Comédiens* (1808), alors que Labussière vivait encore, il écrivait ceci : « Les comédiens se montrèrent reconnais-

Énergique jusqu'à l'oubli de soi-même, on peut dire jusqu'à l'héroïsme, lorsqu'il s'agissait d'être utile à autrui dans les circonstances les plus difficiles et les plus dramatiques, et cela au prix des plus graves périls qu'il pût courir lui-même, Labussière paraît n'avoir jamais connu, en ce qui le concernait personnellement, de véritable esprit de conduite ; il semble n'avoir pas eu la saine notion des nécessités morales de la vie. Nous le voyons en effet, au dire de Fabien Pillet, mener une jeunesse oisive et dissipée, et plus tard, lorsqu'elle semblait lui tomber du ciel, gaspiller étourdiment une somme considérable, pour tomber enfin, par apathie, par indolence, dans la condition la plus précaire et la plus misérable. Peut-être, sans qu'on s'en rendît compte et qu'il s'en rendît compte lui-même, son cerveau était-il affaibli déjà de façon à lui enlever, avec le courage, la force de volonté nécessaire à tout homme pour le gouvernement de sa propre existence.

Ce qui n'est que trop certain, c'est l'état de démence complète dans lequel tomba Labussière, et que suivit bientôt sa mort. A quelle époque se produisit ce funeste événement ? Je ne sais. Il est

sans en donnant, il y a environ cinq ans, à leur libérateur, ce qu'on nomme une représentation à bénéfice ; *mais oncques depuis ne lui furent données autres marques de bon souvenir*, et telle personne qui à l'époque des proscriptions lui avait fait offre des plus grandes récompenses (offre constamment refusée) ne daigne pas même s'enquérir aujourd'hui s'il possède ou non le nécessaire... »

toutefois hors de doute que ce ne fut qu'après 1808, puisque dans sa *Revue des Comédiens*, publiée en cette année 1808, Fabien Pillet parle encore de son ami comme étant bien vivant, et sans faire allusion même à sa folie. Mais j'ai vainement cherché un renseignement précis à cet égard. En consultant les registres et les archives des maisons de santé, on parviendrait peut-être à découvrir la date de l'internement de Labussière, puis celle de sa mort. Quant à présent, on ne sait rien des derniers jours de cet homme singulier, dont l'existence, en dehors du temps où il s'est révélé d'une façon si courageuse, est restée complètement énigmatique et mystérieuse.

Il est à remarquer qu'on n'avait, jusqu'ici, rien publié d'absolument significatif touchant l'intervention si efficace et si généreuse de Labussière en faveur des Comédiens-Français aux jours de leurs plus grands périls, et le noble rôle qu'il avait joué pendant son séjour dans les bureaux du Comité de salut public. Le tout se bornait à quelques lignes incidentes, éparses dans deux ou trois ouvrages, et à quelques pages d'une fantaisie un peu romanesque contenues dans les *Mémoires de Fleury*. Labussière était complètement oublié depuis plus d'un demi-siècle, lorsque M. Sardou s'avisa de letirer de son obscurité pour en faire le héros de son drame de *Thermidor*, dont on se rappelle les premières vicissitudes. C'est alors que s'ouvrit la polémique que je signalais au commencement de ce chapitre, et que certains ennemis posthumes de Labussière s'efforcèrent de lui enlever l'honneur de son courage et de ses bienfaits. On alla, je l'ai dit, jusqu'à le traiter de mystificateur et d'imposteur, à en faire une sorte de fantoche ridicule et mensonger qui s'était moqué du monde d'une façon à la fois audacieuse et indigne.

Et sur quoi s'appuyait-on pour enlever à Labussière le bénéfice de sa conduite, d'une conduite qui ne peut qu'inspirer l'estime et l'admiration ? Sur quelques erreurs matérielles du livre inepte de Liénart, erreurs que l'on se bornait complaisamment à mettre seules en évidence, sans vouloir accepter les faits parfaitement authentiques qui les coudoyaient et qui étaient affirmés de tous côtés. On ne tenait nul compte de la lettre si importante du *Journal des Débats* (qu'on n'avait pas pris la peine de connaître, à la vérité), des témoignages réitérés et si précis de Fabien Pillet, non plus que de la révélation d'Étienne et Martainville ; on traitait sans conséquence le fait significatif de la représentation donnée par la Comédie-Française, du concours que Talma lui avait apporté, de la présence à cette représentation du premier consul (qu'on n'accusera pas sans doute d'une bienveillance excessive pour les mystificateurs), de l'hommage rendu en cette circonstance à Labussière par les fermiers du droit des pauvres, gens d'affaires peu enclins d'ordinaire à la sensibilité. On fit remarquer que le conventionnel Courtois, chargé après le 9 Thermidor du rapport sur la conduite de Robespierre et des membres du Comité de salut public, ne fit dans ce document aucune allusion à celle de Labussière, mais en se gardant de rappeler ces paroles précises du livre de Liénart, qui répondaient par avance à cette réflexion : — « *Tout le monde* sait que M. de la Bussière s'opposa à ce que Courtois, représentant du peuple, chargé du rapport sur Robespierre, insérât les 1153 personnes à qui il avait sauvé la vie avant le 9 Thermidor, parce que ce député voulait rendre cette action publique. » Or, Courtois était bien vivant encore lorsque parut le livre de Liénart, et il ne réclama point contre cette assertion. Enfin, on a accusé Labussière d'un amour immodéré de réclame et de publicité, dans le but de faire connaître et de révéler mensongèrement au public le prétendu rôle qu'il aurait joué. Il faut avouer que cet amour aurait été tardif, puisque c'est seulement à partir de 1802, c'est-à-dire *huit ans* après la fin du règne de la Terreur, que la publicité commença à s'occuper de lui. En ce cas il aurait pris le temps de la réflexion.

D'ailleurs, n'en déplaise à ceux qui prétendent se servir du livre de Liénart et des quelques erreurs manifestes qu'il contient pour étouffer la reconnaissance qu'on doit à Labussière, il faut dire bien haut, et malgré les prétentions de ce livre, que le véritable historien de Labussière, celui que l'on doit croire, en qui l'on peut avoir confiance, ce n'est pas Liénart, espèce de grotesque sans talent et sans valeur en dépit de ses bonnes intentions, c'est Fabien Pillet, honnête homme et écrivain sérieux, fonctionnaire important (il fut pendant trente ans, à la suite du 18 Brumaire, employé supérieur à l'instruction publique et à l'intérieur), qui, toute sa vie, ne cessa de s'occuper et de rappeler le souvenir de celui qu'il avait bien connu et dont il avait été le chef et le supérieur au Comité de salut public. On peut le suivre en tous ses écrits et à quelle époque que ce soit ; dans sa *Nouvelle Lorgnette des Spectacles* (1801), dans le *Journal de Paris* (1804 et 1805), dans sa *Revue des Comédiens* (1808), dans la *Biographie Michaud*, dans ses *Bigarrures anecdotiques* (1838), partout et toujours Fabien Pillet évoque la figure et le souvenir de l'homme dont il avait été l'ami, le confident et jusqu'à un certain point le complice, et jamais il ne varie dans les sentiments d'affection, d'estime et d'admiration qu'il exprime à son égard. Or, on me permettra de trouver et de dire que le témoignage de Pillet, si fréquemment renouvelé, est de quelque poids dans la question, et on aura quelque peine, étant donnée surtout la situation qu'il occupait, à faire passer celui-là pour un mystificateur et un plaisantin [1].

Laissons donc à Labussière le bénéfice glorieux de sa noble conduite, rendons grâce à son courage et à son énergie bienfaisante, et honorons sa mémoire comme elle le mérite. S'il y a, dans le récit très simple qu'on vient de lire, de quoi convaincre et ramener à la vérité quelques incrédules de bonne foi, je m'estimerai heureux et me tiendrai pour satisfait du résultat.

1. Pillet ne craignait même pas, alors que, sous l'empire, il occupait les fonctions importantes de secrétaire général de l'instruction publique, d'appeler sur Labussière, en raison des services rendus par lui, l'intérêt et la sollicitude du gouvernement. Voici ce qu'il écrivait dans sa *Revue des Comédiens* : « .... Charles-Hippolyte Labussière est un personnage facétieux, un peu trop enclin à la raillerie, à l'indiscrétion, beaucoup trop indifférent sur ses propres intérêts; mais bon, officieux, capable de se sacrifier encore, s'il le falloit, pour un ami; en un mot digne à tous égards de l'estime des hommes honnêtes *et de la faveur du gouvernement*. » Pense-t-on qu'il eût osé parler de la sorte si Labussière avait été le farceur que certains voudraient nous représenter et nous faire croire ?

J'arrive au terme de la tâche que je m'étais fixée. Mon but, en entreprenant ce travail, était simplement de retracer, plus clairement et surtout plus complètement qu'on ne l'avait fait jusqu'ici, cette phase très émouvante de l'histoire de la Comédie-Française qui se trouve comprise dans le cours de la période vraiment révolutionnaire, de 1789 à 1794. A partir du 3 septembre 1793 et de l'incarcération en masse de ses artistes, ce théâtre a virtuellement cessé d'exister. Nos comédiens, délivrés par le 9 Thermidor, trouvent sans doute le moyen de se représenter au public, mais leurs efforts se produisent dans des conditions d'insécurité artistique absolue ; ils ont à lutter contre des obstacles de toute sorte, se heurtent à des difficultés sans cesse renaissantes ; on les voit tantôt ici, tantôt là, ne pouvant se fixer nulle part, et victimes même de circonstances qui amènent entre eux des divisions et les font se partager en divers groupes qui agissent séparément et chacun à leur guise. Leur histoire alors n'est plus celle de la Comédie-Française, dont le nom d'ailleurs a disparu, mais simplement celle des artistes qui ont fait partie de ce théâtre. Un volume suffirait à peine à rappeler tous les faits, tous les incidents de cette période pour eux si douloureuse et si tourmentée, c'est-à-dire leur premier retour dans leur salle du faubourg Saint-Germain (aujourd'hui l'Odéon), devenue le « théâtre de l'Égalité », qu'ils partagent avec les artistes du Théâtre-National de la rue de la Loi, exproprié de celui-ci pour faire place à l'Opéra, qui abandonne le boulevard Saint-Martin (27 juin — 23 décembre 1794); puis leur séjour au théâtre Feydeau, où ils alternent leurs représentations avec celles de la troupe lyrique (27 janvier 1795 — 4 septembre 1798); puis, par suite d'un désaccord, les exploits d'une de leurs colonies, qui se détache du théâtre Feydeau pour s'en aller occuper, sous la conduite de Mlle Raucourt, la salle alors vacante du théâtre Louvois (25 décembre 1796 — 10 septembre 1797); puis le retour de ces derniers artistes dans la salle de l'Odéon jusqu'à l'incendie de ce théâtre (31 octobre 1798 — 17 mars 1799) et, à la suite de ce désastre, leurs pérégrinations successives à Louvois, à l'Opéra, au théâtre du Marais, à Favart, au théâtre de la Cité, au théâtre Feydeau même, que leurs camarades alors ont quitté ; et enfin, à la suite de la débâcle et de la fermeture du théâtre de la République, où se trouvaient toujours Talma, Monvel, Dugazon, Mme Vestris, etc., la dispersion totale et le silence absolu des artistes qui formaient la glorieuse Comédie-Française de 1789. Tout cela est effroyablement embrouillé, compliqué, et le récit de cette étrange odyssée demanderait beaucoup de temps et d'espace, pour aboutir enfin aux faits qui amenèrent, grâce aux efforts du gouvernement, la reconstitution définitive et solide de l'ancienne Société et la réunion générale qui s'effectua, le 30 mai 1799, dant la salle actuelle, qui avait été celle du théâtre de la République, et que la Comédie-Française n'a plus cessé d'occuper depuis lors.

Mon ambition n'était pas si haute. Je voulais seulement, je l'ai dit, retracer la période véritablement dramatique de l'existence de la Comédie-Française pendant la Révolution, rappeler la lutte de ce théâtre contre le mouvement des idées et des esprits, la scission qui en résulta et qui amena la création d'une scène rivale, les incidents émouvants qui signalèrent l'apparition de *l'Ami des Lois* et de *Paméla*, les événements qui motivèrent l'arrestation de nos Comédiens, la longue captivité qu'ils durent subir, et enfin le généreux dévouement de Labussière, grâce auquel ils échappèrent à la mort qui les attendait. Je me suis efforcé de reconstituer, dans les conditions de l'exactitude la plus scrupuleuse, ce chapitre si curieux de l'histoire de notre grande scène littéraire, qui pour la première fois est présenté dans son ensemble, avec tous les détails qui lui donnent sa valeur et son vrai caractère. Mon seul désir est d'avoir réussi à en faire ressortir tout l'intérêt.

APPENDICE

APPENDICE

Lettre de Mademoiselle Contat [1].

Paris, 31 octobre 1790.

Messieurs et camarades,

J'ignore ce qui s'est passé hier à votre théâtre, mais la lettre que je reçois, en m'annonçant une nouvelle preuve de l'indulgence du public, excite en moi la plus vive sensibilité ; ses bontés seront long-tems l'objet de mes vœux, et seront toujours celui de ma respectueuse reconnaissance. Les motifs qui m'ont forcée à renoncer au bonheur de lui consacrer mes faibles talens sont connus et subsistent : ils ne prennent pas leur source, ainsi qu'on l'a calomnieusement supposé, dans un esprit de parti, mais bien dans une impérieuse nécessité. Il est des sentimens avec lesquels on ne compose pas : tels sont ceux qui m'ont fait, au mois de juillet dernier, signer, *après vous*, une délibération qui vous parut alors indispensable et juste, et que depuis vous avez rendue publique. Les nouveaux chagrins qui vous ont été suscités par M. Talma ne peuvent me paraître un motif pour revenir sur cette résolution, pour consentir à le regarder jamais comme mon *associé*, comme mon *camarade*. Son existence à la Comédie-Française compromet toutes les autres ; ses volontés nuisent à l'intérêt général ; ses amis troublent le repos public, calomnient les actions, les pensées, et sont enfin parvenus, à l'époque

---

1. *Voy.* pages 47 et 48.

de la liberté, à faire traiter les comédiens comme de vils et malheureux esclaves, à ravir à leur société le droit qu'on ne peut disputer à nulle autre, celui de se régir d'après ses règlemens, et pour son plus grand avantage.

L'idée d'un pareil asservissement ne peut, je crois, s'allier aux moyens nécessaires pour cultiver un art moral : du moins éprouvé-je, pour ma part, qu'il détruit cette liberté d'esprit indispensable à son exercice. Les motifs ci-dessus détaillés sont ceux de ma retraite; en l'imputant à M. Talma, je ne prétends appeler contre lui aucun ressentiment; mais je dois au public, qui m'a comblée de ses bontés, qui m'a donné des marques précieuses de son intérêt, je lui dois le soin de me disculper d'une ingratitude qui me rendrait coupable à mes propres yeux. Veuillez bien, messieurs, être près de lui les interprètes de mon profond respect, de mes vifs et durables regrets. Vous ne pourrez jamais lui peindre qu'imparfaitement la reconnaissance dont je serai pénétrée jusqu'au dernier jour.

Je suis, etc.

CONTAT

(Étienne et Martainville : *Histoire du Théâtre Français*.)

Compliment prononcé par Saint-Clair au Théâtre de la rue de Richelieu, pour la clôture de Pâques de 1791.[1]

Messieurs,

Accoutumés à votre indulgence, nous venons, au nom des entrepreneurs et des acteurs de ce théâtre,

---

1. *Voy.* page 55.

vous en demander la continuation. Nous venons mettre sous vos yeux le tableau rapide et des efforts qu'ils ont fait pour la mériter, et de ceux qu'ils se *proposent de faire* pour s'en rendre encore plus dignes.

Long-tems avant qu'un nouvel ordre de choses fît tomber les entraves dont nous étions resserrés, leur but invariable et nos vœux les plus ardens furent d'élever insensiblement ce théâtre *à la hauteur de la bonne comédie, et d'en faire un spectacle plus noble et plus épuré.* Mais l'inquiétude jalouse des privilèges semblait avoir enchaîné ce qu'on appelait petits théâtres dans le cercle rebutant des farces grossières, insipides et immorales. Une politique aussi fausse que coupable ne rassemblait le peuple que pour l'abrutir, et le condamner à s'aveugler et à se corrompre de plus en plus; car une administration vicieuse a besoin de tromper les hommes pour les contenir et d'avilir pour gouverner. Des surveillans actifs assiégeaient les portes de nos théâtres pour repousser toute idée de liberté, de tolérance et de vertu avec autant de précaution que les favoris des rois veillaient autour du trône pour en éloigner la justice et la vérité.

Ces obstacles ne firent qu'animer notre zèle; il fallut éluder avec adresse, composer avec expression et combattre avec courage; soins, travaux, embellissemens, dépenses, rien ne fut négligé pour varier les plaisirs du public, pour lui offrir plus d'objets de curiosité, des acteurs plus habiles, de meilleurs ouvrages, un plus grand ensemble et une plus étroite correspondance de toutes les parties nécessaires à l'illusion théâtrale, jusqu'au jour où notre humble asile, métamorphosé en un portique plus digne de Thalie et de Melpomène, nous a permis de concevoir de plus hautes espérances et de prendre un essor plus hardi.

Enfin, les principes éternels, qui n'avaient été enchaînés que par la puissance arbitraire, ont repris toute leur énergie ; une loi fondée sur ces principes incontestables a substitué à l'injustice des exclusions, à l'insouciance des privilèges, l'égalité des droits et l'activité de la concurrence.

Une vaste carrière s'ouvre maintenant devant nous ; il n'est plus, il ne sera plus d'autre privilège que celui des talens et des travaux ; les chefs-d'œuvre de la scène française, les ouvrages même du second ordre, qui dormaient dans l'oubli, cette propriété vraiment nationale, sont devenus un patrimoine commun, une succession immense que tous sont appelés à recueillir, et l'art dramatique n'a plus d'autres bornes que celles du talent et du génie.

Mais un si vaste héritage accablerait la faiblesse ou la négligence, et cette richesse, comme tout ce qui porte le nom de richesse, ne devient utile que lorsqu'on en sait jouir, et surtout en faire jouir les autres.

Il a donc fallu joindre aux sujets de ce spectacle des acquisitions nouvelles, et pour faire paraître avec quelqu'avantage Corneille, Racine et Voltaire sur ce théâtre où jadis fut Molière, appeler à notre aide *des talens déjà connus, déjà aimés du public, et qu'une tradition précieuse eût familiarisés avec les chefs-d'œuvre de nos grands maîtres.*

Voilà, messieurs, ce que les entrepreneurs de ce théâtre ont fait pour justifier l'accueil flatteur dont le public a bien voulu honorer leurs travaux; peut-être les gens de lettres, si long-tems victimes des privilèges exclusifs et de la féodalité théâtrale, applaudiront-ils à une concurrence qu'ils n'ont cessé de réclamer; ils ne dédaigneront pas d'étayer, par leurs ouvrages, une rivalité dont ils ont si bien fait sentir l'importance, et ne nous refuseront pas leurs lumières et leurs conseils. Mais, messieurs, c'est vous surtout dont nous implorons l'assistance : vous fûtes toujours nos guides, daignez l'être encore dans les routes nouvelles où nous allons marcher; soutenez notre ouvrage, éclairez notre inexpérience, et mêlez, à propos, l'indulgence et la sévérité.

Sans doute il est plus d'une innovation à faire dans l'art de Sophocle et de Térence : l'horizon se recule et s'agrandit; la patrie surtout demande au génie des pièces vraiment nationales; et le théâtre, ce moyen puissant d'instruction, ce foyer électrique de morale et de vertu, doit rendre à la liberté ce qu'il a reçu d'elle et accélérer les progrès de la raison publique.

C'est à vous, messieurs, c'est à votre goût sûr et sévère à nous faire distinguer la bizarrerie de la hardiesse, la liberté de la licence, l'imagination du délire, et ces monstres, qui ne doivent le jour qu'à une véritable impuissance, des productions belles sans fard, riches sans luxe, et fortes sans exagération.

C'est à vous de rendre à Thalie un peu de sa gaîté et à élever cette muse et sa sœur à la hauteur de leur nouvelle destination; enfin, c'est à vous de nous aider à conserver le feu sacré du bon goût, et à augmenter encore le dépôt précieux des richesses dramatiques qui ont tant contribué à la gloire d'un peuple auquel il ne manquait plus que la liberté pour devenir le premier peuple du monde.

(Étienne et Martainville : *Histoire du Théâtre-Français*.)

Lettre de Palissot à la *Chronique de Paris*[1].

Ne seroit-il pas tems que nos Français apprissent à se conduire avec la dignité d'un peuple libre? Que peuvent penser de nous les étrangers qui nous observent, lorsqu'à l'époque de notre prétendue régénération ils voient que nous ne savons encore respecter ni les loix qui sont notre ouvrage, ni les magistrats et les chefs que nous avons choisis et qui sont tous les jours outragés impunément dans une foule de libelles calomnieux ? Que peuvent-ils penser lorsqu'ils voient que nous ne savons pas même nous respecter? Voulons-nous donc (ce qui seroit la plus humiliante injure qu'on pût nous faire), voulons-nous que l'on nous compare à ces malheureux Brabançons qui n'étoient pas mûrs pour la liberté ? Voulons-nous donc devenir comme eux la fable de l'Europe, après cette révolution si brillante qui nous avoit fait espérer d'en être la gloire, de cette belle constitution que les étrangers nous envient et qui devoit assurer notre bonheur ? Nous précipiterions-nous dans l'anarchie pour donner à nos ennemis la cruelle satisfaction de nous voir retomber sous le glaive du despotisme ?

Écartons ces sujets d'alarmes, dont triomphera sans

---

1. *Voy.* page 62.

doute le génie tutélaire de la France, et descendons à des sujets moins sérieux, mais qui intéressent aussi sa gloire. N'apprendrons-nous pas même à respecter ces loix de bienséance qui, dans le tems de notre servitude, nous avoient fait regarder du moins comme une nation polie et jalouse de conserver la prépondérance qu'elle s'étoit acquise dans les arts ? Qui reconnoîtroit l'ancien caractère des Français au tumulte indécent dont nous avons été les témoins à la première représentation de la tragédie de *Henri VIII ?* Cette pièce est du même auteur qui a si bien mérité de la patrie et des lettres par sa tragédie de *Charles IX*. Des Français n'ont pas rougi de s'associer à des cabales de comédiens et contre la pièce dont ils espéroient troubler le succès, et contre un nouveau théâtre qui ne doit son existence qu'aux injustices révoltantes de ces mêmes comédiens !

En effet, s'il existe enfin, ce second théâtre si longtems désiré du public et des gens de lettres, c'est par l'indignation générale qui s'est élevée contre les persécuteurs de Talma. On a rendu justice à ce jeune acteur, qui déjà non-seulement en France, mais peut-être en Europe, n'a plus dans son art que très peu d'émules. Eh bien ! c'est lui que des comédiens jaloux avoient voulu proscrire ; c'est lui à qui l'on faisoit jouer sur l'autre scène des rôles subalternes tels que celui d'un chef de licteurs dans la tragédie de *Brutus*. Voilà ce que n'ont pu souffrir ni madame Vestris, ni mademoiselle Desgarcins, ni M. Dugazon, ni enfin ces émigrans de l'ancien théâtre, qui avoient eux-mêmes éprouvé toutes les injures qui, dans leur société, sembloient précisément réservées à la supériorité des talens.

L'attachement des gens de lettres pour madame Vestris, qui a tant de droits à leur reconnoissance, aux suffrages des connoisseurs et à la bienveillance du public, étoit, aux yeux de ses anciens camarades, un tort impardonnable. Trop sûrs qu'elle n'avoit jamais approuvé leurs injustices criantes envers les auteurs, ils brûloient de l'exclure de leur société, sans penser au préjudice irréparable que cette exclusion porteroit à leur théâtre : c'est par leur aveuglement que nous allons jouir enfin d'une scène rivale de la leur et de l'émulation qui naîtra de cette rivalité. Mais, je le répète, conçoit-on que des Français aient pu s'abaisser jusqu'à servir la haine d'une pareille cabale ? Concevez-vous que le jeune auteur de *Charles IX*, essayant pour la seconde fois sur la scène un talent devenu la plus belle espérance de la nation, et se surpassant lui-même par un ouvrage supérieur encore à ce début si brillant, se soit vu forcé de lutter contre des adversaires si méprisables, et n'ait obtenu qu'une victoire, complète, il est vrai, mais pénible et disputée ? Est-ce donc ainsi que nous savons honorer le génie ?

Je sais que rien ne peut détruire une réputation méritée ; je sais qu'un bon ouvrage est, comme l'a dit La Fontaine, d'airain, d'acier, de diamant contre les vains efforts de la jalousie ; mais je suis indigné qu'à l'époque où nous attirons sur nous les regards de l'Europe, nous donnions encore aux étrangers de ces scènes qui nous dégradent.

Sachons jouir des nouveaux plaisirs que nous promet une nouvelle scène ; soyons reconnoissans du zèle des entrepreneurs de ce théâtre, fondé autrefois par

Molière, et qui se sont déjà montrés dignes d'en soutenir la gloire par cette belle représentation du *Cid*, où MM. Monvel, Talma et mademoiselle Desgarcins ont déployé de si rares talens. Convenons que Molière lui-même eût avoué le jeu plein de naturel de M. Grandménil dans le rôle de *l'Avare*. J'ai vu d'anciens comédiens du prétendu Théâtre de la Nation pâlir et frémir du danger dont les menaçoit une concurrence déjà si redoutable : mais au lieu de frémir et de cabaler, qu'ils s'efforcent d'en triompher par leur émulation.

Pour nous, soyons indulgens envers les acteurs encore inexpérimentés du nouveau théâtre ; c'est en les encourageant que nous les formerons : sachons leur gré de leur bonne volonté et de leurs efforts ; avouons même qu'à l'ancien théâtre beaucoup d'acteurs, plus exercés qu'eux, n'auroient pas mieux rempli les rôles dont ils se sont chargés. Enfin, j'ose le redire encore, apprenons à nous respecter nous-mêmes : perdons, j'y consens, nos anciennes grâces, notre ancienne politesse, peut-être un peu trop frivole ; mais puisque nous voulons être libres, devenons hommes.

PALISSOT.

(*Chronique de Paris*, 4 mai 1791.)

Réplique des Comédiens-Français à la lettre de Palissot.[1]

Nous espérons, Messieurs, de votre impartialité que vous voudrez bien insérer, dans votre plus prochain

1. *Voy.* page 62.

numéro, cette réponse à la lettre que M. Palissot a fait imprimer dans la feuille de la *Chronique de Paris* du 4 de ce mois.

Nous sommes convaincus de la vérité de ce que dit M. Palissot sur la nécessité de rétablir l'ordre, de faire régner les loix, de réprimer les libelles et de punir les calomniateurs. Sa lettre nous fournit une nouvelle occasion d'en sentir le besoin : si sa conduite eût été d'accord avec sa doctrine, il ne nous eût pas déchirés en prêchant la concorde, et calomniés indignement en affectant le dégoût des libelles.

M. Palissot, qui se donne avec M. Chénier les honneurs du protectorat, a cru devoir réprimander le public sur l'accueil qu'on a fait à la représentation de *Henri VIII* au théâtre de la rue de Richelieu ; et ne voulant pas laisser croire que la faute en fût le moins du monde à la pièce, il imagine de nous l'imputer ; il nous dénonce comme les auteurs de ce *tumulte indécent et de cabales formées pour troubler le succès de l'ouvrage et nuire au nouveau théâtre, qui ne doit son existence*, dit M. Palissot, *qu'à nos injustices révoltantes*.

Pour disculper du même coup ceux de nos camarades qui désertent de notre société au mépris de leurs engagemens avec nous, qui, nous laissant le poids des dettes qu'ils ont contractées et des emprunts dont ils ont profité, vont prêter à des théâtres rivaux le secours des talens qu'ils ont acquis et formés parmi nous, et qui feroient de notre ruine aujourd'hui, s'ils le pouvoient, leur fortune et leur gloire, M. Palissot se charge de leur apologie. Ce sont *nos persécutions, ce sont les injures de toute espèce que nous leur avons fait éprouver et qui dans notre société sont précisément réservées aux talens supérieurs, qui les ont forcés à se séparer de nous.*

Notre réponse sera courte, mais énergique. M. Palissot est un imposteur. Si M. Palissot croit, en sa qualité d'homme de lettres, avoir le droit de nous outrager, de nous avilir, de se jouer de notre réputation et de notre état, il se trompe étrangement ; que ceci serve à l'en dissuader.

En soutenant ainsi la dignité de l'homme et les droits du citoyen vis-à-vis de M. Palissot, nous ne croyons point blesser, mais au contraire soutenir les gens de lettres, qu'il déshonore, et dont il est assez singulier que M. Palissot, sur ses vieux jours, ait la prétention d'être le défenseur, après en avoir été toute sa vie le fléau.

Quelles cabales avons-nous formées ? Qui sont ceux que nous avons ameutés pour exciter du trouble ? Que M. Palissot les nomme ; qu'ils se montrent... non... ces lâches manœuvres sont indignes de nous.

Nous n'irons point violer ailleurs une liberté dont nous avons besoin pour nous-mêmes. Ne serions-nous pas bien insensés d'établir un genre d'émeutes et de tumultes dont nous deviendrions aussi les victimes ? C'est de la paix au contraire, c'est du silence que nous avons besoin ; c'est la bienveillance du public qu'il nous faut, et nous nous efforcerons de la conserver.

Nous ne pâlirons point, nous ne frémirons point, comme le suppose M. Palissot ; nous travaillerons, et si nous ne parvenions pas, contre nos espérances, à surmonter les difficultés dont on nous environne, du moins nous aurions fait notre devoir, et rempli, autant qu'il étoit en nous, nos engagemens avec honneur.

Quant à nos camarades déserteurs, c'est la cause de nos créanciers plus que la nôtre; ils exercent en ce moment leurs droits; la justice ne nous permet pas de les abandonner; mais ce n'est pas davantage par des cabales et des intrigues que la Comédie fera valoir les siens : les tribunaux prononceront. Alors on verra si notre conduite avec nos camarades a légitimé leur séparation, et si nous sommes coupables envers eux de persécutions et d'outrages de tout genre.

Nous serions sans contredit fondés à rendre plainte et à réclamer la protection des loix contre M. Palissot, dont les imputations calomnieuses tendent à nous déshonorer, à nous enlever la bienveillance du public, à exciter contre notre spectacle la haine de tous les gens de lettres et de tous les théâtres, à éloigner de nous les talens, à rendre notre société odieuse à tous les comédiens et à détruire notre spectacle.

Mais il y a si long-tems que l'opinion publique a fait justice de M. Palissot, que, quelque dessein qu'il ait de nuire, il ne le peut plus, et que nous aurions pu, pour toute réponse à sa lettre, lui faire nos remercîmens de l'avoir signée.

Si M. Palissot croyoit qu'il peut répliquer, nous déclarons que nous ne lui répondrons plus, par respect pour le public et pour nous-mêmes.

Les Comédiens-Français ordinaires du Roi.

(*Journal de Paris*, 10 mai 1791, supplément.)

LES PROCÈS DES DISSIDENTS DE LA COMÉDIE-FRANÇAISE

Le départ des artistes qui abandonnèrent la Comédie-Française pour se joindre à la troupe du théâtre de la rue de Richelieu donna lieu à toute une série de procès, auxquels ne furent pourtant mêlés, j'ignore pourquoi, que quatre d'entre eux : Dugazon, Talma, Mme Vestris, Mlle Desgarcins, les autres, c'est-à-dire Grandmesnil, Mlle Lange et Mlle Simon, restant à l'écart. Ces procès firent grand bruit, et il ne me semble pas sans intérêt d'en reproduire ici le résumé, tel que le donnait le petit almanach *les Spectacles de Paris* de 1793.

Une complication de plusieurs demandes judiciaires occasionnée par les nouveaux engagemens que Dugazon, Talma et les dames Vestris et Desgarcins avoient contractés avec les directeurs du théâtre de la rue de Richelieu en avoit fait une cause célèbre, dont il est peut-être utile de rapporter ici le jugement, en ce qu'il peut servir à préjuger des questions semblables.

La première demande étoit faite par des citoyens qui avoient prêté nouvellement des fonds à la Société des Comédiens du Théâtre de la Nation et qui, ayant d'abord fait saisir les fonds et avances que les acteurs avoient dans la Société, prétendoient encore avoir droit de saisir et s'assurer de leur mobilier, jusqu'à ce que les emprunts de la Société dont ils étoient membres fussent remboursés.

Les quatre acteurs soutenoient que non seulement on ne pouvoit attaquer leur mobilier, mais qu'encore on ne pouvoit saisir les fonds qu'ils avoient dans la Société, parce qu'en se retirant, ceux qui les remplaçoient dans la Société devenoient solidaires pour eux, ainsi qu'ils l'avoient été de leurs prédécesseurs. Que dans tous les cas, il falloit que le terme du remboursement des emprunts fût arrivé pour qu'on pût exercer contre eux aucune poursuite.

Dugazon et la dame Vestris demandoient à la Société les pensions qu'ils avoient acquises relativement au service fait dans la Société suivant le contrat et les règlemens.

La Société refusoit les pensions et réclamoit des dédommagemens pour la perte qu'ils éprouvoient de l'abandon des sociétaires, qu'ils voyoient avec regret aller faire jouir d'autres théâtres de leurs talens.

Voici le jugement du tribunal du sixième arrondissement de Paris sur toutes ces questions à la fois. Il a été rendu le 25 avril 1792.

« Le tribunal du sixième arrondissement, jugeant en première instance, reçoit les sieurs Busche et consorts et les Comédiens François, opposans au jugement du tribunal du 23 juillet, faisant droit sur les demandes formées par la dame Vestris, le sieur Gourgaud-Dugazon, la D[lle] Desgarcins et le sieur Talma, tant contre les sieurs Busche et consorts que contre les Comédiens François; attendu qu'à l'époque du 11 avril 1791, jour de l'opposition formée par les sieurs Busche et consorts, la dame Vestris, le sieur Dugazon, la D[lle] Desgarcins et le sieur Talma étoient membres de l'association des Comédiens François, qu'ils ont signé comme associés les actes d'emprunts et obligations passés au profit des sieurs Busche et consorts les 7, 10 et 24 août 1789 ; qu'il n'a pas été justifié que les fonds d'avances mis dans la Société des Comédiens-François par la dame Vestris et le sieur Dugazon, et ceux qu'ont dû faire la D[lle] Desgarcins et le sieur Talma, ayent été remplacés par d'autres fonds, conformément à l'acte de Société, que ces fonds seuls sont affectés aux emprunts de la Société, et que les autres biens meubles et immeubles des associés sont libres jusqu'à l'échéance des termes stipulés pour le payement des sommes empruntées ; déboute, quant à présent, ladite dame Vestris, le sieur Dugazon, la D[lle] Desgarcins et le sieur Talma de leur demande en main-levée de l'opposition des sieurs Busche et consorts, à ce que les fonds de société et avances qui ont été faits, et qui appartiennent à ce titre aux sieurs Dugazon et Talma, à la dame Vestris et à la D[lle] Desgarcins, leur soient remis, et de celle à fin de restitution de leurs fonds de Société ; fait au surplus main-levée aux sieurs et dame Vestris, Dugazon, Talma et à la D[lle] Desgarcins de ladite opposition ; dit que les Comédiens François seront tenus de payer auxdits Vestris, Dugazon, Talma et Desgarcins ce qui se trouvera revenir à chacun d'eux des créances, dettes et objets de location arriérés et à eux dus lors de leur sortie.

« En ce qui touche les demandes formées par la dame

Vestris et le sieur Dugazon seuls contre les Comédiens-Français ; attendu que la dame Vestris, qui a débuté au théâtre de la Nation le 19 Décembre 1768, et le sieur Dugazon, qui a débuté au même théâtre en avril 1771, y ont fait l'un et l'autre un service continuel, savoir, la dame Vestris de 22 ans et le sieur Dugazon de 20 ans, et qu'en conséquence ils ont acquis tous deux, sans conditions, le droit aux pensions assurées aux acteurs par les articles 10 et 11 de l'acte de société du 9 juin 1758, par les délibérations de la Société des Comédiens-Français et par les arrêts du ci-devant Conseil du Roi des 2 mars 1782 et 8 septembre 1787, dit que les Comédiens-Français seront tenus de payer annuellement, de quartier en quartier, auxdits sieur et dame Vestris et Dugazon, à compter du premier avril 1791 et jusqu'à leur décès, une pension viagère, savoir, à la dame Vestris de 2150 l. et au sieur Dugazon de 2000 l.

« En ce qui concerne les demandes des Comédiens-Français contre la dame Vestris, le sieur Dugazon, la D[lle] Desgarcins et le sieur Talma, attendu que l'acte de Société passé entre les Comédiens-Français le 9 juin 1758, et auquel se sont soumis librement tous ceux qui se sont engagés depuis dans la même association, subsiste et est obligatoire pour tous ceux qui composent ladite Société, que par conséquent aucun d'eux ne peut se retirer ni refuser de remplir son engagement avant l'expiration du terme prescrit pour sa durée sans indemniser la Société des torts et préjudices que cette retraite peut lui occasionner, et que la dame Vestris, les sieurs Dugazon, Talma et la D[lle] Desgarcins n'ont point fini le tems de leurs engagemens respectifs, les condamne aux dommages et intérêts envers les Comédiens-François à donner par déclaration, dépens compensés. Jugement du 25 avril. » [Extrait de la *Gazette des Tribunaux*.]

VIE ET MORT
TRAGIQUES
d'une
TRAGÉDIENNE

VIE ET MORT TRAGIQUES
D'UNE TRAGÉDIENNE

L'histoire qu'on va lire est étrange et profondément dramatique. C'est celle d'une grande artiste qui fut une femme malheureuse, d'une artiste que le public parisien avait accueillie dès ses débuts avec une admiration enthousiaste, que Talma, dont elle partagea les premiers succès, tenait en haute estime, et qui semblait comme lui promise au plus noble avenir, mais que la mort vint enlever prématurément, à la fleur de l'âge et au plus fort de ses triomphes, après une succession prodigieuse d'évènements de toute sorte et dans des conditions singulièrement émouvantes. Si elle s'était produite à la scène en des temps moins troublés, si surtout sa carrière avait été moins courte, Mlle Desgarcins n'eût certes pas été oubliée, et son nom, resté célèbre à l'égal des plus grands, serait aujourd'hui cité à côté de ceux de la Champmeslé et d'Adrienne Lecouvreur, de MM^{lles} Clairon et Dumesnil, George et Duchesnois ; elle fût, en un mot, devenue l'une des gloires les plus brillantes de la Comédie-Française. Le témoignage unanime des contemporains est là pour le prouver.

Quelque invraisemblable en ses détails que puisse paraître le récit de sa vie, tel qu'il est ici tracé, il peut être tenu pourtant pour absolument authentique. Je n'ai inventé aucun des évènements étonnants de cette étonnante existence, aucun des nombreux incidents par lesquels elle a été si tragiquement traversée, aucun des faits étranges qui l'ont marquée d'une façon si fatale. Il m'a suffi, pour la rendre dramatique et en faire ressortir tout l'intérêt, de lui laisser son vrai caractère, de la raconter simplement, sans phrases, telle qu'elle s'est écoulée dans le cours des vingt-huit années qui la composent. L'écrivain le plus inventif ne saurait imaginer de roman plus triste, plus douloureux et plus poignant [1].

I

C'était dans les dernières années du règne de Louis XV, en un temps où les vieux préjugés

---

1. Pour ne pas entraver mon récit, je vais faire connaître, dès ici, l'état civil de Mlle Desgarcins ; la copie suivante de son acte de baptême a été relevée, par mes soins et à ma demande, sur les registres officiels de la commune de Mont-Dauphin (aujourd'hui département des Hautes-Alpes), où elle naquit en 1769. On remarquera que cet acte porte les prénoms de Magdeleine-Marie, tandis que Mlle Desgarcins s'est toujours fait appeler *Louise* :

« Extrait des registres des actes de l'état civil de la commune de Mont-Dauphin (Hautes-Alpes).

« L'an mil sept cent soixante-neuf et le vingt-troisième jour du mois de may est née Magdeleine-Marie Desgarcins, fille légitime et conservaient encore toute leur force effective, malgré les combats que leur livrait la philosophie, où la noblesse continuait d'apporter une passion ardente dans la défense de ses prérogatives, de ses privilèges séculaires et de ce qu'elle considérait comme ses droits naturels. On n'en était pas encore aux premières atteintes de la Révolution, et nombre d'hommes honnêtes, nés sans titre et sans fortune, se trouvaient à la merci de la vanité, de l'orgueil et de l'arrogance de certains êtres qui, souvent sans les valoir, tiraient sur eux avantage de leur état et de leur naissance, et ne laissaient passer aucune occasion de les humilier et de les avilir.

Dans une petite ville de province tenait alors garnison un brave officier d'infanterie, qui depuis

---

naturelle de S⁺ Joseph et de dame Marianne Bourcet, habitans dans cette ville, et le vingt-sixième du même mois à été baptisée par moy, aumônier soussigné : Son parrain a été M⁺ André Fantin d'Arvieu, avocat en parlement; la marraine Dame Magdeleine Fantin son épouse. Présents S⁺ˢ Joseph Queyras, Amédée Gallice et Antoine Caire avec nous soussignés.

« Signé : DES GARCIN, FANTIN, Magdeleine FANTIN, J. QUEYRAS, GALLICE, A. CAIRE et D. BARDONNÈCHE, aum⁺.

« Pour copie conforme et délivré sur papier libre comme pièce de renseignements.

« A Mont-Dauphin, le 22 9ʳᵉ 1885.

« Le maire,
(Illisible). »

Ceci dément les renseignements fantaisistes donnés par Jal, qui prétend, dans son *Dictionnaire critique de biographie et d'histoire*, que Mˡˡᵉ Desgarcins s'appelait réellement De Garcins (comme on l'appela souvent d'ailleurs), et que son père se qualifiait « bourgeois de Paris. »

trente ans était au service ; il vivait là paisiblement, avec sa femme et une toute jeune enfant, sa fille unique, encore au sein. Une conduite exemplaire, un courage à toute épreuve, de rares qualités militaires, dix blessures reçues dans autant de batailles, lui avaient valu, avec un grade relativement élevé, la croix de chevalier de Saint-Louis. Brave soldat, homme d'honneur, chef habile et expérimenté, cet officier, aimé de ses hommes, estimé de ses supérieurs, entouré du respect de tous en dépit de son origine obscure, s'appelait le capitaine Desgarcins.

Un jour, dans une cérémonie à la fois religieuse et officielle où son service exigeait sa présence à l'église, le capitaine Desgarcins se trouvait avec plusieurs de ses compagnons d'armes. Au moment de l'offrande, il croit devoir, en raison de son grade et de son ancienneté, se présenter un des premiers ; mais à l'instant où il s'avance, il se voit repousser brutalement par un jeune officier, qui, fort de son titre et de son rang, l'oblige à passer derrière lui, en accompagnant son action de quelques paroles impertinentes. Le capitaine rougit de colère, mais ne voulant point causer de scandale dans l'église, attend impatiemment la fin de la cérémonie. Celle-ci terminée et chacun étant sorti, il réclame une explication du jeune homme qui l'avait traité d'une façon si insultante ; celui-ci, pour toute réponse, lui dit que lorsqu'on n'est qu'un officier de fortune, sans nom comme sans richesse, on doit laisser le pas à ceux qui ont l'avantage de la naissance. C'était ajouter l'insolence à la grossièreté. Bientôt la querelle s'envenime, et elle allait dégénérer en combat sans l'intervention efficace de quelques amis de l'un et de l'autre.

Mais une querelle née d'une semblable situation n'est jamais complètement éteinte. A quelques jours de là elle se raviva sous un prétexte futile, et de telle façon que cette fois elle ne pouvait se dénouer que par un duel et sur le terrain. Rendez-vous est pris, les deux combattants sont mis en présence, et leur fureur est telle, leur attaque si impétueuse que, dès la première passe, l'épée du capitaine Desgarcins atteint son adversaire en pleine poitrine et le frappe mortellement.

Les suites d'un combat si malheureux n'étaient pas seulement fatales à celui qui en était la victime ; elles devaient l'être aussi pour son meurtrier involontaire. Les règlements militaires, des lois sévères, la vengeance d'une famille éplorée et puissante pouvaient atteindre le capitaine Desgarcins, quoique en toute cette affaire il n'eût eu d'autre tort que d'être trop habile. Sa victoire même le mettait en danger, et il dut, par prudence, suivre le conseil de quelques amis qui l'engagèrent à se cacher d'abord, à fuir ensuite.

Ainsi fit-il. S'étant avant tout dérobé aux recherches dont il était l'objet, il prit, non sans une véritable douleur, la résolution de quitter la France, qu'il avait si dignement servie, et de s'éloigner à jamais. Brisant tout, renonçant à la fois au passé et à l'avenir, il se trouvait, pour une faute qui n'était point sienne, obligé d'abandonner ainsi, avec son pays, une carrière qu'il aimait, qui avait été pour lui brillante, et que pendant trente ans il avait suivie avec honneur.

Le capitaine Desgarcins parvint, non sans peine et sans péril, à sortir de France, mais sans savoir encore au juste où il allait porter ses pas. Il laissait ici sa femme et sa fille, en attendant qu'elles pussent l'aller rejoindre dans l'endroit qu'il choisirait pour y fixer sa résidence. Après quelques hésitations, après l'abandon de divers projets, caressés d'abord et reconnus ensuite impraticables, il se décida enfin à gagner la Hollande, s'établit dans les environs d'Harlem, et là se livra à l'horticulture.

C'est seulement au bout de deux ou trois années que Mme Desgarcins, qui avait dû s'occuper ici d'arranger diverses affaires, de sauvegarder certains intérêts, put partir à son tour, pour aller rejoindre en Hollande son mari, à qui elle ramenait sa mignonne fillette. Là, dans ce petit pays si calme, si laborieux, si hospitalier, ils virent s'écouler plusieurs années encore, pendant lesquelles M. Desgarcins, sans rien négliger des travaux qui seuls pouvaient lui procurer les ressources nécessaires à la vie de sa petite famille, s'appliquait à former l'esprit, à développer l'intelligence de l'enfant qu'il chérissait et dont l'avenir était l'objet de ses constantes préoccupations.

Cependant, les événements marchaient en France. Louis XVI avait succédé à son aïeul, de funeste mémoire. Les conseillers indignes étaient écartés du trône; des hommes nouveaux arrivaient au pouvoir, d'autres y revenaient, et parmi ces derniers c'est avec joie qu'on avait vu reparaître l'intègre et bon Malesherbes, dont l'injuste exil avait cessé à la mort du vieux roi. Malesherbes ne s'occupait pas seulement des intérêts généraux du pays; sa sollicitude s'étendait jusqu'au soin des intérêts particuliers, lorsque ceux-ci lui semblaient mériter attention. Il avait connu naguère le capitaine Desgarcins, qu'il tenait en grande estime; on lui rappela l'histoire douloureuse de cet officier, ses longs et excellents états de service, l'évènement qui l'avait forcé à s'expatrier; il fut ému d'une telle situation, et voulut non seulement faire oublier au brave militaire un passé si cruel, mais lui offrir une compensation aux maux qu'il avait injustement soufferts. Grâce à lui M. Desgarcins, rappelé, put rentrer en France et reprendre rang dans l'armée ; bien plus, il y revint avec le grade de colonel. Et pour que la réparation fût complète, on lui donna précisément à commander le régiment où il avait été capitaine.

Celui-ci était en garnison dans une ville de province, lorsque M. Desgarcins fut appelé à en prendre possession. Au jour fixé pour sa réception, le nouveau colonel arrive et se rend sur la grand'place, où chefs et soldats l'attendent sous les armes. Chose singulière ! l'officier qu'il se trouvait avoir pour lieutenant-colonel, et qui était chargé de lui faire la remise du régiment, était le propre frère de celui qu'il avait eu le malheur de tuer en duel quelques années auparavant. Faut-il voir là un effet du hasard, ou le fait était-il intentionnel ? M. Desgarcins l'ignorait-il, ou d'avance en était-il informé ? C'est ce que je ne saurais dire, non plus que je ne saurais faire connaître la nature du sentiment qui l'agitait. Mais ce qui est vrai, c'est qu'au moment même où la cérémonie commençait, et lorsqu'il se trouva en présence d'un homme dont le nom seul évoquait en lui le souvenir d'une si funeste aventure, on le vit soudain pâlir, chanceler, comme ployant sous le poids d'une indéfinissable émotion, laisser échapper un long sanglot, puis s'affaisser et tomber comme foudroyé par la violence même et l'intensité de cette émotion !... Le vieux soldat était mort sans avoir eu la force de pousser un cri, le temps de proférer une parole !...

II

Outre qu'elle les plongeait dans le deuil et dans la douleur, la mort subite du colonel Desgarcins, entourée de circonstances si dramatiques, laissait sa femme et sa fille dans une situation difficile et précaire. Fort heureusement, M. de Malesherbes reporta sur elles la sollicitude qu'il avait témoignée au chef d'une famille si cruellement éprouvée. Il les fit venir à Paris, et tout d'abord leur procura, par son crédit, la jouissance d'un modeste logement dans les bâtiments qui formaient les dépendances du Jardin du roi et qui étaient à la disposition de Buffon. On peut croire que, grâce à lui, la veuve de l'ancien officier qu'il avait su réintégrer dans l'armée put obtenir aussi une modique pension, en récompense des longs services de son mari.

Quoi qu'il en soit, Mme Desgarcins s'installa avec sa fille dans le petit logement qui leur avait été concédé et, tournant sur elle toute son activité, s'occupa de poursuivre l'éducation de l'enfant qui était devenue l'unique objet de sa tendresse. Celle-ci, douée d'une vive intelligence et d'une rare sensibilité, rendant à sa mère l'affection que sa mère lui prodiguait, grandit ainsi sous sa surveillance, en ornant son esprit des qualités et des connaissances qui devaient en faire une femme exceptionnellement distinguée. Elle dessinait fort agréablement, dit-on, jouait habilement du clavecin et composait même quelque peu. Elle trouvait un grand charme aussi dans la lecture, surtout dans celle des grands poètes tragiques; Corneille et Racine lui étaient familiers, aussi bien que Voltaire, dont les œuvres étaient au répertoire courant de la Comédie-Française, et Ducis, que ses premières adaptations de Shakespeare, *Hamlet, le Roi Lear, Roméo et Juliette* avaient déjà rendu fameux. Elle s'exerçait même à lire à haute voix ses poètes favoris, et elle le faisait avec un goût, une sagacité, une aptitude qui, tout en la charmant, excitaient chez sa mère un étonnement profond.

La fillette était devenue jeune fille. Son caractère, naturellement porté à la rêverie, se faisait remarquer par une sorte d'enjouement mélancolique, qui la faisait passer alternativement des élans d'une gaieté pleine d'expansion aux réflexions les plus sérieuses, parfois les plus sévères. Dans leur tranquille retraite, l'existence de ces deux femmes s'écoulait, paisible, un peu monotone, sans grandes distractions, au milieu des menues occupations de chaque jour. Elles voyaient peu de monde, soit qu'elles fussent un peu sauvages, soit que leur situation fort modeste ne leur permît pas d'entretenir de nombreuses relations. Chaque dimanche elles allaient entendre la messe à la chapelle de l'hospice de la Pitié, voisine de leur demeure, et dont l'aumônier, un excellent prêtre, était leur confesseur; il arrivait même parfois que Mlle Desgarcins, bonne musicienne et douée d'une voix agréable, se faisait entendre dans cette chapelle, en chantant des hymnes aux jours de grandes cérémonies religieuses. Un de leurs plaisirs les plus vifs était d'aller, dans la belle saison, passer quelques heures, à travailler ou à lire, dans quelque endroit retiré du magnifique jardin dont elles habitaient les dépendances. Encore choisissaient-elles pour cela le moment de la journée où, les promeneurs étant le moins nombreux, le jardin était le plus solitaire.

Un jour que Mme Desgarcins s'était rendue seule à la Pitié, elle rentra chez elle l'esprit quelque peu troublé et sous le coup d'une vive émotion. Parmi les nombreux orphelins de l'hospice sa vue avait été frappée, pour la première fois, par un adolescent dans les traits duquel, à sa grande surprise, il lui avait semblé découvrir une étonnante ressemblance avec l'époux dont chaque jour encore elle déplorait la perte. Elle fit part de cette impression à sa fille, en lui retraçant avec animation le portrait du jeune orphelin qui avait fixé ses regards et attiré son attention d'une façon si particulière. Mlle Desgarcins, dont l'imagination vive était quelque peu romanesque, fut elle-même émue de cette confidence et montra un vif désir de le voir à son tour; sa curiosité put être satisfaite à quelques jours de là, et, comme sa mère, elle fut frappée d'une de ces ressemblances étranges, telles qu'on n'en rencontre que bien rarement, et si complètes qu'elles semblent comme un jeu fantasque de la nature.

Cette similitude entre ses traits et ceux du père et de l'époux qu'elles avaient chéri excitèrent naturellement, en faveur de l'orphelin, la sympathie des deux femmes. Mme Desgarcins surtout éprouvait un désir ardent, presque impérieux, de connaître ce jeune homme; elle eût voulu le recevoir, l'attirer chez elle. Pourtant, en femme prudente et en mère avisée, elle consulta tout d'abord sur ce point son confesseur, l'aumônier de la Pitié, et voulut se renseigner auprès de lui. Celui-ci lui apprit que Jean-Marie (c'était le seul nom sous lequel il connût l'orphelin) était un excellent sujet, doué de rares qualités morales et d'un esprit fort distingué. Son père, resté ignoré, et mort depuis quelques années, avait, jusqu'à son dernier jour, pourvu à ses besoins. Ce père disparu, la mère était venue à Paris avec son enfant;

mais à peine était-elle arrivée que, frappée d'un mal terrible, elle mourait à son tour, le laissant seul au monde, sans ressources et sans appui. Elle l'avait, à ses derniers moments, recommandé au digne aumônier, en lui remettant un papier qui révélait le nom et la qualité du père, mais qui, selon les dernières volontés de celui-ci, ne devait être ouvert que le jour du mariage de son fils. Touché de compassion, le bon prêtre avait fait recevoir Jean-Marie à la Pitié, et c'est là que l'orphelin avait grandi, donnant à tous ceux qui prenaient soin de lui la mesure des qualités de son cœur et des grâces vivaces de son esprit. Sa santé était excellente aujourd'hui, quoiqu'il eût fait, peu de mois auparavant, une maladie à laquelle il avait failli succomber, mais dont sa solide constitution avait cependant triomphé. C'était enfin l'un des élèves les plus intéressants de l'orphelinat, et l'un des plus dignes de la sollicitude qu'on témoignait à tous.

Satisfaite de ces renseignements, Mme Desgarcins réfléchit mûrement sur la conduite qu'elle avait à tenir. Elle ne se dissimulait pas le danger qu'il pouvait y avoir à attirer dans sa maison, auprès de sa fille, un jeune homme de l'âge de Jean-Marie; mais, d'autre part, ce danger lui semblait devoir se conjurer lui-même. En effet, si les deux jeunes gens s'éprenaient l'un de l'autre, un mariage pouvait les unir, les rapprocher pour toujours, et cette seule pensée éveillait la joie dans le cœur de Mme Desgarcins, dont la sympathie pour l'orphelin allait jusqu'à désirer de le voir devenir son fils et de pouvoir lui rendre une famille. Quant à l'obscurité de sa naissance, ce n'était point pour elle matière à difficulté, même à hésitation quelconque; elle était trop au-dessus de toute espèce de préjugé pour trouver là un obstacle à ce qui pouvait, selon les circonstances, faire le bonheur de sa fille et le sien propre.

Après avoir pris de nouveau, sur ce sujet, l'avis de son confesseur, qui entra volontiers dans ses vues, Mme Desgarcins n'hésita donc plus. Elle se résolut à recevoir chez elle Jean-Marie, qui y fut introduit par l'aumônier, son dévoué protecteur, et qui devint bientôt le familier, l'hôte ordinaire de la maison. Ce qu'elle avait prévu, en quelque sorte désiré, ne tarda pas à se produire : une étroite intimité s'établit assez promptement entre les deux jeunes gens, et l'on put croire qu'un penchant mutuel les attirait l'un vers l'autre, qu'un sentiment partagé les destinait à unir leurs deux existences.

Toutefois, Mlle Desgarcins, qui se livrait sans réserve à ce sentiment, n'était pas sans éprouver quelque crainte au sujet de celui qu'elle-même inspirait. Jean-Marie se montrait sans doute envers elle plein d'égards, de tendresse, d'attentions délicates, et cependant il ne paraissait pas, à ses yeux clairvoyants, aussi ouvertement épris d'elle qu'elle l'eût désiré. Elle fit part de ses craintes à sa mère, qui, se complaisant à l'idée d'un prochain mariage et gagnant la confiance à cette pensée, fit en sorte de la rassurer. Mais la jeune fille insista, et Mme Desgarcins dut lui promettre de demander à Jean-Marie une explication nette de ses désirs et de ses projets.

Elle eut en effet avec son jeune ami un entretien sérieux, qui ne dut pas laisser que d'embarrasser quelque peu celui-ci. C'est qu'en vérité la situation de Jean-Marie était bizarre, avec un côté mystérieux qui la rendait presque extraordinaire.

Lorsque Mme Desgarcins, frappée d'une ressemblance qui avait aussitôt excité ses sympathies, l'avait aperçu pour la première fois à la Pitié, il relevait depuis peu de temps, nous l'avons vu, d'une grave maladie. Cette maladie était une petite vérole très caractérisée, très maligne, qui l'avait tenu pendant plusieurs jours entre la vie et la mort. Les malades de la Pitié étaient alors soignés par des religieuses de la communauté des sœurs de la Providence. C'est l'une d'elles, une presque toute jeune fille, ayant nom sœur Nicole, qui, sans souci du péril que pouvait lui faire courir un mal contagieux, sans compter avec le danger, avec la fatigue, avec les insomnies, s'était installée au chevet de Jean-Marie, l'avait veillé jour et nuit sans jamais le quiter un instant, lui prodiguant, avec un dévouement plein de prévenances, avec une sollicitude toujours nouvelle, les soins les plus touchants, les plus ingénieux, les plus délicats.

Jean-Marie n'avait pas été sans se trouver ému des marques d'une bonté si tendre, sans voir sa sensibilité affectée par des preuves d'une bienveillance si grande, d'un sacrifice si complet de soi-même. On raconte qu'une nuit, au plus fort de son mal et lorsqu'il était dans la période du plus grand danger, s'éveillant tout à coup d'un long sommeil, il vit la jeune religieuse à genoux, au pied de son lit, priant avec ferveur pour le rétablissement de sa santé. Un léger mouvement de sa part attira l'attention de sœur Nicole, leurs yeux se rencontrèrent, et ils se comprirent aussitôt l'un l'autre... Les deux enfants s'aimaient sans se l'être dit, sachant qu'ils ne pouvaient se le dire; mais ce regard, rapidement et involontairement échangé, leur avait donné la connaissance réciproque de leurs sentiments.

La situation dans laquelle se trouvait Jean-Marie n'était donc pas, on le conçoit, sans lui causer quelque embarras. D'une part, l'amour qu'il éprouvait pour une femme à qui il ne pouvait le témoigner sans offense et même sans sacrilège, amour sans avenir, sans issue possible ; de l'autre, l'affection très sincère, très dévouée, mais naturellement moins ardente, que lui inspirait une jeune fille dont il recevait les marques de la plus tendre sympathie et qui était prête à unir pour toujours sa vie à la sienne ; il y avait là de quoi troubler une jeune imagination, un cœur moins neuf et moins ignorant de toutes choses. Aussi fut-il un peu interdit lorsque Mme Desgarcins, lui dévoilant complètement le secret de sa fille et ses sentiments, lui demanda si son affection était égale à la sienne, et s'il croyait l'aimer assez pour l'épouser. Surpris par une question formulée avec cette netteté, le jeune homme ne sut que dire tout d'abord, et demanda vingt-quatre heures pour s'interroger et faire connaître sa répons..

Il est permis de croire que ce petit délai fut employé par lui à demander conseil en une si étrange occurrence ; on peut supposer aussi que l'ami qu'il consulta ne fut autre que son protecteur, le digne aumônier de la Pitié, auquel toutefois il ne fit pas sans doute toutes les révélations qu'il eût pu faire. Toujours est-il que sa résolution fut prise, que dès le lendemain il allait reprendre avec Mme Desgarcins l'entretien interrompu, et qu'il lui annonçait être prêt à épouser sa fille et heureux de se la voir accorder.

On devine à cette nouvelle la joie de Mlle Desgarcins, ainsi que l'empressement de sa mère à hâter un évènement qui comblait tous ses vœux. Sans plus tarder on s'occupa des préparatifs du mariage, on fixa la date de la cérémonie, et, d'accord avec l'aumônier de la Pitié, qui servait en quelque sorte de tuteur au jeune orphelin, on convint que quelques jours auparavant tous se réuniraient à l'hospice pour prendre connaissance du pli qui lui avait été remis, à son lit de mort, par la mère de celui-ci.

Au jour dit, tous étaient donc rassemblés pour la lecture de ce papier, qu'on savait seulement écrit par le père de Jean-Marie, et qui, en dévoilant son nom, devait révéler le mystère de la naissance de son fils. Ce n'est pas sans une impatience en quelque sorte appréhensive que chacun vit arriver le moment de cette révélation ; mais cette impatience allait bientôt faire place à un sentiment plus douloureux et plus cruel, et c'est avec une surprise mêlée d'effroi que devait être accueillie la connaissance de la vérité.

L'auteur de l'écrit en question déclarait que l'enfant dont il se reconnaissait le père était né en dehors d'un mariage régulièrement contracté par lui, mariage qui pourtant avait fait son bonheur et dont il n'avait pas plus à se repentir dans le présent que dans le passé. Cet enfant, qui avait reçu les prénoms de Jean-Marie, était donc de naissance clandestine, et tout ce que son père pouvait faire, c'était de confesser sa faute et d'en faire ainsi l'aveu.

Jusque là, rien d'absolument extraordinaire, et qui sortît du domaine des possibilités entrevues. Mais c'est lorsqu'il en vint au nom qui terminait cette déclaration, que l'abbé fut frappé d'une véritable stupeur; il dut cependant poursuivre sa tâche jusqu'au bout, mais c'est d'une voix tremblante d'émotion qu'il lut la signature... du capitaine Desgarcins!

L'épouvante qui s'empara de tous les assistants à l'audition de ce nom est facile à comprendre. Celui que Mlle Desgarcins avait été sur le point d'épouser était son frère, et l'amour qu'elle avait ressenti pour Jean-Marie était un amour incestueux! Jean-Marie retrouvait en quelque sorte une famille, mais dans quelles conditions douloureuses et pour elle et pour lui! Quant à Mme Desgarcins, on devine, après tant de chagrins éprouvés déjà, quels sentiments pouvaient agiter son âme en présence d'une telle découverte.

III

En entendant la lecture du nom de son père au bas de l'écrit signé par lui, Mlle Desgarcins fut prise d'un tel saisissement qu'elle perdit connaissance et tomba à la renverse, en poussant un cri terrible. On la crut morte sur le coup. Elle n'était qu'évanouie ; mais elle resta longtemps inanimée, et il fallut la transporter en cet état chez elle, où l'on dut aussitôt la mettre au lit. Lorsque enfin elle reprit ses sens, sa mère, dévorée d'inquiétude, était à son chevet, pleurant sur le sort de son enfant.

La révolution qu'elle avait éprouvée mit l'infortunée à deux doigts de sa perte. Atteinte d'une maladie de poitrine très grave, compliquée d'hémoptysie, c'est-à-dire de crachements de sang douloureux causés par des ruptures ou des érosions dans les vaisseaux pulmonaires, elle semblait destinée à une fin prochaine. Fort heureusement elle avait pour la soigner un praticien éminent, l'excellent docteur Maloet, qui fut plus tard membre de l'Académie des sciences et l'un des quatre médecins consultants de Napoléon. C'est au talent, à l'expérience consommée, à l'habileté pleine de dévouement de cet homme distingué, qu'elle dut de recouvrer enfin la santé et de renaître à la vie. Toutefois sa convalescence fut longue, bien qu'entourée des plus grandes précautions, difficile, étant donnée la possibilité de complications dont on craignait toujours le retour, et ce n'est qu'après plusieurs mois passés dans des alternatives continuelles de crainte et d'espoir qu'on put enfin la considérer comme absolument hors de danger.

Mais à ce moment, un nouveau chagrin l'attendait. Pendant sa maladie, sœur Nicole, la jeune religieuse de la Pitié, avait été frappée elle-même d'un mal sans remède et était morte à la fleur de l'âge. Cet événement, qui ne pouvait affecter directement Mlle Desgarcins, ignorante qu'elle était de l'influence que cette jeune femme eût pu exercer un instant sur sa destinée, ne devait pas moins l'atteindre d'une façon détournée, et voici comment. Jean-Marie, dont la santé, depuis peu de temps rétablie, avait été ébranlée de nouveau à la suite de tant d'émotions diverses, n'avait pu résister au dernier coup que lui portait la fin inattendue et prématurée de sœur Nicole. La perte de celle qu'il avait aimée provoqua en lui une crise dont rien ne put conjurer les effets; à cette crise violente succéda une période d'abattement absolu; bientôt il tomba dans un état de langueur extrême, par lequel il allait s'affaiblissant de jour en jour; puis enfin, miné par le chagrin, indifférent à tout, il s'éteignit au bout de quelques semaines, doucement, sans souffrance, épuisé de corps et d'esprit, et n'ayant plus ni la conscience, ni la connaissance de lui-même.

Une telle succession de deuils, de disgrâces et de revers était bien faite pour frapper péniblement une imagination aussi ardente, aussi impressionnable, aussi sensible que celle de Mlle Desgarcins. Bien qu'on lui eût caché aussi longtemps que possible la mort de Jean-Marie, pour qui son affection avait changé de nature et qu'elle s'était accoutumée à aimer comme son frère, il fallut bien pourtant, lorsque son rétablissement fut complet, se résigner à la lui faire connaître. Ce fut pour elle une nouvelle douleur, et celle-ci, ajoutée à tant d'autres, en la plongeant dans une mélancolie profonde, vint porter dans son esprit un trouble indéfinissable. Elle était poursuivie par des pensées moroses, comme envahie par un immense dégoût de la vie, et son découragement devint tel qu'elle conçut le projet de renoncer pour jamais au monde, de prendre le voile et de se faire religieuse. Les conseils seuls du brave aumônier de la Pitié, son confesseur, purent la détourner de ce dessein, et aussi la perspective de l'isolement dans lequel elle laisserait sa mère, si malheureuse elle-même, et qui n'avait plus d'autre joie, d'autre espoir, d'autre consolation que cette fille qu'elle adorait. Par amour pour sa mère elle consentit donc à se laisser vivre, et elle renonça, non sans quelques combats intérieurs, à l'idée de s'enfermer pour toujours dans un cloître et de murer à jamais son existence.

Heureusement, tout semblait concourir alors à

rendre à son esprit la sérénité, à son corps l'élasticité et l'énergie dont ils avaient si grand besoin. La nature était en fête, et reprenait son manteau d'or, de pourpre et de verdure. On était à l'époque de ces tièdes journées de printemps souriantes et parfumées, parfois mobiles et capricieuses, parfois d'une beauté radieuse et soutenue, toujours exquises dans leur moiteur ensoleillée, qui semblent noyer l'âme dans un délicieux sentiment de bien-être indéfini, la plonger dans une sorte d'ivresse intérieure, vague et sans cause apparente, provoquée en nous par le réveil universel et le seul mouvement de la sève de toutes parts renaissante.

Sans s'en rendre compte, sans même en avoir conscience, Mlle Desgarcins subissait la bienfaisante et douce influence de cette *gioventù dell'anno* chantée par le poète; et après tant de secousses, tant de troubles, tant de déchirements, sa jeunesse, un instant désolée, se reprenait tout naturellement à la vie, à l'espoir, à la joie instinctive et secrète d'un heureux avenir.

C'est sous cette impression qu'elle vit reparaître le moment où, d'un pas languissant encore et mal assuré, elle pouvait reprendre avec sa mère les promenades que pendant si longtemps elles avaient eu coutume de faire chaque jour au Jardin du roi. Sa faiblesse ne lui permettait pas de marcher beaucoup, mais après avoir fait quelques tours dans les allées, toutes deux se dirigeaient du côté du labyrinthe, allaient s'asseoir dans un de ces endroits élevés et peu fréquentés d'où l'on jouit d'une vue admirable, et là, isolées, tranquilles, se livraient, l'une à la lecture, l'autre à quelque travail d'aiguille. Seulement, tandis qu'autrefois cette lecture était faite par la fille, c'était maintenant la mère qui s'en chargeait.

La raison de ce fait, c'est qu'à la suite de sa maladie et des incidents douloureux qui la compliquaient, Mlle Desgarcins s'était vue atteinte d'une aphonie presque complète, qui avait exigé un traitement tout spécial. Grâce à ce traitement, la voix était revenue peu à peu ; mais il lui fallait encore beaucoup de ménagements, et le docteur Maloet, en recommandant particulièrement à la jeune fille de ne jamais se séparer d'un voile épais, fortement imprégné de safran pour mieux garantir contre la crudité de l'air la bouche et les organes respiratoires, lui avait en même temps interdit toute espèce de lecture à haute voix.

Un jour que, de grand matin, les deux femmes s'étaient installées déjà dans le jardin à leur place habituelle, et que Mme Desgarcins lisait à sa fille une des premières tragédies de Ducis, *Œdipe chez Admète*, un rêveur solitaire et silencieux vint à passer à quelques pas d'elles sans qu'elles l'aperçussent. Étonné d'entendre réciter des vers en un tel lieu, surpris plus encore de la justesse et de l'ingéniosité de certaines remarques que la jeune fille, interrompant sa mère, faisait précisément sur un passage de la pièce, enfin charmé du caractère tendre et touchant de sa voix, qui commençait à reprendre corps et à retrouver ses qualités naturelles, il s'arrêta, écouta quelques instants, puis s'éloigna sans qu'on eût pu même soupçonner sa présence.

Ce promeneur matinal et discret était un jeune homme de vingt ans, qui avait pris d'autant plus d'intérêt à cet incident qu'il était passionné pour le théâtre, et se destinait à la profession de comédien. Il se nommait Talma !

Talma avait inutilement essayé de distinguer les traits de la jeune personne dont la voix l'enchantait ; le voile dont sa figure était comme enveloppée ne le lui avait pas permis. Rentré chez lui, le souvenir de cette voix séduisante le poursuivit sans cesse, il fut au regret de ne pas s'être approché des deux dames, au risque d'être indiscret, et se promit de faire tous ses efforts pour retrouver son inconnue. A quelques jours de là il se rendit donc de nouveau au Jardin du Roi, mais inutilement ; il eut beau fouiller tous les environs du labyrinthe, parcourir toutes les allées, visiter diverses autres parties du jardin, étendre partout ses recherches, tout fut vain. Peu habitué à se décourager, il renouvela plusieurs fois sa tentative, mais sans plus de succès. Il était désolé, lorsque le hasard, venant à son aide, lui offrit un jour ce que sa volonté avait été impuissante à lui faire découvrir, en y ajoutant une nouvelle surprise. Conduit un matin, par une circonstance imprévue, dans la chapelle de l'hospice de la Pitié, alors qu'on y chantait une messe en musique, il fut ému à l'audition d'une voix de femme dont le timbre, en tenant compte de la différence qui distingue le chant de la parole, lui rappelait absolument celui de la jeune femme mystérieuse dont la pensée le préoccupait toujours. Étonné, troublé tout d'abord par cette ressemblance, il hésitait à en croire ses oreilles. Il ne se trompait pas pourtant. C'était bien la voix de Mlle Desgarcins, qui, maintenant complètement guérie, recommençait, comme elle l'avait fait naguère, à chanter dans les cérémonies religieuses.

Craignant cependant d'être le jouet d'une illusion, ne sachant s'il devait s'en rapporter à l'impression qu'il ressentait, Talma voulut en avoir le cœur net. Il attendit la fin de l'exécution, s'approcha sans être vu, et ayant enfin reconnu Mme Desgarcins, n'eut plus de doute sur la fidélité de ses souvenirs. Il prit alors son parti : se présentant sous un prétexte quelconque, il trouva le moyen d'engager un entretien avec ses deux promeneuses, se fit connaître, et demanda la permission, qui lui fut accordée, de leur rendre visite.

On avait fondé tout récemment aux Menus-Plaisirs du roi, faubourg Poissonnière (là précisément où se trouve aujourd'hui le Conservatoire), une école de déclamation pour les jeunes comédiens. Cette institution, dont l'existence fut courte, car elle disparut aux premiers jours de la Révolution, avait été établie le 1er avril 1786, par les soins et sous les auspices du duc de Duras, gentilhomme de la maison du roi. « Monseigneur le maréchal duc de Duras, dit un recueil du temps, convaincu que les différens genres de spectacles nouvellement adoptés par le public, surtout dans les provinces, avoient presque éteint le goût et détruit l'attention des spectateurs pour la tragédie et pour la comédie, que les acteurs, peu accueillis et découragés, privés d'émulation, perdoient leur talent, oublioient les traditions, et substituoient des caricatures puériles ou vicieuses à la beauté simple et vraie de la nature, a obtenu des bontés du Roi l'établissement d'une École dramatique à l'hôtel des Menus-Plaisirs du Roi, sous la protection des premiers gentilshommes de Sa Majesté. »

Les professeurs de l'École royale dramatique n'étaient autres que ces trois grands artistes qui avaient nom Dugazon, Molé, Fleury, lesquels étaient alors la gloire de la Comédie-Française. Talma, dont le père exerçait la profession de dentiste à Londres, et qui avait passé plusieurs années en Angleterre, avait été envoyé à Paris pour y étudier la médecine; mais son cœur se soulevait à la seule vue des travaux de l'amphithéâtre, il éprouvait une invincible répulsion pour la dissection des cadavres, et comme, d'autre part, il se sentait une vocation déterminée pour la scène, s'étant essayé plus d'une fois comme comédien amateur à Londres, il avait bientôt quitté l'École de médecine pour se faire admettre à l'École dramatique, où il se faisait remarquer par ses facultés prodigieuses et sa rare intelligence.

Dans ces conditions, on comprend qu'il fût frappé de la rencontre qu'il avait faite au Jardin du roi, des vers tragiques que non sans surprise il y avait entendu réciter, et des remarques que ces vers avaient provoquées de la part de Mlle Desgarcins. Aussi ne tarda-t-il pas à profiter de l'autorisation qui lui avait été accordée, et à se présenter dans le modeste logis des deux femmes. Il serait à peine besoin de dire que dans de telles circonstances, et avec son imagination vive, il devint presque aussitôt épris de la jeune fille; bien que celle-ci ne répondît point à ses sentiments et ne lui offrît en échange qu'une bonne et franche amitié, qui ne se démentit jamais, il ne laissa pas de poursuivre ses visites, et leurs relations acquirent bientôt un assez étroit degré d'intimité. Comme, tout naturellement, il amenait très souvent la conversation sur le théâtre, parlant fréquemment de ses travaux et de ses études, comme, d'autre part, Mlle Desgarcins était très familière avec toutes les grandes œuvres du répertoire classique, Talma en vint insensiblement à la prendre pour partenaire et à répéter avec elle les rôles que ses professeurs lui faisaient étudier à l'École dramatique. Ce travail, auquel Mlle Desgarcins s'accoutuma sans peine, lui fit plaisir ensuite, puis finit par la passionner elle-même, si bien qu'un beau jour, et sur les conseils de Talma, elle aussi se fit recevoir à l'École, avec la résolution bien arrêtée de se consacrer au théâtre et d'y chercher ses moyens d'existence.

Des moyens d'existence !... C'est qu'en effet Mlle Desgarcins, parvenue à l'âge de dix-huit ans environ, était dans la nécessité de se choisir une carrière, l'éducation toute familiale qu'elle avait reçue ne lui tenant pas lieu d'une profession utile. Or, sa vie et celle de sa mère étaient des plus modestes, on peut dire des plus pauvres, et le travail seul de la jeune fille pouvait leur faire espérer des jours moins sombres, un avenir moins cruel. Il fallut pourtant du courage à la pauvre enfant pour atteindre le résultat qu'elle enviait, car cette pauvreté, noblement supportée par elle et que d'aucuns ne craignirent pas de lui reprocher indignement au temps de ses études, semblait devoir être un obstacle invincible à ses projets et à sa réussite. Nous avons à ce sujet le témoignage du seul écrivain qui se soit occupé d'elle à l'époque de sa mort, témoignage précieux, car celui-là l'avait bien connue, et ses souvenirs étaient fidèles. Cet écrivain était le romancier Ducray-Duminil, qui fut aussi un critique théâtral instruit et estimé, et voici comment il rappelait les difficultés que Mlle Desgarcins avait rencontrées à l'École dramatique, les mortifications qu'on lui avait fait subir, les déboires dont on l'avait abreuvée :

Des dispositions étonnantes, un ardent amour pour son art, de l'intelligence, de la grâce, et surtout de l'âme, voilà ce qui fit courir tout Paris aux débuts de la citoyenne Desgarcins, qui promettoit à la scène une actrice célèbre, et qui a tenu parole.

Cette jeune actrice eut pourtant à vaincre plus de difficultés que toute autre. D'abord, née dans la plus grande indigence, elle étoit toujours fort mal mise, et son physique, grêle et foible, sembloit repousser tous ceux à qui elle manifestoit son désir de se livrer à l'art du théâtre.

Élève de l'École de déclamation, elle y étoit sans cesse mortifiée et par ses camarades et par les professeurs eux-mêmes. L'un d'eux lui disoit : *Allez, made-*

moiselle, vous ne ferez jamais rien, vous êtes une paresseuse; en vérité vous ne méritez pas qu'on vous ait tirée de la misère.... vous ne débuterez jamais ! Un autre ajoutoit : *Que vous êtes gauche ! Tenez, voilà les troupes d'hiver qui partent pour la province, je vous conseille de vous y enrôler, vous n'êtes capable que de cela.* Ces reproches, faits devant tout le monde, étoient si durs et si inhumains que la pauvre petite pleuroit, et, loin de se décourager, travailloit et redoubloit d'efforts.

Eh bien ! ces mêmes artistes qui devinoient si juste, qui prévoyoient qu'elle ne feroit jamais rien, l'ont vue débuter et ont partagé l'enthousiasme qu'elle a excité dans tout Paris [1].

En dépit de tout, en effet, malgré les injustices, malgré les rebuffades, malgré les humiliations, Mlle Desgarcins ne vit faiblir un instant ni son énergie, ni sa volonté. Il est probable que l'appui de Talma, qui était le grand espoir de l'École et pour qui l'on avait sans doute des égards, ne lui fut pas inutile en des circonstances si pénibles, et lui permit de lutter efficacement contre toutes les mauvaises volontés qui l'entouraient ; mais elle avait d'ailleurs confiance en elle, en ses efforts, en son intelligence, ne se laissait ni rebuter ni abattre, et se livrait au travail avec une ardeur, on pourrait dire une passion, que rien n'était capable d'ébranler. Elle travailla tant

---

[1]. *Courrier des Spectacles*, du 13 novembre 1797.

et si bien que lorsque, après un an seulement de séjour à l'École, elle parut à la Comédie-Française, elle ne joua pas moins de *onze* rôles dans le cours des cinq mois que durèrent ses débuts. Elle avait donc, comme on dit, mis les bouchées doubles.

Son professeur à l'École dramatique était Molé, tandis que Talma recevait ses leçons de Dugazon ; et c'est un fait assez singulier que les deux jeunes artistes qui allaient enthousiasmer et passionner le public par un talent tragique admirable fussent élèves de deux acteurs comiques.

Talma, depuis plus longtemps préparé, fut prêt avant son amie. Depuis six mois, le 21 novembre 1787, il avait débuté avec éclat en jouant le rôle de Séïde de *Mahomet*, lorsqu'à son tour Mlle Desgarcins parut à la Comédie-Française, avec un succès au moins égal au sien, attirant tout Paris à ce théâtre et excitant du premier coup, avec l'intérêt et la sympathie, l'enthousiasme et l'admiration de spectateurs alors singulièrement difficiles, qu'enchantaient son talent, sa grâce et la noblesse d'un jeu plein de tendresse et d'émotion.

IV

C'est le 24 mai 1788, le lendemain même du jour où elle venait d'accomplir sa dix-neuvième année, que Mlle Desgarcins fit sa première et brillante apparition devant ce public si sévère du Théâtre-Français, public très spécial à cette époque, très éclairé, et dont une partie se composait d'amateurs chevronnés qui ne manquaient jamais d'établir un parallèle entre les jeunes artistes à leurs débuts et les comédiens glorieux qu'ils étaient appelés à remplacer plus ou moins directement. L'effet qu'elle produisit dès l'abord sur des spectateurs si malaisés à satisfaire, sans qu'une seule voix s'élevât contre le concert d'acclamations qui l'accueillait, peut donner une idée du rare et précieux talent que la débutante déployait dès son arrivée à la scène.

Et il faut remarquer que, à l'encontre de ce qui arrive trop souvent, les qualités physiques de la nouvelle venue n'étaient pour rien dans son succès. « La nature, disait d'elle un contemporain, n'a rien fait pour cette actrice; jamais il n'exista peut-être un physique plus ingrat; mais elle avait une âme brûlante, sa voix savait trouver le chemin du cœur, et l'on oubliait, en l'écoutant, la laideur de son visage[1]. »

Ceci pourtant est excessif. Mlle Desgarcins n'était point jolie, il est vrai; plutôt petite que grande, plutôt maigre que grasse, le visage pâle, les traits irréguliers et sans distinction, elle n'avait

---

1. *Vérités à l'ordre du jour.*

rien de séduisant au premier abord, et l'immobilité ne lui était pas favorable. Mais elle était faite au tour, sa taille était bien prise, elle avait la démarche aisée, le geste plein de noblesse et d'élégance, le sourire expressif et comme empreint de résignation, des yeux noirs qui, ombragés de longs cils, laissaient étinceler la passion, le regard tantôt plein de feu, tantôt noyé de mélancolie, et par-dessus tout une physionomie charmante et une grâce pudique dont tout son être semblait comme enveloppé. Pour compléter sa personne, elle possédait à un degré presque inconnu deux qualités exceptionnellement rares : une voix enchanteresse (cette voix qui avait séduit Talma), d'une douceur, d'une tendresse, d'une flexibilité inouïes, et le don de s'embellir par les larmes, faculté qu'on n'avait pas retrouvée depuis cette touchante et pathétique Adrienne Lecouvreur, que Mlle Desgarcins semblait destinée à faire revivre. « La nature, lui disait à ce sujet un critique du temps, la nature vous a accordé un don bien précieux et bien rare, celui de s'embellir par les larmes : elles donnent de l'éclat à vos yeux sans altérer l'accord de vos traits; elles attendrissent votre voix sans en éteindre le son.[1] »

Telle était Mlle Desgarcins, telle elle apparut au

---

1. *Journal de Paris*, 2 juin 1788.

public lorsque, foulant pour la première fois les planches d'un théâtre, elle se montra pour ses débuts dans le rôle d'Atalide de *Bajazet*, ce rôle si intéressant dont la première interprète fut la Champmeslé, l'*amie* de Racine, que Mme de Sévigné y trouvait *miraculeusement bonne comédienne.*

Ce public ne connaissait pas son nom, car, le 24 mai 1788, l'affiche de la Comédie-Française portait cette simple mention : « *Bajazet.* Une actrice qui n'a encore paru sur aucun théâtre débutera par le rôle d'Atalide. » Mais bientôt on s'informa, on apprit, et ce nom de Desgarcins, obscur la veille, vola de bouche en bouche et fut célèbre le lendemain. Le *Mercure de France*, qui était alors l'arbitre du goût, annonçait ainsi son début dans son numéro du 14 juin : — « Nous rendrons compte, dans le prochain *Mercure*, du début de Mlle de Garcins à la Comédie-Française. Nous dirons ici d'avance, que peu de sujets ont inspiré plus d'intérêt que Mlle de Garcins dans les différens rôles qu'elle a joués. On la dit élève de M. Molé; mais elle paroit être aussi l'élève de la nature, et c'est le premier de tous les maîtres. »

Et dans son numéro suivant (21 juin), le *Mercure* appréciait ainsi le jeu de la débutante dans Atalide :

Ce rôle est d'autant plus difficile à rendre que le caractère d'Atalide est doux, sensible, passionné sans abandon et jaloux sans emportement. Il faut donc, pour y plaire, pour y exciter de l'intérêt, devoir à la nature une sensibilité profonde, un organe flexible et touchant, une intelligence très étendue ; il faut joindre à ces avantages un débit pur, vrai, raisonné de manière à prouver de l'esprit, à donner l'idée d'une grande facilité de conception, et qui cependant ne semble être que le langage de l'âme ; il faut enfin de la noblesse dans les mouvemens, de la décence dans le maintien et de l'expression dans la figure. Il seroit sans doute très étonnant qu'une débutante ait réuni tant de qualités si précieuses et si rares ; il l'est encore que Mlle de Garcins en ait montré une grande partie à son premier pas dans la carrière tragique.

Nous avons vu des actrices débuter dans ce même rôle d'Atalide, et y obtenir les applaudissemens que sollicitent la jeunesse et la beauté ; ceux qu'on y a prodigués à Mlle de Garcins ont été mérités par le talent. Jamais la modestie et l'amour, au moins depuis vingt ans, ne se sont offerts dans ce personnage sous un accord plus heureux, et l'enthousiasme du public a pris à chaque scène un nouvel essor. Tous les cœurs étoient touchés, tous les yeux versoient des larmes. Le triomphe de Mlle de Garcins est d'autant plus flatteur pour elle, que peut-être il est devenu mal aisé d'attacher par les secours de la simple sensibilité des spectateurs trop accoutumés à n'être émus que par des éclats, de l'emportement et des mouvemens convulsifs...

Le *Journal de Paris* n'était pas moins élogieux que le *Mercure*, et *la Gazette* ne le cédait en rien au *Journal de Paris*. Grimm lui-même, ce Germain plein de pédantisme, comme ses compatriotes actuels, qui le prenait de haut avec nos plus grands artistes et à qui le moindre éloge semblait écorcher les lèvres, Grimm vit s'adoucir sa cuistrerie devant ce talent si plein de grâce et de sensibilité : — « Des hommes de goût, dit-il dans sa *Correspondance*, qui ont vu le Théâtre-Français dans toute sa gloire, ne se rappellent pas d'avoir jamais éprouvé pour le rôle d'Atalide le degré d'intérêt qu'a su leur inspirer mademoiselle Desgarcins. »

La Comédie-Française, à ce moment, était comme envahie par les élèves de l'École dramatique. A la suite de Talma on y voyait débuter successivement cinq jeunes femmes, toutes sortant de cette institution : Mlle Masson (21 février 1788); Mlle Desgarcins (24 mai); Mlle La Chassaigne (13 août); Mlle Giverne (11 septembre); enfin cette adorable Mlle Lange, dont la surprenante beauté fit tourner tant de têtes (2 octobre). Quelques-uns de ces débuts furent brillants, notamment ceux de Mlle Masson et de Mlle Lange; mais aucuns n'eurent l'éclat, le retentissement de ceux de Mlle Desgarcins, que la Comédie, en présence d'un tel succès, crut devoir faire durer extraordinairement pendant cinq mois, jusqu'au 24 octobre. Dans le cours de ces cinq mois la jeune artiste, je l'ai dit, se montra dans onze rôles différents. Après *Bajazet* elle joua *Zaïre* (27 mai), puis *le Cid* (5 juin), puis *Mahomet* (12 juin), *Iphigénie en Aulide* (16 juin), *Andromaque* (2 juillet), *Hypermnestre* de Lemierre (15 juillet), *Alzire* (3 août), *Bérénice* (23 août), *Mithridate* (6 septembre), enfin *Inès de Castro* de Lamotte (24 octobre), qui termina la série de ses premiers triomphes.

Bien que tous les rôles qu'elle remplissait dans ces divers ouvrages lui fissent beaucoup d'honneur, trois surtout lui furent particulièrement favorables : ceux d'Atalide dans *Bajazet*, de Zaïre dans *Zaïre*, et de Chimène dans *le Cid*. Les contemporains nous apprennent que dans ce dernier elle fut vraiment incomparable, et qu'elle y déploya les qualités les plus rares. La Harpe, qui ne saurait passer pour un juge fort indulgent, fut lui-même sous le charme et l'appréciait ainsi après l'avoir vue dans ce rôle : — « Au milieu des bourrasques, nous avons la consolation de voir éclore un jeune talent qui donne les plus belles espérances : Mlle Desgarcins, âgée de dix-sept ans (elle en avait dix-neuf), demoiselle fort bien née, que la mauvaise fortune et l'instinct de la nature ont amenée, d'abord à l'École dramatique, et ensuite au théâtre, où elle a eu le succès le plus mérité; à la figure près, car elle n'est pas jolie, elle promet de nous rendre Gaussin. Je n'ai jamais entendu une voix plus nette, plus flexible ; tous ses accents sont justes, tous ses mouvements naturels ou nobles. » Et un poète amateur, nommé Vacherot, publiait dans le *Journal de Paris* les vers suivants :

> Qui n'a pas vu Garcins n'a jamais vu Chimène...
> Eh ! qui sauroit mieux qu'elle émouvoir tous les cœurs !
> Mes yeux en l'admirant laissent tomber sans peine
> Des pleurs qu'ils ne pourroient refuser à ses pleurs...
> A plaindre ses malheurs un doux penchant m'entraine :
> Du Cid avec transport je partage l'amour...
> Et mon âme étonnée adore tour à tour
> Chimène dans Garcins et Garcins dans Chimène.

L'apparition de Mlle Desgarcins était un véritable événement. Son succès allait grandissant à chaque nouvelle épreuve, elle conquérait chaque jour davantage les sympathies du public, et la foule qui s'empressait à ses représentations, assiégeant dès le matin les portes du théâtre, témoignait assez de l'intérêt qu'inspirait à tous un talent si plein de promesses pour l'avenir et déjà si riche dans le présent. Tout Paris s'entretenait de la débutante, son nom était dans toutes les bouches, on ne cessait de la comparer à cette tendre et touchante Gaussin, tant admirée de Voltaire, qui avait laissé, vingt-cinq ans auparavant, un souvenir impérissable dans cet emploi si difficile des jeunes princesses tragiques, et de toutes parts, dans les journaux, dans les recueils, dans les publications de tout genre, on voyait fondre sur elle, en prose ou en vers, les éloges, les panégyriques les plus ardents. Le *Mercure*, la *Gazette*, le *Journal de Paris*, l'*Almanach des Muses* étaient remplis de poésies inspirées par elle, par son talent, par ses succès. François de Neufchâteau, qui n'était pas encore ministre, Fontanes, qui n'était pas encore grand maître de l'Université, mais dont le cœur était épris déjà de la jeune tragédienne, comme plus tard le fut celui de Luce de Lancival, le poète à la jambe de bois, des écrivains dramatiques tels que Carbon de Flins, Murville, Baculard d'Arnaud et bien d'autres lui adressaient des vers enflammés que chaque matin faisait éclore au grand jour de la publicité. Rarement on avait vu, dans ce monde si impressionnable des lettres et du théâtre, un sentiment unanime se faire jour avec une telle chaleur d'accent, un tel élan d'admiration, un tel débordement d'enthousiasme.

Nous avons vu comment le *Mercure* jugeait Mlle Desgarcins dans *Bajazet*; voici comment le *Journal de Paris* l'appréciait dans *Zaïre*, en faisant ressortir la justesse, la distinction et la sobriété de son jeu :

La nouvelle débutante a obtenu le succès le plus brillant. Après la pièce, le public l'a demandée avec le plus vif enthousiasme. Elle a paru, conduite par l'un des maîtres de l'École, qui a joui d'une des plus douces récompenses du talent, en voyant les transports qu'excitoit cette jeune élève. Elle n'a jamais rien de forcé, rien d'exagéré ; jamais de ces moyens ambitieux, qui égarent d'autant plus le talent qu'ils ne réussissent que trop souvent auprès du public. Nous ne doutons point de ses progrès, quand elle aura surtout calculé ses moyens avec les effets qu'elle doit produire ; mais nous l'invitons à conserver cette diction pure et cette grande vérité qui est d'autant plus précieuse, qu'elle devient plus rare de jour en jour ; nous l'invitons surtout à ne pas oublier que la nature lui a donné l'organe le plus intéressant, que c'est un des charmes les plus puissans pour l'illusion théâtrale, et qu'elle commenceroit à en altérer la fraîcheur, dès l'instant qu'elle s'éloigneroit de ce beau naturel qui doit être le but de l'art comme il en est la perfection.

Il n'y a nulle exagération à dire que les débuts de Mlle Desgarcins excitaient autant d'intérêt qu'en avaient provoqué ceux de Talma, et que son succès était aussi considérable, aussi complet que celui de son camarade. Ce qui le prouve, c'est qu'elle fut reçue sociétaire moins d'un an après son arrivée à la Comédie-Française, bien que les règlements défendissent alors, « sauf les cas extraordinaires, de recevoir aucun acteur avant deux années d'essai » ; ce qui le prouve doublement, c'est que Talma, admis six mois avant elle à débuter, ne fut reçu qu'en même temps qu'elle.

Le *Journal de Paris*, dans son numéro du 21 avril 1789, enregistrait en ces termes la réception de l'un et de l'autre :

> Après le début si brillant de Mlle de Garcins, on ne sera pas étonné d'apprendre sa réception. Nous l'invitons à mériter de plus en plus le suffrage du public, qui ne manque jamais de devenir plus exigeant, en proportion des encouragemens qu'il a donnés. C'est une vérité qu'on doit rappeler aussi à M. Talma, reçu en même tems. Il seroit d'autant plus inexcusable s'il l'oublioit, qu'ayant déjà fait des progrès depuis son début, il a montré un talent susceptible de se perfectionner, et n'a fait qu'ajouter aux espérances du public.

Il s'écoula pourtant près d'une année, à partir de la fin de ses débuts, avant que Mlle Desgarcins se vît charger d'établir un rôle nouveau, de faire ce qu'on appelle une création. Chose assez singulière, le premier rôle créé par cette tragédienne fut un rôle de comédie ; et il est bon d'ajouter que son succès ne se démentit pas en cette circonstance, et vint prouver la souplesse et la flexibilité de son talent.

L'ouvrage dans lequel elle se montra ainsi sous un nouveau jour, *Lanval et Viviane* ou *les Fées et les Chevaliers*, était une comédie en cinq actes et en vers de dix syllabes de Murville, ornée de chants et de danses dont la musique avait été écrite par Champein, l'heureux auteur de *la Mélo-*

manie. On chantait volontiers alors à la Comédie-Française, et ceci était comme une espèce de réduction d'opéra-ballet, dont les principaux rôles étaient tenus, outre celui de Viviane, qui échéait à Mlle Desgarcins, par Saint-Fal, Saint-Prix, Grammont et Mlle Devienne. La pièce, représentée le 13 septembre 1788, dut en partie sa réussite au jeu et à la voix de Mlle Desgarcins, qui y chantait d'une façon charmante, et ce ne fut pas sans quelque étonnement que le public vit avec quelle facilité elle passait du ton de la tragédie à celui de la comédie, des larmes au sourire. C'est ce qu'un amateur exprimait ainsi dans une lettre adressée au *Journal de Paris*, à propos surtout de l'effet qu'elle avait produit dans le quatrième acte :

... A propos de ce 4e acte, ne lui aurons-nous pas l'obligation de voir Mlle Des Garcins s'essayer dans la haute comédie? Finesse, sensibilité, naturel noble et plein de grâce, elle réunit tout. Nanine rendue par cette voix enchanteresse rappelleroit à ceux qui l'ont vue la tendre Gaussin.

Permettez-moi d'employer la voie de votre journal pour lui porter le vœu du petit nombre de spectateurs qui, par une longue habitude du théâtre, acquièrent le don de deviner les vrais talens. Les efforts qu'elle a faits pour chanter la délicieuse romance que le public écoute avec autant d'attention qu'il l'applaudit universellement, ne permettent pas de croire qu'elle ne franchisse avec succès les difficultés que présente toujours un genre nouveau.

L'auteur de *Lanval et Viviane* rendit lui-même hommage au talent de son aimable interprète en lui adressant ces vers, que publiait aussi le *Journal de Paris* :

> Jeune élève de Melpomène,
> Qui, sur les pas de Le Couvreur,
> Viens régner au théâtre où le bon goût t'amène,
> Toi, qui, toujours décente et noble en ta fureur,
> Donnes par la pitié du charme à la terreur,
> Ce n'est donc pas assez que Voltaire et Racine,
> De l'empire tragique illustres souverains,
> De leurs drames touchans te nomment l'héroïne,
> Veuillent associer à leur langue divine
> Tes sons que dans l'Olympe on croit presque divins ?
> Ta voix soutient encore ma muse chancelante !
> Du seul sourire armant tes doux regards,
> Lasse d'être terrible et surtout imposante,
> Rejettant loin de toi les poisons, les poignards,
> Des palais où tonna l'auguste tragédie
> Tu descends dans ces bois qu'enchante la Féerie.
> Sans quitter ton talent tu parcours tous les arts,
> Ta bouche s'embellit du rire de Thalie ;
> Tu chantes, et Grétry te prend pour Polymnie ;
> Tous ces lauriers sur tant de fronts épars,
> Tu les réunis seule, et c'est là ton trophée ;
> Zaïre est Viviane, et Melpomène est fée.
> Et si ma muse à son premier revers
> Survit sans déshonneur et se voit applaudir,
> Enfin si ma victoire est due à la magie,
> Le charme est dans ta voix, et non pas dans mes vers.

La seconde création de Mlle Desgarcins ne fut pas moins heureuse que celle-ci, et ne lui trouva pas le public moins favorable. Il s'agissait cette fois d'un drame en vers de Baculard d'Arnaud, *le Comte de Comminges* ou *les Amants malheureux*, dont l'auteur avait pris le sujet dans la touchante nouvelle de Mme de Tencin, et qui fut représenté le 14 mai 1790. Saint-Fal personnifiait Comminges, et Mlle Desgarcins Adélaïde. « Ces deux rôles, disait le *Journal de Paris*, ont été supérieurement joués par Mlle Desgarcins et M. Saint-Fal, que le public a demandés après la pièce. » Grimm disait de son côté : « ... On doit surtout de grands éloges à la pantomime de Mlle Desgarcins, qui nous a toujours paru de la vérité la plus terrible et la plus touchante. » Enfin, selon Étienne et Martainville dans leur *Histoire du Théâtre-Français pendant la Révolution*, « Mlle Desgarcins mit dans le rôle d'Adélaïde l'accent déchirant du désespoir le plus profond ».

Ce sont les mêmes écrivains qui, appréciant le talent de l'artiste non plus dans l'interprétation de tel ou tel rôle, mais au point de vue de ses qualités générales, s'exprimaient ainsi à son sujet : — « Cette actrice, douée d'une sensibilité exquise et d'un organe enchanteur, excellait dans l'art de peindre les douces souffrances de l'amour; son âme échauffait celle du spectateur le plus froid, et, bien différente de ces actrices qui peignent ce qu'elles n'ont jamais éprouvé, elle sentait bien mieux encore qu'elle ne pouvait peindre[1] ».

---

1. Un nouveau chagrin venait frapper Mlle Desgarcins en cette année 1790 : elle perdit sa mère, qui du moins avait eu la joie de voir les premiers succès de son enfant. Le fait est incidemment

V

. . . .

Cependant, la Révolution poursuivait son cours, échauffant les esprits, troublant les âmes, transformant les coutumes, et, par malheur, apportant en certains milieux de fâcheux ferments de trouble et de discorde. En ces temps difficiles, où la politique se mêlait à toutes choses, le théâtre était une arène où toutes les opinions venaient incessamment s'entrechoquer et se combattre ; et non seulement elles se faisaient jour sur la scène, par la nature des œuvres représentées, mais encore elles pénétraient dans les foyers et dans les coulisses, où souvent les comédiens étaient divisés entre eux, et où chacun apportait dans la défense de ses idées une ardeur et une âpreté qui faisaient de la vie commune de chaque jour une sorte de querelle perpétuelle.

Ces divisions, je l'ai raconté précédemment, s'étaient surtout produites à la Comédie-Française

mentionné dans une lettre que Saint-Prix adressait au *Journal de Paris* sur la situation de la Comédie-Française et qu'il terminait ainsi : — «... La retraite affligeante de Mmes Contat et Raucourt, Mlle de Garcins, qui pleure encore la perte récente de sa mère, la maladie de Mme Vestris, toutes ces difficultés nous commandent ; qu'elles soient aplanies, le courage renaîtra et la satisfaction du public sera la récompense la plus douce de nos efforts. — Jean-Amable Foucault Saint-Prix. » (*Journal de Paris*, 31 octobre 1790.)

avec une intensité redoutable. Tandis que Fleury, Naudet, Dazincourt et quelques autres tenaient pour l'ancien régime et se rangeaient parmi les *aristocrates*, Dugazon, Talma, Grandmesnil, se faisaient les défenseurs des idées nouvelles et acclamaient les principes qui faisaient de tout homme un citoyen. Le théâtre était divisé en deux camps qui, après s'être observés pendant quelque temps, allaient bientôt devenir ennemis irréconciliables. Une crise se préparait sourdement dans le sein de la Comédie, que le moindre prétexte suffirait à faire éclater. Elle eut plus qu'un prétexte pour se produire, et les troubles qui accompagnèrent les représentations du *Charles IX* de Marie-Joseph Chénier furent l'étincelle qui mit le feu aux poudres.

On sait le succès de cet ouvrage et celui de Talma, qui en était le principal interprète; on sait aussi qu'en présence des scènes tumultueuses dont *Charles IX* fut le sujet, les sociétaires ennemis des idées révolutionnaires voulurent le retirer du répertoire, que Talma prétendit le jouer quand même, que son exclusion du théâtre fut décidée par ses camarades, enfin qu'il eut un soir, dans les coulisses, une altercation violente avec Naudet, dont il reçut un soufflet et avec lequel il se battit le lendemain. Tout cela rendait une scission inévitable.

Je ne reviendrai pas sur cet épisode, que j'ai raconté déjà dans tous ses détails, et je rappellerai seulement que Dugazon, Talma et Grandmesnil, entraînant avec eux Mlle Desgarcins, Mme Vestris, Mlles Lange et Simon, quittèrent leurs compagnons à la clôture de Pâques de 1791 et s'en allèrent renforcer la troupe du théâtre des Variétés-Amusantes, qui prit alors le titre de Théâtre-Français de la rue de Richelieu avec le désir et la volonté, ouvertement manifestés, de se poser en rival sérieux de la Comédie-Française. Le 27 avril, ce théâtre faisait sa réouverture, en offrant au public une tragédie nouvelle de Marie-Joseph Chénier, *Henri VIII*, que celui-ci avait précisément retirée de la Comédie-Française pour la lui confier, et dont les principaux rôles étaient tenus par Talma, Mme Vestris et Mlle Desgarcins. Le succès de Mlle Desgarcins n'y fut pas moins éclatant que celui de ses deux camarades, et un critique, en rendant compte de la représentation, s'exprimait ainsi à son sujet : — « Mlle Desgarcins a fait couler des larmes de tous les yeux dans le rôle noble et touchant de la généreuse et sensible Seymour; l'abandon, la sensibilité, l'expression de la douleur, ce son de voix si doux, si pénétrant, qui va jusqu'à l'âme, le geste et la diction, tout a été parfait[1]. » Ce rôle fut en effet l'un de ceux qui lui

---

1. *Chronique de Paris*, 21 avril 1791.

firent le plus grand honneur au cours de sa carrière.

On travaillait alors dans nos théâtres plus qu'on ne le fait aujourd'hui, et trois grandes tragédies nouvelles furent encore représentées dans le cours de cette année 1791, avec Talma et Mlle Desgarcins comme principaux interprètes : *Abdélazis et Zuléima*, de Murville (3 octobre), *la Vengeance*, de Dumaniant (27 novembre), et *Mélanie*, de La Harpe (7 décembre).

Il semble que Mlle Desgarcins vit grandir encore, rue de Richelieu, le succès qu'elle avait obtenu à la Comédie-Française. La critique était unanime à la trouver parfaite dans ces divers ouvrages, et à propos du premier surtout, un écrivain qui signait *le Vieillard* exprimait ainsi son admiration à son sujet dans le *Journal de Paris* :

« ... A mon âge, on n'est point suspect de galanterie en louant une jeune actrice ; mais je ne suis que juste, comme l'ont été tous les spectateurs, en rendant hommage aux rares talens de Mlle De Garcins. La mélodie continuelle de sa voix lui a fait quelquefois reprocher de la monotonie. Mais les connoisseurs ont toujours remarqué qu'elle étoit formée pour la haute tragédie, et que si, dans les rôles doux et tendres, elle faisoit revivre le talent de Mlle Gaussin et ses sons souverains de l'oreille et du cœur, elle étoit sublime dans ces morceaux où Racine et Voltaire ont mis le plus de pathétique et de poésie ; c'est là qu'elle fait entendre, sans cris et sans exagérations, les accens passionnés d'une âme vraiment tragique. C'est la nature même. La manière dont Mlle De Garcins a rempli le rôle de Zuléima ajoutera à sa réputation comme elle ajoute à nos plaisirs[1].

L'incontestable supériorité du talent de Mlle Desgarcins est établie par ce fait que les critiques qui se sont occupés de cette grande artiste n'ont jamais eu pour elle que des éloges, et que non seulement le blâme ne s'est jamais mêlé à leurs louanges, mais que c'est à peine si, de loin en loin, on les voit hasarder légèrement quelque réserve, comme s'ils voulaient se faire pardonner un enthousiasme sans restriction. Le fait est assez rare, surtout au théâtre, pour mériter d'être noté. Il fallait vraiment que ce talent fût bien pur, bien touchant, bien exempt de toute faiblesse et de tout alliage, pour réunir en une telle unanimité de suffrages, avec la masse des spectateurs, l'opinion de

---

[1]. Et Murville, dans l'« avertissement » placé en tête de sa pièce, se félicitait ainsi de l'interprétation de Mlle Desgarcins : — «... Tout le monde jusqu'ici avait remarqué dans Mademoiselle de Garcins un organe enchanteur, beaucoup d'intelligence et la diction la plus pure. Mais elle a déployé dans le rôle de Zuléima cette sensibilité profonde et cette énergie d'expression qui décèlent une âme vraiment tragique, et j'ai cru entendre encore Mademoiselle Clairon, dont les accens qui ont frappé mon enfance sont présens à mon souvenir, lorsque Mademoiselle De Garcins a prononcé ces vers :

> Dans ce sein maternel il grava son image :
> A lui seul j'appartiens tout entière aujourd'hui ;
> Au trône, à l'échafaud, ma place est près de lui.

critiques tels que Grimm et La Harpe, d'auteurs dramatique tels que Ducis, Arnault, Étienne et Legouvé. Et cela d'autant plus que Mlle Desgarcins n'était pas de ces artistes qui cherchent à occuper sans cesse le public de leur personne, qui sollicitent l'attention générale par tous les moyens possibles et qui, soit sur la scène, soit en dehors du théâtre, tiennent constamment la renommée en haleine à l'aide de mille exploits divers et toujours renouvelés. Son existence très retirée, très paisible, très ignorée, échappait au contraire à tous les regards, ne donnant prise ni à la curiosité, ni à la malignité, et elle semblait fuir le bruit et l'éclat avec autant d'obstination que d'autres, telles que Mlles Raucourt, Sainval, George, Duchesnois, pour ne parler que de ses contemporaines, en mettaient à les rechercher et à les provoquer. On n'en doit être que plus frappé de l'ascendant qu'elle avait su conquérir sur le public, de l'admiration sans mélange qu'elle excitait, enfin de la haute situation qu'elle avait si rapidement acquise sur un théâtre où se trouvaient réunis tous les talents et toutes les gloires.

Malgré ses succès dans le répertoire, Mlle Desgarcins n'avait pourtant été appelée à la Comédie-Française qu'à faire peu de créations, et cela parce qu'elle se trouvait en partage et en rivalité, pour l'emploi des jeunes princesses tragiques, avec plusieurs artistes dont la réception était antérieure à ses débuts : Mlle Sainval, qui était chef d'emploi, Mme Petit-Vanhove, qui fut plus tard la seconde femme de Talma, Mlles Julie Candeille et Louise Contat, qui jouaient les jeunes premières dans les deux genres. Il n'en fut pas de même au théâtre de la rue de Richelieu, où elle arrivait dans des conditions exceptionnelles et où son influence sur le public engageait auteurs et directeurs à tirer de son talent tout le parti possible. Elle avait établi en 1791 quatre rôles importants ; elle n'en créa pas moins l'année suivante, où l'on put l'applaudir dans *Caïus Gracchus*, de Chénier (9 février), dans *Virginie*, de La Harpe (9 mai), dans *le Roi Lear* et dans *Othello*, de Ducis (12 juin et 26 novembre).

Dans ces quatre ouvrages elle avait Talma pour partenaire, et l'on peut dire que chacun de ces rôles fut pour elle un nouveau succès. A propos de *Caïus Gracchus*, le *Journal de Paris* disait : — « Le caractère superbe de Cornélie et le caractère doux et sensible de l'épouse de Caïus ont été parfaitement saisis par Mmes Vestris et de Garcins ». Sur *Virginie*, on lisait dans le même journal : — « Les principaux rôles de *Virginie* ont été joués avec une grande supériorité par Mmes Vestris, de Garcins, et MM. Monvel et Talma, qui ont porté dans ce théâtre la tragédie à un si haut degré ».

C'est encore le même journal qui disait, en parlant du *Roi Lear* : — « M{ lle} de Garcins a mis, dans le personnage d'Elmonde, cette sensibilité et cette grâce touchante qui lui sont familières. »

Enfin, en ce qui concerne *Othello*, nous avons sur Mlle Desgarcins le jugement intéressant de Ducis lui-même. Elle et Talma furent admirables dans cet ouvrage, et le poète, dans l' « avertissement » placé en tête de l'édition de sa pièce, leur attribue la plus grande part du succès. Après avoir rendu justice à Talma, il dit : — « Quant à la citoyenne Desgarcins, au jugement des hommes les plus difficiles et les plus éclairés, elle n'a rien laissé à désirer aux spectateurs dans le rôle d'Hédelmone. Ils ont trouvé qu'elle avait atteint la perfection. Son jeu si simple, si naïf et si noble, son amour pour son frère et pour Othello, ses combats, sa timidité, ses craintes, ses pressentimens, ses attitudes si naturelles et si mélancoliques, surtout sa voix enchanteresse, ont ému et gagné tous les cœurs : et je sens bien que je perdrai à la lecture ce que des talens si heureux et si chers au public m'auront prêté à la représentation ».

Ducis n'avait pas voulu supprimer d'*Othello* la romance du Saule, à laquelle au contraire il tenait beaucoup, et il avait eu la chance de rencontrer en la personne de Mlle Desgarcins une interprète aussi capable d'émouvoir les spectateurs par son chant que par son jeu. Il entre à ce sujet dans quelques détails assez curieux, et entre autres nous fait connaître, ce que personne n'a remarqué jusqu'ici, que la musique de cette romance avait été écrite pour Mlle Desgarcins par le plus illustre compositeur de ce temps, par Grétry lui-même : — « Pour la romance du Saule, dit-il, au lieu de la placer, comme Shakespeare, au quatrième acte, je l'ai mise au cinquième, comme propre à augmenter la pitié, et encore comme plus rapprochée du dénouement. J'avoue que j'aurais plutôt renoncé à traiter l'intéressant sujet d'*Othello* que de ne pas l'y conserver, à cause de la nouveauté, et pour être le premier qui l'ai hasardée sur notre théâtre. C'est M. Grétry (son nom n'a pas besoin d'éloge) qui en a composé l'air avec son accompagnement. Il s'est contenté, en grand maître, de quelques sons plaintifs, douloureux et profondément mélancoliques, conformes à la scène et à la romance qui semblaient les demander. Ils sont, pour ainsi dire, le chant de mort d'une malheureuse amante. On ne les retient point, ils ne sont point distingués de la situation et de la scène ; ils se mêlent naturellement avec elle, ils s'y confondent, comme une eau paisible qui, sous des saules, irait se perdre insensiblement dans le cours tranquille d'un autre ruisseau. »

Le succès de Mlle Desgarcins fut complet dans ce

rôle d'Hédelmone, qui convenait d'autant mieux à son talent qu'elle semblait s'y personnifier elle-même. Elle en faisait merveilleusement ressortir les côtés fiers, tendres, passionnés, qui étaient ceux de sa propre nature, et elle y produisait une telle illusion que l'actrice disparaissait en quelque sorte pour ne plus laisser voir que la femme aimante, malheureuse, résignée, digne de toutes les pitiés et de toutes les sympathies.

Mais les fictions les plus terribles des poètes trouvent toujours, dans la vie réelle, soit des exemples, soit des confirmations. Si, sur la scène, Mlle Desgarcins était la victime d'une effroyable fureur jalouse, elle allait, en dehors du théâtre, devenir celle de sa propre jalousie, dont la violence, pour se manifester d'autre façon, ne le cédait en rien à celle du héros farouche de Shakespeare.

VI

Talma s'était marié en 1790 avec une femme charmante, Mlle Julie Careau, qui n'avait que le tort de compter six ou sept ans de plus que lui. Bien qu'un divorce dût venir rompre cette union au bout de quelques années à peine, les premiers temps en furent heureux, au moins en apparence, et rien ne semblait faire présager un futur et si profond désaccord. Mme Talma possédait rue

Chantereine (aujourd'hui rue de la Victoire) un hôtel élégant, qu'elle vendit plus tard, en 1796, à... Napoléon Bonaparte, alors général en chef de l'armée de Paris. Les deux époux habitaient cet hôtel, et c'est là que Talma recevait ses amis, là qu'il prit l'habitude de ces réunions intimes dont le caractère était purement artistique et littéraire à l'origine, mais qui, à mesure que la Révolution se dessinait et qu'il se liait plus étroitement avec les chefs du parti girondin, prirent une sorte de teinte politique et formèrent comme une espèce de club au petit pied.

Avant que l'on vît là Rœderer, Vergniaud, Guadet, Gensonné, même Danton, qui finit par s'y montrer assez souvent, le petit cénacle comprenait seulement quelques auteurs, quelques artistes, et aussi quelques hommes dont le nom est resté obscur et qui ne tenaient à l'art que par l'amour qu'ils lui portaient et l'intelligence dont ils faisaient preuve à son égard. A côté de Marie-Joseph Chénier, le poète mâle et vigoureux de *Charles IX* et d'*Henri VIII*, d'Arnault, l'auteur de *Marius à Minturnes*, de Méhul, que le triomphe d'*Euphrosine* avait rendu célèbre en une soirée, de Dugazon, de Michot, de Mme Vestris, on voyait, aux petits soupers de Talma, qui parfois se prolongeaient fort avant dans la nuit, deux ou trois hommes que l'oubli aurait sans doute enveloppés complètement si plus tard Arnault lui-même, dans ses *Souvenirs d'un sexagénaire*, ne les avait mentionnés en rappelant précisément les détails, aujourd'hui précieux, de ces réunions intimes dont il était l'un des familiers.

Mlle Desgarcins, qui était demeurée la fidèle amie de Talma, s'était liée aussi avec sa femme, dont l'esprit à la fois très fin et très élevé, la rare intelligence servie par une vaste instruction, l'avaient séduite tout d'abord. Mme Talma avait mis au monde, aux derniers jours d'avril 1791, deux fils jumeaux, auxquels leur père avait donné les noms de Henri-Castor et de Charles-Pollux, qui peignent avec une rare fidélité la nature des idées ayant cours à cette époque. Mlle Desgarcins, en compagnie de Dugazon, avait tenu le premier de ces enfants sur les fonts baptismaux, et ce fait indique suffisamment le degré d'intimité qui existait entre tous. Il va sans dire qu'elle faisait partie de la petite société choisie qui se réunissait dans la maison de Talma, et dont elle était l'un des agréments les plus aimables et les plus solides.

Parmi ceux qui étaient admis ainsi dans la familiarité du grand artiste, se trouvaient trois jeunes hommes distingués à des titres divers : Riouffe, poète délicat qui fut plus tard membre du Tribunat et préfet de l'Empire, et auquel on doit plusieurs écrits estimables ; Souque, qui, après s'être essayé comme auteur dramatique, devint secrétaire d'ambassade sous le Directoire et député au Corps législatif sous Napoléon Ier ; enfin, Alexandre Lenoir, artiste et surtout antiquaire de premier ordre, qui s'est rendu justement fameux par le dévouement si intelligent dont il fit preuve pendant la tourmente révolutionnaire, dévouement auquel on doit la conservation d'une foule de monuments artistiques qu'il sauva de la destruction, au péril même de sa vie, à cette époque si dramatique.

Après avoir rappelé ces trois amis de Talma, Arnault, dans ses *Souvenirs*, en cite un quatrième nommé Allard, qui n'était pas moins assidu qu'eux-mêmes à ces réunions. « Sans avoir, dit-il, une portée d'esprit aussi élevée que les personnes dont je viens de parler, Allard joignait aussi le goût des arts à l'intelligence des affaires. Leur consacrant sa vie, non tout entière, car il en donnait le plus qu'il pouvait au plaisir, il était surtout homme du monde. Semblable à Souque, en ce qu'il avait au plus haut degré le sentiment de l'esprit d'autrui, il en différait en ce qu'il n'était appelé à rien produire qui le mît dans les rangs des hommes qu'il admirait. Il aimait passionnément le théâtre. De là sa liaison intime avec Talma et avec Chénier, de là sa liaison plus intime encore avec une personne qui aussi avait obtenu de grands succès dans la tragédie, avec Mlle Desgarcins.... »

Suffisamment instruit pour tenir sa place dans le monde, cavalier élégant, causeur enjoué, d'un extérieur attirant et aimable, d'un esprit alerte et vif, quoique un peu superficiel, Allard avait été l'un des habitués les plus fidèles de la Comédie-Française lors des commencements de Talma et de Mlle Desgarcins. Leurs débuts l'avaient trouvé toujours attentif, toujours assidu, toujours aux premiers rangs ; il avait contribué pour sa part aux succès de l'un et de l'autre, leur témoignant en toute occasion sa sympathie et son admiration, puis, s'étant fait connaître d'eux, avait pénétré peu à peu dans leur intimité. Par suite, et comme le dit Arnault, il avait noué avec Mlle Desgarcins une étroite liaison, qui, malheureusement, était plus sérieuse pour elle que pour lui. Frivole par nature, inconsistant et inconstant, incapable non par sécheresse, mais par indifférence, d'un attachement réel, trouvant toute chaîne pesante et tout devoir onéreux, sacrifiant tout au plaisir, Allard traitait l'amour comme un jeu quelconque, avec la même légèreté, le même laisser-aller, et son cœur n'entrait que pour peu dans les intrigues nombreuses qu'il nouait et rompait avec une égale facilité.

Il n'en était pas de même — pour son malheur ! — de Mlle Desgarcins. Bonne, aimante, désintéressée, capable de toutes les générosités et de tous les sacrifices, douée, nous l'avons vu, d'une rare sensibilité, à une imagination vive, souvent même exaltée, elle joignait une âme ardente, un cœur brûlant de passion ; fière avec cela, consciente de sa valeur et soucieuse de sa dignité, n'aimant pas à demi, se livrant tout entière, elle voulait qu'on lui rendît affection pour affection, dévouement pour dévouement, tendresse pour tendresse. On comprend qu'avec de tels sentiments Mlle Desgarcins fût jalouse. Elle l'était en effet, et n'avait en vérité, quoiqu'elle l'ignorât longtemps, que trop de raisons de l'être.

Un jour pourtant, elle conçut quelques soupçons. Certaines indiscrétions, certaines paroles imprudentes ou perfides avaient éveillé son attention, suscité ses défiances, et elle crut découvrir qu'elle ne régnait plus en souveraine sur le cœur de celui qu'elle aimait. Hélas ! il y avait beaux jours qu'il en était ainsi, sans qu'elle s'en fût un instant doutée ! Toujours est-il que, ne pouvant supporter l'incertitude, préférant à tout la vérité, elle prend, après un vif combat avec elle-même, le parti de provoquer brusquement une explication, au risque de ce qui pourrait s'ensuivre. Un matin donc, au lever du jour, inquiète, haletante, elle se rend à l'improviste à la demeure d'Allard, entre inopinément chez lui, le surprend par cette visite inattendue, lui fait part de ses soupçons, de ses alarmes, et réclame de lui des éclaircissements. C'était, comme on l'a dit, Hermione chez Pyrrhus. Allard, devant cette démarche, reste un peu interdit ; sa parole est troublée, ses explications sont vagues, confuses, embarrassées. Dans une animation toujours croissante et facile à comprendre, Mlle Desgarcins le presse de questions auxquelles ses réponses ne donnent point satisfaction ; d'une voix obscurcie par les larmes elle le prie, le supplie de la rassurer, de se justifier, de lui prouver qu'elle se trompe, et enfin, après quelques minutes d'angoisses, d'un entretien fiévreux et tourmenté, voyant par les hésitations de son amant que ses craintes n'étaient que trop fondées et qu'elle était la victime de son inconstance, prompte comme l'éclair elle saisit un poignard dont elle s'était munie, et sous ses yeux, avec une rapidité telle qu'il n'a ni le temps ni la possibilité de l'arrêter, elle s'en frappe la poitrine de trois coups violents et tombe aussitôt baignée dans son sang.

On conçoit l'effroi du malheureux Allard en présence d'un tel spectacle, le trouble qui dut s'emparer de son esprit dans une circonstance aussi dramatique, les remords qui sans doute l'assaillirent lorsqu'il vit à ses pieds le corps sanglant de cette jeune femme, objet d'hommages nombreux, qui par amour pour lui avait fait le sacrifice de son existence !

Cette affaire, comme on pense, fit grand bruit dans Paris, où l'annonce d'un événement dramatique, quel qu'il soit, est toujours sûre de trouver un écho rapide et bruyant, et où l'amour du théâtre, de tout temps général dans les diverses classes de la population, prête un intérêt particulier aux faits qui s'y rattachent. Il semblait d'ailleurs que tout se réunît, dans la circonstance présente, pour augmenter encore cet intérêt et le rendre encore plus vif : l'héroïne du drame était une artiste fameuse et véritablement adorée, dans tout l'éclat de la jeunesse, dont le nom et le talent étaient connus de tous ; l'aventure avait un caractère romanesque fait pour exciter au plus haut point le désir d'en connaître les causes et les détails; enfin il n'est pas jusqu'au secret dont Mlle Desgarcins, à l'encontre de tant d'autres, entourait d'ordinaire sa vie intime, qui ne fît ressortir avec plus d'éclat encore le fait dont elle était à la fois l'auteur et la victime. Dans de telles conditions, les commentaires ne pouvaient manquer, et ils étaient aussi nombreux que variés.

Ce fut, naturellement, un grand émoi dans le foyer du Théâtre-Français de la rue de Richelieu lorsqu'on y vint annoncer, devant Talma et tous ses camarades, que Mlle Desgarcins venait de se frapper mortellement. La surprise seule aurait suffi pour justifier cette émotion, quand même la jeune artiste, douée d'un cœur excellent et toujours prête à servir autrui, ne se serait pas fait aimer de tous et n'aurait pas excité une sympathie générale. Talma, dont l'affection pour elle était aussi vive que sincère, fut surtout atterré à l'audition d'une telle nouvelle, et il voulut se rendre en personne à la demeure d'Allard, pour connaître les faits d'une façon plus précise.

Cependant Mlle Desgarcins n'était point morte. Lorsque, après un premier moment de stupeur, Allard en eut acquis la certitude, il ne songea plus qu'à tout faire pour la sauver. De la transporter chez elle, il n'y fallait pas penser un instant ; c'eût été la condamner sans rémission. Il la garda donc auprès de lui, et il faut lui rendre cette justice que du moins il la soigna et la fit soigner avec un dévouement absolu, n'épargnant rien, ne reculant devant aucun sacrifice pour assurer sa guérison. C'était son devoir, sans doute; mais ce devoir, il sut le remplir comme il convenait et de la façon la plus irréprochable.

L'infortunée n'en demeura pas moins pendant plusieurs mois entre la vie et la mort : les coups de poignard avaient été portés par elle avec tant de sûreté, d'une main si décidée et si vigoureuse, que l'arme, entrant profondément dans les chairs, avait pénétré jusqu'au poumon, causant des lésions terribles et amenant dans l'organisme des désordres qu'on jugeait d'abord irréparables. C'était miracle qu'elle ne se fût pas tuée net, comme telle était sa volonté. Longtemps on la crut perdue, et les efforts des médecins tendaient d'abord presque uniquement à adoucir ses souffrances, qui étaient intolérables. Des soins intelligents finirent pourtant par faire recouvrer quelque espoir, puis par avoir raison du mal, et au bout de quelques mois, toute complication ayant été écartée, la blessée, bien que fort affaiblie encore, était déclarée hors de danger et entrait en convalescence.

Mais cette convalescence, malgré les précautions infinies dont elle dut être entourée, fut plus longue encore que la crise aiguë qui avait failli la conduire au tombeau. Au cours de cette crise la malade avait vu se renouveler, d'une façon très douloureuse, les crachements de sang qui, quelques années auparavant, lui avaient causé des souffrances si cruelles. Pendant longtemps encore elle fut donc condamnée, non seulement à une immobilité presque absolue, mais au silence le plus complet ; et la crainte d'une rechute, qui eût été fatale, l'obligeait à observer avec la plus stricte sévérité les prescriptions imposées et à user avec elle des plus grands ménagements.

Bref, près de deux années s'étaient écoulées depuis l'événement qui l'avait brusquement éloignée de la scène, lorsque Mlle Desgarcins se crut en état d'y reparaître. C'est seulement le 18 nivôse an III, c'est-à-dire le 8 janvier 1795, qu'elle fit au théâtre de la rue de Richelieu, devenu le « Théâtre de la République », sa rentrée dans ce rôle d'Hédelmone, où elle avait mérité les éloges de Ducis et qui lui avait été naguère si favorable. « Le 18 nivôse, disait à ce sujet le *Journal des Théâtres*, la citoyenne Desgarcins a reparu dans *Othello*. Nous sommes occupés d'une comparaison de l'ouvrage anglais avec l'ouvrage du citoyen Ducis; et comme elle sera publiée dans peu de jours, nous parlerons en même temps de l'effet qu'a produit la rentrée de la citoyenne Desgarcins, et des remarques que nous avons eu occasion de faire sur les autres artistes. »

Le *Journal des Théâtres* ne tint malheureusement pas la promesse faite à ses lecteurs. Quant aux feuilles politiques, trop absorbées alors par les séances de la Convention et les nouvelles de la guerre pour s'occuper de questions artistiques, elles restent complètement muettes sur cette rentrée de Mlle Desgarcins. Nous ne savons donc rien de l'accueil que reçut du public, à son retour à la scène après une si longue absence, l'intéressante actrice dont le talent l'avait tant de fois ému, attendri et charmé[1].

---

[1]. C'est précisément le jour de la rentrée de Mlle Desgarcins au Théâtre de la République, que le *Journal de Paris* publiait le

Néanmoins, Mlle Desgarcins reprit bientôt non seulement dans le répertoire, mais dans les œuvres nouvelles, la place importante qu'elle avait précédemment occupée au Théâtre de la République. Les auteurs étaient trop heureux de retrouver à leur disposition un talent si pur, si délicat, si distingué, une interprète si fidèle et si sûre de leur pensée, pour se priver volontairement de son concours. Aussi, à peine Mlle Desgarcins avait-elle fait sa réapparition que Ducis, qui avait eu tant à se louer d'elle dans le personnage d'Hédelmone, lui confia le rôle touchant de Suléma dans une tragédie nouvelle, *Abufar* ou *la Famille arabe* (dont le Vaudeville donna une parodie sous le titre d'*Abusar* ou *la Famille extravagante*). Elle s'y montra, comme à son ordinaire, pleine de grâce, de sentiment et de noblesse, sa seule présence répandant sur l'œuvre entière un parfum de poésie

---

fragment d'une lettre qu'elle lui adressait à ce sujet et dans laquelle elle paraissait donner une explication relative à l'événement qui l'avait éloignée de la scène. Malheureusement, rempli par les matières politiques, le journal manquait de place pour insérer la lettre en son entier, et le fragment qu'il en donnait reste un peu trop énigmatique : — « ... Ce n'est point, disait-elle, ce n'est point l'exaltation qui a produit mon désespoir, c'est la méchanceté et la bassesse de deux individus que je ne nommerai point pour n'être pas obligée de rappeler tous les maux qu'ils m'ont fait souffrir. Veuillez, citoyen, insérer cette lettre dans votre Journal ; je n'oserois jamais reprendre l'exercice de mon état si le public n'étoit pas entièrement désabusé sur les motifs d'une action qui seroit sans excuse si je n'eusse été forcée de la commettre même de sang-froid par l'abîme de maux dans lequel la méchanceté et la noirceur avoient su me plonger. »

chaste et mélancolique, et le *Journal de Paris* disait d'elle : « Touchante et passionnée, la citoyenne Desgarcins prête au personnage de Suléma le charme de son organe et celui d'un talent tant de fois applaudi dans *Othello*. »

Fort bien accueilli du public, *Abufar* était joué le 12 avril 1795. Le 31 juillet suivant, le Théâtre de la République, toujours actif, donnait la première représentation d'une autre tragédie, *Quintus Fabius* ou *la Discipline romaine*; celle-ci, signée du nom de Legouvé, avait pour interprètes principaux Talma et Baptiste aîné d'une part, de l'autre Mlle Desgarcins, qui, du succès général, sut détacher pour elle un succès personnel très brillant et très mérité.

Mais ce succès devait être court, et bientôt interrompu par l'état inquiétant de sa santé.

En rentrant dans la carrière après un silence de deux années, causé par les évènements dont on a lu le récit, Mlle Desgarcins avait consulté plus encore son courage que ses forces. Quelque prolongée qu'eût été sa convalescence, quelque efficaces qu'eussent été les soins dont on l'avait entourée, sa guérison était plus apparente que réelle, et elle ne devait pas tarder à en acquérir la preuve. La vérité est que Mlle Desgarcins, dont la constitution était essentiellement frêle et délicate, n'avait résisté que par une sorte de miracle aux secousses morales et physiques qui l'avaient accablée de tant de façons, que sa jeunesse était sans doute pour beaucoup dans ce résultat, mais qu'elle était tenue à la plus grande prudence et que tout lui faisait une loi d'user envers elle-même de précautions infinies.

Elle avait, croyant pouvoir le faire sans danger, repris trop tôt encore cette vie fatigante du théâtre, qui exige une si grande dépense de perpétuels efforts; mais rapidement elle put se convaincre de l'impuissance de sa volonté par l'inutilité même de ces efforts. Quelques semaines s'étaient à peine écoulées depuis son retour à la scène que les terribles crachements de sang qui l'avaient, à diverses reprises, si fortement éprouvée, reparurent avec une violence nouvelle, ébranlant tout son être et lui déchirant la poitrine de la façon la plus cruelle. Elle voulut lutter, car ce petit corps, faible et débile, enfermait une âme pleine de vaillance et d'énergie; ce fut en vain, et après avoir pendant plusieurs mois essayé de vaincre le mal, elle fut vaincue par lui. Se résignant alors, bien malgré elle, à prendre un repos que tout lui commandait impérieusement, espérant encore qu'à force de soins et de ménagements elle finirait par retrouver les forces et la vigueur dont elle se sentait de jour en jour abandonnée, elle demanda un congé illimité, qui, comme on le pense bien, lui fut immédiatement accordé.

Une fois libre elle voulut, sans s'éloigner absolument de Paris, s'en écarter assez cependant pour n'être point fatiguée par le bruit et l'activité incessants de l'immense fournaise, par les mille incidents tumultueux qui s'y produisaient chaque jour, par l'agitation croissante et toujours renouvelée de ce temps si fertile en émotions et en commotions politiques de tout genre. Elle résolut donc, pour se soustraire à ces perpétuels orages, pour trouver la quiétude qui lui était si nécessaire, de se retirer pour un temps à la campagne, et elle alla s'installer aux portes de Sceaux, non loin du château, dans une petite habitation bien retirée, bien modeste et bien solitaire.

VII

Il y avait un peu plus d'une année que Mlle Desgarcins, fuyant l'agitation troublante de Paris, s'était réfugiée à Sceaux, où son existence était aussi calme, aussi paisible, aussi exempte d'incidents qu'on le pût souhaiter. Un repos complet, une tranquillité qui lui était depuis longtemps inconnue, l'absence de toute préoccupation, une vie régulière et uniforme, sans émotions et sans secousses, semblaient avoir influé d'une façon favorable sur l'état général de sa santé. Si son tempérament n'avait pas repris encore toute sa souplesse et son élasticité, si elle n'avait pas encore retrouvé l'équilibre absolu de ses facultés, du moins la jouissance d'un air pur, l'habitude des promenades quotidiennes, un exercice régulier et modéré avaient fini par avoir raison de certains troubles fâcheux, par amener une détente sensible des nerfs, par rendre à ce corps endolori et délicat, qu'avaient prématurément épuisé le chagrin et la souffrance, une partie des forces vitales qui s'en étaient éloignées. Surtout — point important! — l'esprit était plus calme, l'âme n'était plus obsédée de tourments continuels, et cette sérénité intérieure, cette sorte de rafraîchissement moral n'étaient pas sans exercer une action bienfaisante sur le rétablissement physique de l'intéressante malade. Elle pouvait espérer qu'un avenir prochain, en lui rendant la libre possession d'elle-même, lui permettrait enfin de reprendre et ses travaux et l'exercice d'une profession qui lui était chère.

C'est à ce moment qu'une dernière catastrophe, aux suites de laquelle elle ne put résister, vint fondre sur elle et couronner de la façon la plus tragique une si tragique existence. Il était dit que tout serait extraordinaire dans le destin de cette femme infortunée, que le malheur s'acharnerait sur elle jusqu'à son dernier jour, et qu'enfin la mort même, en la frappant, se montrerait sans pitié pour cette victime d'une inexorable fatalité.

On était en 1796, à l'époque où la réaction thermidorienne, qui n'avait point désarmé devant certaines mesures du Directoire, semblait à Paris plus hardie et plus puissante que jamais. Est-ce à cette situation, est-ce aux efforts auxquels le gouvernement se trouvait obligé pour assurer la tranquillité de la capitale, qu'il faut attribuer le peu de sûreté des entours de celle-ci, le manque coupable de surveillance et de répression qui mettait en péril la fortune et la vie des citoyens habitant les environs de la grande ville ? Toujours est-il que la circulation était loin d'être sûre alors entre les petites communes du département de la Seine, et que les routes étaient sillonnées et infestées par de véritables bandes de brigands, fortement organisées, qui répandaient partout la terreur, pillant, volant, rançonnant sans pitié les malheureux qui leur tombaient sous la main, faisant preuve d'une audace inouïe et ne reculant pas même, à l'occasion, devant l'assassinat pour assurer leurs méfaits. Les journaux du temps, singulièrement instructifs à ce sujet, sont pleins de récits relatifs aux exploits de ces misérables, aussi bien que de doléances des infortunés habitants de la grande banlieue de Paris, qui, une fois la nuit venue, n'osaient plus sortir de chez eux, se hasarder même à deux pas de leur logis, sachant à quels dangers ils s'exposeraient et combien ils pourraient se repentir de leur imprudence.

Or, au commencement de la soirée du 28 novembre, vers six heures, quatre personnes se trouvaient réunies chez la gardienne de la porte d'Antony, au parc de Sceaux. Ces quatre personnes étaient la gardienne elle-même, qui avait nom Guillier; une jeune fille qui lui servait de domestique; un brave ouvrier de Sceaux, qu'elle payait pour venir coucher là et la défendre au besoin la nuit; enfin Mlle Desgarcins, voisine du lieu, et qui avait coutume de venir chaque soir prendre du lait dans la maison [1].

Il faisait nuit noire, on n'entendait aucun bruit au dehors et tout paraissait tranquille, lorsque tout à coup quatre hommes à l'allure décidée, dont deux couverts de longs manteaux bleus et se disant gendarmes, entrent brusquement et font irruption dans le logis, sous le prétexte de guetter et d'attendre deux déserteurs qui doivent passer, dont ils ont le signalement et qu'ils sont chargés d'arrêter.

L'attitude, le ton et les manières de ces personnages eux-mêmes n'étaient rien moins que

[1]. J'emprunte les éléments et les détails de ce récit, absolument historique, à celui que publiait sur cet étrange événement le *Journal de Paris*, dans son numéro du 17 Frimaire an V (8 décembre 1796), d'après le procès-verbal même du juge de paix appelé à constater les faits.

rassurants, en dépit de la qualité de gendarmes que prenaient deux d'entre eux. La maisonnette, complètement isolée, était à la merci de quelques forbans audacieux, son unique défenseur ferait évidemment piètre figure contre quatre hommes armés et résolus, et ses habitants commençaient à se regarder avec inquiétude, lorsque cette inquiétude dut faire place à une frayeur très réelle et qui n'était que trop motivée.

Les brigands — car c'en était — se démasquèrent au bout de quelques instants. Tandis que l'un d'eux fermait la porte et que l'ouvrier était tenu en respect par les autres et mis dans l'impossibilité de se défendre, ils déclarèrent qu'ils étaient venus uniquement pour voler, et que, comme ils voulaient être tranquilles pour accomplir leur besogne, ils allaient faire descendre tout le monde dans la cave, dont ils fermeraient les portes. Il serait d'ailleurs, ajoutaient-ils, inutile et même dangereux de crier, car, dans ce cas, ils avaient de bons pistolets dont ils sauraient faire usage pour obtenir le silence. De plus, disaient-ils encore, ils étaient en force, et vingt des leurs entouraient maintenant la maison.

Ceci était la vérité. Toute une bande venait d'arriver, et ceux qui la composaient faisaient le guet au dehors, tandis que les quatre premiers prenaient leurs mesures à l'intérieur.

Brutalement ceux-ci firent donc ce qu'ils avaient annoncé, et obligèrent les trois femmes et leur compagnon à descendre à la cave, où ils les enfermèrent consciencieusement. On pense si ces pauvres femmes étaient mortes de peur ! Ce n'est pas tout : deux habitants de Sceaux, dont un tisserand nommé Lefebvre, ayant eu la mauvaise chance de passer devant la maison en regagnant leur demeure, furent arrêtés et saisis par les bandits du dehors, de crainte que l'éveil ne fut donné par eux, puis conduits et enfermés à la cave, avec les autres victimes.

Ceci fait, et lorsque l'heure fut suffisamment avancée pour leur faire supposer qu'ils ne seraient plus dérangés par aucun importun, les drôles se mirent en devoir de commencer leur besogne. Fracturant les portes, forçant les serrures, enfonçant les armoires, ils firent main basse sur tout ce qui était à leur convenance, vidèrent tous les coffres, formant des paquets du linge, des hardes et de tous les objets qu'ils rencontraient, mettant la maison littéralement à sac, ne laissant rien derrière eux et détruisant tout ce qu'ils ne pouvaient pas emporter.

Puis, un remords sans doute les prit de leur mansuétude, et après avoir tenu conseil, ils envoyèrent quelques-uns des leurs à la cave, avec mission de massacrer les infortunés qu'ils avaient faits prisonniers, et qui étaient déjà plus morts que vifs. Ceux-là descendirent donc en effet, nouèrent un mouchoir sur la tête de chacune de leurs victimes et, armant leurs pistolets, leur annoncèrent qu'elles allaient périr. Ce fut alors une scène déchirante. Les malheureux se tordaient en demandant grâce, suppliaient pour qu'au moins on leur laissât la vie, et se traînaient aux genoux de leurs bourreaux, qui demeuraient inflexibles. Enfin, la voix de Mlle Desgarcins, cette voix si touchante, qui dans les fictions de la scène avait produit tant de miracles, opéra dans cette circonstance terrible, dans ce drame trop réel, un véritable prodige. Par ses prières, par ses supplications, par ses larmes, par les efforts de cette voix qui allait au cœur, elle finit par apitoyer, par attendrir, par désarmer ces assassins, émus malgré eux à de tels accents, et par obtenir qu'on les laissât enfermés vivants, elle et ses cinq compagnons, dans cette cave qui leur servait de prison et d'où ils ne pouvaient offrir aucun danger.

Ceux des voleurs qui étaient ainsi descendus remontèrent donc, sans avoir commis cet effroyable crime, rejoindre leurs complices. Il était tard déjà, les estomacs des bandits commençaient à sentir le besoin de se réconforter, et tous alors se mirent à manger et à boire, à faire une sorte de ripaille, épuisant en quelques instants les maigres provisions qu'ils avaient pu découvrir dans la cuisine ou ailleurs. Enfin, quand la nuit fut bien avancée, vers cinq heures du matin, ils se décidèrent à quitter la place : rassemblant leur butin, le chargeant sur leurs épaules, ils s'éloignèrent silencieusement, au milieu d'une obscurité profonde, laissant ouvertes derrière eux les portes de la maison qu'ils avaient dévalisée.

On pense si les malheureux enfermés par eux, et dont, fort heureusement pour ceux-ci, ils n'avaient plus songé à s'occuper, eurent un soupir de soulagement lorsque, n'entendant plus aucun bruit au-dessus de leur tête, ils acquirent la conviction qu'enfin les brigands avaient déguerpi. Ils essayèrent tout d'abord, mais sans succès, de forcer la porte de la cave, pour recouvrer leur liberté ; celle-ci résista à tous leurs efforts. Il fallut attendre. Enfin, au petit jour, l'un des hommes, montant sur les épaules d'un autre, réussit à parvenir par ce moyen jusqu'au soupirail, et se plaça ainsi en observation. Après quelques instants d'attente il aperçut un ouvrier de Sceaux, qui se rendait à Antony pour son travail. Appelant alors par ses cris l'attention de cet homme, qui s'approcha, fort étonné, il lui raconta en quelques mots rapides ce qui s'était passé, et l'ouvrier, pénétrant dans la maison et descendant jusqu'à la cave, vint enfin délivrer les pauvres captifs, tremblants encore après une si longue nuit d'angoisses.

Voici assurément une étrange aventure. Eut-elle le dénouement qu'elle eût dû avoir ? c'est-à-dire les bandits qui en avaient été les héros furent-ils recherchés, atteints et « punis selon la rigueur des lois ? » C'est une question à laquelle je ne saurais répondre. Mais ce que je puis constater, c'est qu'elle eut des suites terribles pour l'une au moins de leurs victimes, et l'on devine que cette victime n'est autre que Mlle Desgarcins.

La frayeur, le saisissement qu'elle avait éprouvés ne semblent pourtant pas avoir provoqué chez elle une crise immédiate. Même, on sait que l'excellente femme, dont la bonté était connue de tous, vint presque aussitôt à Paris dans le but exprès d'être utile à la pauvre gardienne du parc de Sceaux, qui avait tout perdu dans cette nuit terrible et à qui les voleurs n'avaient rien laissé. Elle se rendit au théâtre de la République, auprès de ses camarades, les informa de ce qui s'était passé, et ouvrit parmi eux, en faveur de sa protégée, une souscription qui fut fructueuse. La lettre adressée à ce sujet au *Journal de Paris*, et que ce journal publiait dix jours après l'événement, le fait savoir d'une façon explicite : « J'ai appris ces jours-ci, dit en terminant l'auteur de cette lettre, que la citoyenne Desgarcins avoit fait une quête auprès des acteurs de son spectacle, qui avoit produit à la veuve Guillier 300 liv. et à la domestique 100 liv. »

Mais la secousse que Mlle Desgarcins avait reçue, dans des conditions si véritablement émouvantes, n'en devait pas moins lui être fatale. Bien que les renseignements fort incomplets publiés jusqu'à ce jour par ses biographes aient toujours manqué de certitude et de précision (aucun n'a su et n'a donné la date de sa mort), j'en ai pu recueillir assez pour être à même de faire connaître sa fin lamentable.

Il est certain que peu de temps après cette nuit si dramatique du 28 novembre 1796, Mlle Desgarcins retomba dans un état de santé des plus critiques : pour la quatrième fois elle se retrouvait sous l'étreinte de cette maladie de poitrine dont elle portait évidemment le germe en venant au monde, et qui, favorisée par tant de circonstances physiques et morales, l'avait déjà frappée à trois reprises différentes. Mais si sa jeunesse, si son énergie avaient, en dépit de souffrances inouïes, trouvé jusqu'alors la force d'enrayer le mal, elle était cette fois appelée à y succomber. Ce n'est pas tout : tandis que chez elle le corps s'affaiblissait, le cerveau lui-même était atteint, et sous l'impression de tant de calamités successives, la raison sombrait à son tour. En un mot, Mlle Desgarcins devint complètement folle, et il est permis de supposer qu'au cas même où les secours de la science eussent encore pu lui conserver la vie, elle eût été à jamais perdue pour le monde et pour la scène.

Il fallut la ramener à Paris, où on la logea dans un hôtel garni de la rue Neuve-Égalité (rue Saint-Denis ?) Là, chose triste à dire, elle languit et végéta dans une misère affligeante, dans le dénuement le plus complet, manquant même, dans une situation si douloureuse et si digne de compassion, du strict nécessaire. Il faut dire qu'à ce moment le théâtre de la République, depuis quelque temps agonisant, avait fermé ses portes, que Talma, je crois, était parti pour la province, où il donnait des représentations, enfin que la troupe était dispersée de tous côtés. Comment admettre pourtant que parmi les anciens amis, parmi les anciens camarades de Mlle Desgarcins, ceux qui avaient été ses compagnons au temps de ses succès, il ne s'en soit pas trouvé quelques-uns qui aient été informés de cette situation et qui aient essayé de l'adoucir, de venir en aide à la malheureuse, de rendre ses derniers jours je ne dirai pas moins amers, puisqu'elle ne se possédait plus et n'avait plus conscience d'elle-même, mais moins précaires et moins misérables ? Telle est pourtant la vérité, et elle n'est pas à l'éloge de ceux qui avaient connu cette femme si charmante et si distinguée.

Toujours est-il qu'après de nouvelles et longues souffrances, Mlle Desgarcins, seule, oubliée, délaissée, négligée de tous, s'éteignit sur un grabat, dans un état de démence absolue, le 6 Brumaire an VI (27 octobre 1797), à l'âge de vingt-huit ans, juste onze mois (moins un jour) après la nuit du crime de Sceaux. Elle était à ce point abandonnée que sa mort passa complètement inaperçue et qu'aucun journal n'en eut connaissance ou ne jugea utile de l'annoncer, aucun, à l'exception du *Courrier des Spectacles*, où, je l'ai déjà dit, l'excellent Ducray-Duminil lui consacra un article intéressant et ému, qui se terminait par les lignes que voici :

« ... L'infortunée n'a pu survivre long-temps à tant de crises : sa tête, déjà peut-être un peu aliénée, s'est affoiblie ; une maladie de poitrine, qui l'éloignoit depuis longtemps de la scène, a miné son existence ; elle a fini le 6 de ce mois, le dirai-je ? grand Dieu ! plongée dans la plus affreuse indigence, qu'elle devoit au plaisir qu'elle avoit toujours eu d'obliger des ingrats ! elle laisse une fille en bas âge.

« Ainsi s'est éteinte, avant trente ans, l'actrice de la nature, celle dont l'âme, l'organe et les talens ont disputé la palme de la célébrité aux modèles qui étoient venus avant elle. Je ne puis continuer, je l'ai connue... C'est dire assez que si j'ai ressenti le plus vif plaisir à parler de ses talens, je ne puis m'appesantir sur les détails de sa fin malheureuse[1] ».

C'est ainsi que celle qui avait été Atalide, qui avait été Chimène, Bérénice, Hédelmone, que la noble artiste qui ne connut point de rivale pendant le cours de sa rapide carrière, que celle qui fut l'amie et la digne émule de Talma et dont le public était comme affolé, mourut, pauvre, misérable, ignorée, dans un état de corps et d'esprit digne de la pitié la plus profonde, après une existence qui connut toutes les afflictions et toutes les douleurs. Il y a vraiment des êtres qui naissent maudits, que la fatalité poursuit jusqu'à leur dernier jour, jusqu'à leur dernière heure, jusqu'à leur dernier souffle, et l'on peut dire de l'infortunée Mlle Desgarcins qu'elle était de ceux-là. Il m'a semblé pourtant qu'une artiste de cette valeur

---

1. L'auteur de *la Troupe de Talma*, De Manne, qui dans ce livre a consacré une notice à Mlle Desgarcins, avait relevé l'acte de décès de cette grande artiste, qu'il ne jugea pas utile de publier ensuite. M. Ménétrier, qui fut le collaborateur de De Manne et qui avait hérité de tous ses papiers, voulut bien me laisser prendre copie de ce document, dont voici le texte :

« Du 6 Brumaire de l'an VI de la République Française, acte de décès de *Marie-Magdeleine Desgarcins*, décédée aujourd'huy à 10 h. du matin, artiste, âgée de 28 ans, native de Monthion (S.-et-Marne) ; domiciliée rue Neuve Égalité, n° 306, non mariée, demeurant en hôtel garni, chez Rolland-Lethon. »

La déclaration du décès de Mlle Desgarcins était faite évidemment par des gens qui la connaissaient peu, puisqu'on la faisait native de Monthion (Seine-et-Marne), tandis que, ainsi qu'on l'a vu, elle était née réellement à Mont-Dauphin (Hautes-Alpes).

était digne d'un souvenir, et c'est pourquoi je lui ai consacré cette étude. D'ailleurs, une telle existence est peut-être sans exemple dans les annales du théâtre; elle l'est assurément en France, et j'ai pensé que l'histoire de sa vie ne serait pas sans exciter quelque intérêt. Voilà plus de raisons qu'il n'en fallait pour me décider à l'écrire et, je l'espère, pour me faire pardonner de l'avoir tenté.

Cette histoire a un court épilogue.

On a vu, par le récit de Ducray-Duminil, que Mlle Desgarcins laissait en mourant une fille en bas âge. Cette révélation valut à l'écrivain une visite que, peu de jours après, il faisait connaître en ces termes : — « D'après la notice nécrologique que j'ai insérée dans les feuilles des 23 et 24 Brumaire, sur la cit. Desgarcins, artiste du Théâtre de la République, un particulier sensible et généreux, dont je tairai le nom par égard pour sa modestie, voyant, dans cet article, que la cit. Desgarcins laissoit une petite fille en bas âge, est venu chez moi s'offrir pour adopter cette enfant d'une artiste dont il chérissoit les talens. Ignorant ce qu'est devenue cette petite fille, je n'ai pu répondre à ses vœux; mais je publie ce trait pour prouver qu'il est encore des hommes amis des arts, des talens et de l'humanité [1]. »

1. *Courrier des Spectacles*, 12 Frimaire an VI (2 Décembre 1797).

Cette enfant n'était pas perdue, comme on le pense bien, et je ne serais pas étonné que l'homme généreux qui voulait l'adopter eût mis son projet à exécution, car elle-même débuta à la Comédie-Française en 1808, et elle parut à ce théâtre sous le nom de *Mondran*-Desgarcins. Or, ce nom de Mondran, ajouté au sien, pourrait bien être celui de son père adoptif.

Quoi qu'il en soit, Mlle Mondran-Desgarcins ne fit, à la scène, que paraître et disparaître. Talma s'était tout naturellement intéressé à elle, et c'est la seconde femme de l'illustre artiste, la séduisante Mme Vanhove-Talma, comédienne elle-même de premier ordre, qui s'était chargée de son éducation. Mais on se pressa trop sans doute de la produire, et on la fit débuter avant même qu'elle eût accompli sa quinzième année, ce qui paraît lui avoir été préjudiciable.

C'est le 26 avril 1808 qu'elle fit son apparition à la Comédie-Française, dans ce même rôle d'Atalide de *Bajazet*, qui avait valu à sa mère son premier triomphe[1] En rendant compte de cette

---

1. Ce début, affiché d'abord pour le 21 avril, avait dû être retardé, ainsi que le *Journal de Paris* le faisait savoir en ces termes dans son numéro du 22 : — « Une indisposition subite de Mlle George retarde le début de Mlle Desgarcins, qui avoit été annoncé pour hier. Une foule de personnes empressées assiégeoit déjà les bureaux du Théâtre-Français, lorsqu'une bande placée sur l'affiche a renvoyé tous les curieux, et les a renvoyés mécontents. »
Et voici comment le *Moniteur*, dans son programme des spectacles du 26, annonçait la représentation et le début : — « *Théâtre-Fran-*

soirée dans le *Moniteur*, Sauvo donnait un souvenir à la grande artiste dont les amateurs n'avaient oublié ni le nom ni le talent : — « On donnait *Bajazet*, dit-il, pour le début, dans le rôle d'Atalide, de Mlle Mondran-Desgarcins, fille de l'actrice de ce nom, déjà célèbre lorsqu'elle a été, après une course trop courte, mais brillante, dans une carrière qu'elle aimait, enlevée à un art où elle eût acquis une haute réputation. C'est dans ce rôle d'Atalide, trop long, trop important, trop difficile pour le début d'une très jeune personne, que Mlle Desgarcins avait elle-même débuté. La nature ne l'avait pas douée des traits qui constituent la beauté, mais sa physionomie était expressive et théâtrale, et souvent, dans les rôles qui l'exigeaient, elle était embellie par le profond caractère de douleur dont sa figure recevait l'expression. Sa voix était d'une *expression* mélancolique et touchante dont les accents allaient à l'âme, et dont l'*expression* était communicative et profonde : elle avait ce qu'on peut appeler un instinct tragique, qui ne s'est démenti dans aucun rôle et qui dans quelques-uns lui a valu le plus brillant succès. C'est sous les auspices du souvenir que l'on conserve de cette actrice sensible et intéressante, que

çais. — Les comédiens ordinaires de S. M. l'Empereur donneront aujourd'hui *Bajazet*. Mlle Mondran-Desgarcins, âgée de 14 ans, débutera par le rôle d'Atalide. Suivi du *Médecin malgré lui*. »

sa fille a paru, commandant à la fois et l'intérêt par son nom, et l'indulgence par son âge : un autre présage lui était favorable : le nom de l'actrice également chère au public, qui a pris soin de lui donner des leçons et de former son intelligence naissante, Mme Talma, que ses débuts si brillants rendirent aussi célèbre dès l'âge le plus tendre... »

Malgré le souvenir encore vivant de sa mère, malgré la sympathie qu'excitait son jeune âge, malgré l'admiration qu'inspirait son professeur, Mme Talma, ce début de Mlle Mondran-Desgarcins fut loin d'être heureux. Sauvo le constatait plus loin, en usant d'une grande indulgence ; le *Journal de Paris* se montrait à la fois plus net et plus sévère : — « Je n'ai presque rien à dire de la débutante, lisait-on dans ce journal : c'est une enfant ; son âge sollicite la plus extrême indulgence. La mère demande grâce pour la fille. On doit les plus grands égards aux personnes qui ont pris soin de cultiver son jeune talent ; mais il me semble que son entrée sur la scène est prématurée ; aucun germe n'est encore développé ; elle a les défauts de l'enfance, la monotonie, la psalmodie ; l'organe a quelqu'embarras, auquel le trouble du début contribuait sans doute. On ne peut porter aucun jugement sur une actrice qui ne promet rien encore, mais qui, dans un an ou deux peut-être, annoncera quelque chose. »

Il faut croire que Mlle Mondran-Desgarcins fut absolument découragée par le résultat fâcheux de cet essai, et que ceux-là mêmes qui s'étaient occupés d'elle avec tant de sollicitude jugèrent inutile de persister dans leurs efforts; car cette première apparition de la jeune débutante sur la scène où sa mère avait laissé de si précieux souvenirs fut aussi la dernière. Elle ne renouvela pas l'épreuve, et plus jamais on n'entendit parler d'elle.

A partir de ce moment, le nom de Desgarcins, qui pendant quelques années avait brillé d'un si vif éclat et semblé conquis à la célébrité, tomba pour toujours dans l'oubli.

UN COMÉDIEN
RÉVOLUTIONNAIRE

UN COMÉDIEN RÉVOLUTIONNAIRE

... Lekain venait de mourir quelques semaines à peine avant Voltaire, dont il était devenu l'admirable interprète après en avoir été l'élève et le protégé. On sait que la toute-puissance morale du « patriarche de Ferney » avait singulièrement aidé à ses succès scéniques, et que son vaste répertoire avait fini par détrôner presque entièrement les chefs-d'œuvre de Corneille et de Racine ; si l'on jouait encore, à cette époque, *le Cid* et *Rodogune*, *Cinna* et *les Horaces*, *Andromaque* et *Athalie*, *Mithridate* et *Bajazet*, ce n'était plus que de loin en loin, et ce que l'on voyait le plus à la Comédie-Française, dans le genre tragique, c'était *Brutus*, *Mahomet*, *Alzire*, *Adélaïde Duguesclin*, *Tancrède*, *l'Orphelin de la Chine*, *Zaïre*, *Mérope*, etc.

Lekain s'était incarné dans l'œuvre de Voltaire, dont il représentait les héros avec une noblesse, une grandeur, une passion qu'on n'a retrouvées depuis lors que dans un autre artiste admirable : Talma. Lui mort, qui allait s'emparer de son héritage ? qui pourrait lutter avec son souvenir ? qui procurerait au public l'apparence même des émotions que pendant tant d'années il lui avait fait éprouver ? N'en trouvant pas un seul capable de porter le poids de cette situation difficile, on songea à le partager entre trois artistes désignés à des titres divers : Molé, Monvel et Larive. Mais Molé était bien plus apte à briller dans la comédie que dans la tragédie, et Monvel n'avait pas encore, aux yeux des spectateurs, la puissance et l'autorité qu'il sut conquérir par la suite. Larive, par ses hautes et nobles qualités, semblait donc presque seul destiné à succéder à Lekain, lorsqu'un jeune acteur se présenta tout à coup, se montrant doué d'une façon assez remarquable pour qu'on pût espérer aussitôt voir en lui un rival de Larive et comme un émule de l'incomparable tragédien dont chacun déplorait la perte. Ce jeune acteur, qui de son vrai nom s'appelait Nourry, prit au théâtre celui de Roselli d'abord, celui de Grammont ensuite. Comme c'est sous ce dernier nom qu'il fut surtout connu, comme c'est celui qu'il porta plus tard lorsqu'il devint général de l'armée révolutionnaire et jusqu'au jour où il périt avec son fils sur l'échafaud, c'est sous celui-là seul que nous le désignerons au cours de ce récit[1].

1. Jean-Baptiste-Jacques Nourry-Grammont de Rozelli, tels sont les noms que lui donne M. Émile Campardon dans son livre : *les Comédiens du roi de la troupe française* : Joseph-Isidore Nourry-Grammont, lit-on dans les *Mémoires des Sanson*, les exécuteurs des hautes œuvres ; Nourry-Grammont Roselly, disent simplement les comptes-rendus du tribunal révolutionnaire qui rapportent son jugement et celui de ses « complices » Il était né à Larochelle, le 10 juin 1750 ; c'est Rainguet, dans sa *Biographie saintongeaise*, qui, d'après les registres de la paroisse Saint-Jean de cette ville, a fixé cette date d'une façon précise, rectifiant ainsi l'erreur générale des écrivains qui l'avaient précédé.

I

On ne sait rien des origines de Grammont. C'est vraisemblablement en province qu'il commença sa carrière de comédien, et un passage du pamphlet fameux de Mayeur de Saint-Paul, *le Chroniqueur désœuvré ou l'Espion du boulevard du Temple*, nous apprend seulement qu'avant de paraître sur la première scène du monde il avait appartenu un instant au théâtre de Nicolet, les Grands Danseurs du roi. Physiquement, il était doué pour son état d'heureuses qualités. Non qu'il fût beau, car sous ce rapport il n'était pas mieux partagé que Lekain, dont la laideur était proverbiale. Mais il était grand, bien pris de sa personne, avec la démarche noble, le geste aisé, les mouvements harmonieux, enfin un organe clair et sonore auquel il savait, à l'occasion, donner soit un éclat héroïque, soit une grande expression de sensibilité. On lui reprochait seulement un débit parfois inégal et une certaine propension à parler avec trop de rapidité ; mais l'opinion qu'ont exprimée sur lui les critiques contemporains et la place qu'il a tenue pendant plusieurs années sur notre grande scène littéraire, ne laissent pas que de nous donner une assez haute idée de sa valeur.

Son portrait moral est moins à son avantage, et

il ne semble pas que Grammont ait été en possession des qualités qui constituent ce qu'on appelait, au dix-huitième siècle, un honnête homme : glorieux autant qu'on peut l'être et bouffi de vanité, dur, hautain, impérieux avec ses subordonnés, obséquieux avec les grands, humble avec le public, insupportable à tous, se souciant peu de la parole donnée lorsqu'elle pouvait gêner ses agissements, d'un caractère à ce point difficile qu'il se fit à deux reprises expulser de la Comédie-Française, la reconnaissance n'était pas non plus son péché mignon, car, après avoir efficacement imploré la protection de la reine Marie-Antoinette pour retrouver à ce théâtre la situation qu'il y avait perdue, il ne rougit pas, quelques années plus tard, de commander la force armée le jour du supplice de cette princesse infortunée, et de mêler ses propres insultes à celles dont l'accablait une populace impitoyable et sans merci.

Tel était le personnage. Voyons maintenant ce que furent sa carrière et sa vie.

Le 5 février 1779, à la suite du programme de la Comédie-Française, dont le spectacle comprenait la seconde représentation des *Muses rivales*, de la Harpe, et *Tancrède*, de Voltaire, le *Journal de Paris* publiait cette petite note : « Un acteur nouveau débutera dans le rôle de Tancrède. »

Cet acteur était Grammont, alors âgé de vingt-huit ans, et quelques jours après, le *Mercure* en parlait ainsi : « Ce rôle (Tancrède) étoit joué par un acteur nouveau, qui paroit mériter des encouragemens. Il a été applaudi dans plusieurs morceaux qu'on a trouvés bien sentis. Il a de la figure et de la voix, et l'étude et l'expérience lui apprendront sans doute à tirer parti de ses moyens naturels. »

Grimm, avec son emphase, sa prétention et ses réticences habituelles, le jugeait comme on va voir dans sa Correspondance ; sous les réserves calculées et coutumières de ce critique toujours pédant, on peut voir le cas qu'il faisait malgré lui du talent du jeune tragédien ; le morceau est d'ailleurs intéressant sous divers rapports :

Dans une si grande décadence des talents et du goût, il n'est pas étonnant qu'on ait reçu avec beaucoup de faveur le début du sieur Roselli de Grammont. Ce jeune homme, qui n'avait encore joué que sur de petits théâtres de province, et qui prétend n'avoir jamais vu Lekain, a d'abord intéressé tous les spectateurs par des rapports très frappants avec ce sublime acteur, et dans le maintien et dans la voix. Il est presque aussi laid que son modèle ; sans avoir le jeu profond de sa physionomie, il rappelle souvent l'expression de ses traits, la noblesse de ses mouvements, le caractère particulier de ses gestes. S'il n'a pas véritablement un long usage de la scène, il a du moins cette présence d'esprit, cette sorte d'intelligence qui peut y suppléer.

Nous ne lui avons vu jouer aucun rôle dont il nous
ait paru assez pénétré pour en offrir l'ensemble, pas
même pour faire sentir qu'il en eût conçu l'idée ; mais
il y a eu dans presque tous ceux que nous lui avons
vu remplir des détails saisis avec justesse et rendus
avec assez de simplicité. Ce qui fait craindre surtout
qu'il ne puisse jamais s'élever au-dessus du talent qu'il
nous a montré jusqu'à présent, c'est que ce talent
semble avoir acquis déjà toute sa maturité ; c'est que,
loin d'être entraîné par la chaleur de son rôle, il se
possède toujours avec la même égalité ; c'est que son
jeu, jusqu'au moindre geste, paraît réfléchi, préparé,
et que c'est avec le même degré de réflexion et de
confiance qu'il dit mal, comme il dit bien. Sa voix est
fort belle dans le *medium* ; mais elle n'est ni assez juste
ni assez sonore dans le haut et dans le bas, ce qui
donne nécessairement à sa manière de réciter et de la
lenteur et de la monotonie. Malgré ces défauts, on a
sans doute eu raison de l'encourager ; mais fallait-il
l'applaudir avec autant d'ivresse qu'en aurait pu inspirer un autre Lekain ? Après lui avoir vu jouer Vendôme dans *Adélaïde*, le public, ce public qui s'est gâté
comme les acteurs, a demandé le sieur Roselli avec
des cris d'impatience si furieux, qu'on a été obligé de
le faire paraître sur le théâtre tel qu'il était dans sa loge,
en mauvaise redingote, en pantoufles, les cheveux et
les bas tout défaits ; c'est dans ce noble costume que
son rival, le sieur Larive, l'a présenté à l'auguste
assemblée, qui en a été ravie et qui a redoublé ses cris
et ses applaudissements. Malheureusement, cette folie
ne garantit pas des sifflets le lendemain ; et comment

le talent se formerait-il avec des juges si peu instruits, si peu conséquents, si peu raisonnables ?

Quand Grimm écrivait ces lignes, Grammont, après Tancrède, avait joué coup sur coup Vendôme d'*Adélaïde Duguesclin*, Orosmane de *Zaïre*, Mahomet, et Zamore dans *Alzire*. On n'a qu'a lire les comptes rendus presque enthousiastes du *Journal de Paris* et du *Mercure*, pour juger de l'effet que produisait le nouveau venu. D'ailleurs, à la date du 20 février, quinze jours après sa première apparition, le duc de Duras, gentilhomme de la chambre, qui avait la Comédie-Française sous sa juridiction, signait sa réception dans la troupe, *à l'essai*, comme on disait alors, aux appointements de 1.800 livres. Bientôt on le voyait jouer, non sans succès, le *Warwick* de la Harpe, et le 31 mai, pour le premier anniversaire de la mort Voltaire, la Comédie donnant la première représentation d'*Agathocle*, tragédie posthume du grand homme, il y remplissait le rôle d'Agathocle. Pour qu'en une telle circonstance, et quelques mois à peine après ses débuts, on lui ait confié une création aussi importante, il fallait que ses débuts se fussent produits avec un éclat inaccoutumé.

Il joua ensuite successivement Gengis-Khan de *l'Orphelin de la Chine*, Polyphonte de *Mérope*, Néron de *Britannicus*, Don Pèdre de *Pierre le Cruel*, Anténor de *Zémire*, de de Belloy. En même temps il abordait la comédie et le drame, et se montrait dans *Nanine, le Festin de Pierre, Eugénie, le Glorieux, les Fausses Infidélités*... En réalité, il avait pris dès son arrivée une place importante et était entré vigoureusement et de plain-pied dans le répertoire. Aussi, deux ans et demi après son premier début se voyait-il reçu sociétaire, ainsi qu'en témoigne ce petit document :

Nous, maréchal duc de Duras, pair de France, premier gentilhomme de la chambre du roi,

Avons reçu, sous le bon plaisir du roi, au nombre de ses comédiens françois ordinaires, le sieur Grammont à quart de part, pour doubler dans les premiers rôles le sieur Molé après les sieurs Larive et Fleury, et y remplir, en outre, tous les rôles dont la liste lui a été remise par le comité et qu'il a promis de jouer.

Paris, ce 1er août 1781.

Voilà Grammont reçu sociétaire. Sa position se trouvait ainsi assurée ; il recevait chaque jour du public un accueil encourageant, et il n'avait qu'à se louer de ses camarades, qui, peu de mois auparavant et dans une circonstance fâcheuse pour lui, lui avaient donné une preuve éclatante d'intérêt. S'étant rendu à Rochefort pour y donner quelques représentations, Grammont avait été victime d'un accident : un incendie s'était déclaré dans l'auberge où il était descendu et, en dévorant la maison, avait détruit tout son bagage, lui laissant à peine le temps de se sauver lui-même. Ses effets de ville, sa garde-robe de théâtre, tout était perdu, et il dut revenir à Paris sans sou ni maille. Émue de son malheur, la Comédie-Française jugea à propos de lui venir en aide, et elle le fit par un moyen absolument exceptionnel alors, c'est-à-dire en donnant une représentation à son bénéfice, ce que Fleury annonçait au public dans cette lettre, adressée par lui au *Journal de Paris* :

Aux auteurs du journal

5 février 1781.

Messieurs,

Les papiers publics donneront probablement le détail d'un incendie arrivé à Rochefort, à l'auberge de la Croix-Blanche, où logeoit le sieur Grammont, notre pensionnaire. Victime de cet accident au plus haut degré, tous ses effets de théâtre et de ville y ont été consumés. Revenu à Paris, privé de toutes les ressources qu'il s'étoit ménagées, de tous les moyens qui peuvent le rendre à son état, il a trouvé dans le sein de notre Société tout l'intérêt que sa situation devoit exciter. La Comédie, Messieurs, portée de cœur à réparer autant qu'il est en son pouvoir ce malheur funeste pour un homme au commencement de sa carrière, se propose d'employer en sa faveur le moyen pour elle le plus délicat et le plus propre à étendre ses ressources, c'est de donner *mardi 13 de ce mois, une représentation à son profit*. Nous vous prions d'insérer notre lettre dans votre journal, afin que le public soit prévenu des motifs qui nous déterminent et puisse se livrer aux mouvemens de sa bonté.

Nous avons l'honneur d'être, etc,

FLEURY, 1er semainier.

Retardée de quelques jours par une cause fortuite, la représentation annoncée eut lieu non pas le 13, mais le 16 février. Le spectacle se composait d'*Athalie* et de *Pygmalion*, scène lyrique de Jean-Jacques Rousseau, et la recette produisit en faveur du bénéficiaire une somme d'environ 4.000 livres.

C'est pourtant à partir de ce moment que la conduite de Grammont, à la fois capricieuse et peu convenable, commença à lui attirer les désagréments les plus vifs. Sa nomination de sociétaire lui avait-elle tourné la tête au point d'exalter chez lui un orgueil dont il donna de tout temps les marques les moins équivoques? toujours est-il que l'on remarqua bientôt de sa part une négligence fâcheuse dans l'accomplissement de ses devoirs, un relâchement général dans le zèle qu'il avait montré jusqu'alors, un soin beaucoup moins attentif dans l'exercice journalier de son art, bref un manque complet de respect envers le public, envers ses camarades et envers lui-même. Mais, on le sait, le public à cette époque se montrait autrement exigeant qu'il n'est aujourd'hui : il n'entendait point raillerie au sujet des égards que lui devaient les comédiens et il savait, à l'occasion, les rappeler à l'ordre avec vigueur en leur faisant sentir qu'ils étaient à ses ordres et sous sa dépendance. Grammont allait en faire bientôt la dure expérience.

C'était le 19 janvier 1782. On jouait *Zaïre*. Le public était nerveux, sans doute, et mal disposé, comme il arrive parfois. Il espérait Larive, et voit entrer Grammont pour faire Orosmane. (On sait qu'à cette époque l'affiche ne donnait pas les noms des acteurs, et lorsque le public s'attendait à voir un artiste dans un rôle, il arrivait que c'est un autre qui se trouvait jouer ce rôle.) A peine Grammont s'est-il avancé, qu'un sourd mécontentement se fait jour et que des murmures se font entendre. Il essaye de dire les premiers vers de son grand couplet :

> Vertueuse Zaïre, avant que l'hyménée
> Joigne à jamais nos cœurs et notre destinée,
> J'ai cru, sur mes projets, sur vous, sur mon amour,
> Devoir en musulman vous parler sans détour ;

mais on refuse de le laisser parler. Il veut continuer, des cris partent de tous côtés : *Larive ! Larive !* Grammont s'efforce en vain de faire tête à l'orage ; le parterre, les loges, toute la salle est contre lui ; les cris, les huées, les sifflets, couvrent sa voix et redoublent chaque fois qu'il veut ouvrir la bouche ; c'est une clameur assourdissante. Il semble qu'on ait juré de ne point lui permettre une parole, et toujours on réclame : *Larive ! Larive ! Larive !* Devant une telle manifestation produite avec tant de violence, Grammont se voit obligé de quitter la scène, et bientôt Florence, semainier en exercice, vient annoncer aux spectateurs qu'on a vainement cherché Larive, qu'il n'est pas chez lui et qu'on ne sait où le trouver ; en conséquence, la Comédie supplie l'assemblée d'accepter Grammont dans le rôle d'Orosmane. Ce dernier reparaît alors et veut parler de nouveau ; mais sa présence renouvelle le bruit, les clameurs redoublent, les sifflets font rage, le tumulte devient infernal, et malgré l'intervention de la police, qui parmi les mutins arrête et expulse trois des plus turbulents, Grammont est forcé de se retirer une seconde fois et, à défaut de Larive, est enfin remplacé par Dorival, ce qui permet de continuer la représentation.

Quelle était la cause de cette avanie faite à un acteur jusqu'alors accueilli avec tant de sympathie et dont le talent était incontestable, sinon indiscutable ? On ne peut guère expliquer un tel fait que par un manque de conduite de cet acteur dans ses rapports avec un public alors très chatouilleux, très soucieux de ses prérogatives, et qui ne

souffrait pas qu'on y portât atteinte, même indirectement, par la façon négligée dont on remplissait envers lui ses obligations et ses devoirs. C'est ainsi que l'incident se trouve apprécié dans les *Mémoires secrets* (Bachaumont) : « Le sieur Grammont est un bel exemple de l'inconstance du public et du peu de fond qu'un artiste doit faire sur sa faveur. Lekain venoit de mourir ; il parut et tout le monde crioit au miracle. On vouloit que ce fût le défunt ressuscité ; on lui trouvoit sa voix, ses gestes, une telle ressemblance qu'il passoit pour le fils du défunt. L'amour-propre du nouvel acteur s'est tellement exalté qu'il n'a plus étudié et est resté dans sa médiocrité. Le parterre, également outré et dans son amour et dans sa haine, a pris le sieur Grammont en grippe et enfin a manifesté son dégoût par l'explosion dont on a rendu compte. Les suites en ont été funestes pour lui, au point que, comme il n'étoit reçu qu'à pension[1], les gentilshommes de la chambre ont donné ordre de le renvoyer absolument. » Plus indulgent ou plus équitable encore, le *Mercure* ne se bornait pas à trouver la leçon un peu rude ; il la déclarait injuste et, dans un long article, prenait ouvertement la défense du comédien si malmené :
— « ... Non, messieurs, disait-il, on ne me per-

---

[1]. Cette assertion est erronée. Nous avons vu qu'à la date du 1er août 1781, Grammont avait été reçu sociétaire à quart de part.

suadera pas que le public ait eu le droit de demander que M. Grammont ne jouât pas le rôle d'Orosmane après deux ans de succès et après que ce comédien a réuni les suffrages des vieux connoisseurs... »

L'affaire fit du bruit, comme on le pense, dans les milieux artistiques, et pendant plusieurs jours le Paris mondain et lettré ne s'occupa pas d'autre chose. Il semble bien vrai que les gentilshommes de la chambre avaient pris la résolution de mettre fin à ce scandale et d'en empêcher le retour par le renvoi de Grammont et son expulsion de la Comédie. Mais ce n'était pas l'affaire de celui-ci, qui fit jouer de hautes influences et, dit-on, jusqu'à celle de la reine en personne, pour maintenir sa situation. Ce qui est certain, c'est qu'un mois ne s'était pas écoulé qu'il reparaissait à la scène, le 23 février ; et c'est encore aux *Mémoires secrets* que nous devons la connaissance de l'intervention de la souveraine en sa faveur : « La reine ayant bien voulu s'intéresser au sieur Grammont, assez injustement expulsé de la scène françoise, il a reparu hier dans la tragédie de *Pierre le Cruel*, où il a fait le rôle de Don Pèdre... » Mais ce qui est curieux à constater, c'est le revirement complet du public à son égard et, après l'hostilité dont il avait été récemment l'objet, l'espèce d'enthousiasme qui cette fois accueillit sa présence. On s'en endra compte par ce récit du *Mercure* :

Le samedi 23 février, M. Grammont a reparu dans le rôle de Don Pèdre dans *Pierre le Cruel*, tragédie de De Belloy. Son entrée sur la scène a été accompagnée d'applaudissemens par lesquels le public a vraisemblablement voulu lui faire oublier l'événement douloureux du 26 janvier. Ce comédien s'est avancé sur le bord de la scène, et après s'être très respectueusement incliné, il a dit : « Messieurs, permettez-moi de vous exprimer tout ce que mon cœur éprouve en ce moment de reconnoissance ; permettez-moi encore d'espérer qu'il viendra un jour où j'aurai le bonheur de vous prouver qu'elle est aussi pure et aussi désintéressée que votre indulgence. » Les acclamations ont redoublé après ce petit discours, et l'acteur a joué son rôle avec le trouble que sa situation devoit lui donner. Il est dur d'avoir des torts à se reprocher ; il est beau de les réparer. Quel homme, quel artiste n'a point eu d'erreurs ? Heureux celui qu'une utile sévérité force de bonne heure à les connoître ! Nous aimons à ne juger des dispositions de M. Grammont que par l'hommage qu'il a rendu au public, et nous nous flattons que, pour son intérêt et pour celui de l'art, les études dont il va s'occuper et les progrès qu'il fera nous donneront des preuves sensibles de la reconnoissance dont il se dit pénétré.

Cette reconnaissance dont il se targuait lui pesait sans doute, car elle fut de peu de durée. Chose singulière, en effet, et qui met en relief le côté fantasque et capricieux du caractère de Grammont ! A peine était-il parvenu, grâce à de hautes protections, à reconquérir à la Comédie-Française la situation qu'un instant il avait cru perdre, qu'une frasque nouvelle venait décidément et par sa faute l'écarter de ce théâtre. Quatre mois ne s'étaient pas écoulés depuis sa rentrée, qu'il disparaissait un beau jour sans prévenir personne, quittait subrepticement Paris sans laisser de ses nouvelles à qui que ce fût, et partait avec tant de mystère et d'une façon si clandestine que ni chez lui, ni au théâtre, ni ailleurs, nul ne pouvait dire ce qu'il était devenu. On comprend que ses camarades devaient être au moins surpris d'une disparition aussi subite et aussi imprévue, outre que son absence pouvait les mettre dans un réel embarras, étant donnée la place importante que Grammont tenait dans le répertoire. Aussi, dans la matinée du 23 juin, prenaient-ils, réunis en comité extraordinaire, la délibération dont voici le texte :

La Comédie-Françoise, assemblée en comité, a délibéré qu'il étoit de la plus grande importance pour elle de s'assurer si le sieur Grammont, son pensionnaire, existe encore à Paris et depuis quel jour il en pourroit être parti. En conséquence, elle charge le sieur Desessarts de faire toutes les démarches nécessaires pour y parvenir.

Cejourd'hui, dimanche, 23 juin 1782.

DESESSARTS, Mme DROUIN-PRÉVILLE, Mlle D'OLIGNY, Mme DE LA CHASSAIGNE, DE BELLECOUR, Mlle OLIVIER, COURVILLE, BELLEMONT, Mme H. SUIN, PRÉVILLE, FLEURY, VANHOVE.

Muni de cette délibération, Desessarts fit diligence et, le jour même, requérait un commissaire pour opérer une descente au logis de Grammont et faire constater officiellement son absence. Voici le procès-verbal dressé à cette occasion par ledit commissaire, procès-verbal dont la rédaction n'a pas dû être sans lui coûter quelque peine, car s'il ne contient qu'une seule et unique phrase, on peut dire de celle-ci qu'elle est de taille et de longueur :

L'an 1782, le dimanche 23 juin, sur les huit heures et demie du soir, nous, Gilles-Pierre Chenu, commissaire au Châtelet, ayant été requis, sommes pour l'exécution des ordres à nous adressés, transporté rue Clos-Georgeot, butte et paroisse Saint-Roch, en une maison où demeure le sieur de Grammont, pensionnaire des Comédiens françois, où étant entré dans une boutique par bas dépendant de ladite maison, y avons trouvé un particulier auquel nous avons demandé le sieur de Grammont, lequel particulier, après nous avoir déclaré se nommer Jean Dumont, tenant ladite boutique ou cave en ville pour le sieur Desgoffe, son cousin, marchand de vin traiteur, demeurant aux Tuileries, et lui comparant demeurant en ladite boutique où nous sommes, nous a dit que le sieur de Grammont occupe le 3ᵉ étage de ladite maison, d'où il est absent depuis environ trois semaines sans avoir paru, et que même lui comparant est chargé des clefs de son appartement pour le faire voir à l'effet de le louer; ne sait au surplus ce qu'il est devenu. Dont et de quoi nous avons dressé le présent procès-verbal.

Signé : CHENU.

Qu'était donc devenu Grammont ? Personne ne pouvait le dire, et son secret était bien gardé. Cependant, comme au point de vue administratif une situation aussi incorrecte ne pouvait se prolonger, le duc de Duras, en sa qualité de surintendant de la Comédie-Française, prit un arrêté par lequel il prononçait son expulsion de ce théâtre :

Nous, maréchal duc de Duras, etc.,
Sur le compte qui nous a été rendu du peu de progrès qu'a faits le sieur Grammont, depuis 1778 qu'il est à la Comédie-Françoise et surtout du peu de zèle qu'il a apporté à ses devoirs, nous nous sommes déterminé à lui donner son congé dès ce jour et l'invite à redoubler d'efforts en province pour se mettre en état d'obtenir, s'il y a lieu, son rappel au Théâtre-François si ses progrès et ses talens l'en rendoient digne.

A Paris, ce 30 juin 1782.

Ce n'est qu'au cours du mois de juillet, alors que son absence durait depuis sept semaines environ, que Grammont jugea à propos de rentrer dans sa bonne ville de Paris. Cette absence avait eu tout simplement pour cause une intrigue amoureuse. Sa camarade Mlle Thénard, dont les débuts remontaient à peu près à la même époque que les siens, ayant obtenu de la Comédie un congé pour aller donner des représentations en province, Grammont, qui, sans doute, n'avait pu se faire accorder une permission, n'en était pas moins parti avec elle, mais sans tambour ni trompette, et l'avait accompagnée dans son excursion [1]. On juge de la fureur des gentilshommes de la chambre, lorsqu'au retour du fugitif ils connurent enfin la cause de son incartade, du mépris qu'il avait fait de leur autorité et de son manquement à tous ses devoirs. Les *Mémoires secrets* nous fournissent encore à ce sujet les renseignements circonstanciés que voici : « Il paroît que la faute du sieur Grammont est de s'être absenté sans congé, entraîné par son amour excessif pour Mlle Thénard, sa

---

1. Mlle Thénard, actrice de talent, avait débuté sans succès à la Comédie-Française en 1776, puis était allée en province; elle vint débuter de nouveau, le 23 mai 1781, dans *Mérope*, fut admise cette fois, et dès l'année suivante était reçue sociétaire. Elle eut trois enfants, qui tous suivirent la carrière du théâtre et dont l'un, le second, était le fils de Grammont. L'aîné, Louis Thénard, reçu à la Comédie-Française en 1807, y tint l'emploi des premiers comiques et eut, fort jeune, la chance de succéder, comme chef de cet emploi, à Dazincourt et à Dugazon; le second, Marc-Antoine-Jean-Baptiste Thénard, qu'on avait surnommé *Coco* Thénard, avait débuté avant son frère à la Comédie, mais sans succès, et fit ensuite partie de la troupe du théâtre de l'Impératrice; c'était le fils de Grammont; le troisième enfant était une fille, qui, sous ce nom de Thénard, (le vrai nom de la famille était Perrin), appartint aussi pendant de longues années à la Comédie-Française. Enfin, un petit-fils de Mlle Thénard, Étienne-Bernard-Auguste Thénard, fils de Louis, devint un comédien et un chanteur habile, et appartint successivement au Vaudeville, puis aux Nouveautés, puis à l'Opéra-Comique, où il créa le rôle de Mergy dans *le Pré aux clercs*.

camarade, qui en avoit un. Les gentilshommes de la chambre ont été furieux, et surtout le maréchal duc de Duras. Ce supérieur a fait arrêter le sieur Grammont à son retour, qui, ayant aggravé son insubordination par des propos insolens, a été mis à l'hôtel de la Force. Ensuite, le maréchal a écrit au lieutenant de police pour le prier de ne l'en laisser sortir qu'à condition de disparoître du royaume; il vouloit même qu'on le fît escorter avec éclat. Mais comme ce bannissement n'est que sur un ordre extrajudiciaire, M. Le Noir a fait sentir au maréchal qu'il ne pouvoit se conformer à cet égard à ses intentions, et sans doute c'est un exempt de police qui aura été chargé de la conduite. »

Grammont fut-il en effet expulsé du royaume? C'est ce que je ne saurais dire, et l'on pourrait trouver que la punition eût été excessive. En tous cas, s'il fut obligé de sortir de France il y rentra bientôt, car on sait de source certaine qu'il se montra dans diverses villes de province. Mais il n'avait pas abandonné l'espoir de reparaître à la Comédie-Française, et en dépit de ce qui lui était arrivé, il ne devait pas tarder beaucoup à y retrouver sa place.

Nous l'y revoyons en effet en 1786, et le 30 août de cette année son « début » est annoncé dans *Mahomet*. Car il lui fallut passer de nouveau par la formalité des débuts, comme s'il se fût agi d'un acteur encore inconnu. Mais ceci n'était guère sans doute que pour la forme, et son succès fut cette fois éclatant. Dès le lendemain de sa réapparition, le *Journal de Paris* rendait compte de ce succès en termes très chaleureux, constatant l'espèce d'enthousiasme avec lequel l'artiste avait été accueilli :

Le talent de M. Grammont, qui a débuté hier par le rôle de Mahomet, est connu depuis long-tems de tous les amateurs de la scène françoise, et leur a toujours paru digne d'encouragement. Des circonstances l'ayant éloigné de ce théâtre, il n'a point pour cela négligé son art, et il a recueilli hier le prix de son travail et de l'expérience qu'il a acquise depuis quelques années par les représentations qu'il a données sur les différens théâtres de province. L'étude a atténué ou fait disparoître la plupart des défauts qu'il avoit en commençant sa carrière, et a doublé les qualités précieuses qu'on avoit remarquées en lui ; il nous semble qu'il a bien saisi et exprimé avec énergie tous les grands traits du rôle très difficile qu'il a joué hier : nous lui avons trouvé de l'organe, de l'aplomb, de l'intelligence de la scène, et surtout la couleur tragique, qualité essentielle et qui devient plus rare de jour en jour. Il a été applaudi presque sans relâche ; on lui a reproché pourtant, et avec justice, un peu trop de lenteur dans quelques endroits, et un peu trop de précipitation dans d'autres ; mais ces légers défauts sont faciles à corriger, et sont surtout bien excusables un jour de début, où la crainte nuit toujours au développement du talent. Quelques intonations hazardées ont été relevées avec aigreur ; mais un moment après, ceux même qui avoient cherché à l'affliger étoient forcés de l'applaudir ; enfin ses qualités, qui l'emportent de beaucoup sur ses défauts, paroissent lui avoir acquis le suffrage universel.

Dès l'année suivante Grammont était de nouveau reçu sociétaire, et sa position redevint rapidement assez brillante pour qu'en 1788, à la clôture de la quinzaine de Pâques, il fût choisi par ses camarades pour adresser au public le compliment traditionnel. Dans ce petit morceau oratoire, il fit preuve d'un tact et d'une modestie qui ne lui étaient pas précisément habituels ; on en jugera par ce fragment :

…Notre tâche n'est jamais remplie : nous sommes chaque jour responsables d'un grand écrivain à un grand peuple ; vous savez, messieurs, qu'avec tant de chefs-d'œuvre un acteur est toujours sans excuse et que, si vos plaisirs et vos trésors sont dans nos mains, le succès et le revers sont dans les vôtres ; vous savez aussi que l'heureux accord d'un grand acteur et d'un grand écrivain multiplie les triomphes de l'art et les beaux jours d'une nation.

C'est ce qu'avoit bien senti le premier poëte du siècle présent, lorsque, retiré dans les jardins solitaires de Ferney, il y régnoit paisiblement avec la philosophie, tandis que le sublime Lekain, ressuscitant chaque jour Mahomet et Vendôme, lui faisoit des conquêtes dans le pays des arts, rajeunissoit sa mémoire et s'associoit à son immortalité.

Tel est le modèle que j'oserois me proposer, si j'avois eu le bonheur de le voir; mais, n'ayant que la tradition de ses talens et de sa gloire, je ne puis compter que sur les conseils de tous ceux que la perfection de ce grand acteur a tant de fois ravis : c'est à eux à ne pas m'écraser de la comparaison en dirigeant mes études sur leurs souvenirs, et vous, messieurs, daignez seconder mes efforts, soutenir mon zèle, pour que je parvienne un jour à vous offrir l'ombre de ce que vous avez perdu !

Pendant les quelques années que Grammont passa de nouveau à la Comédie-Française, il eut l'occasion de faire quelques créations importantes. Il établit les rôles du consul dans *Augusta*, tragédie de Fabre d'Églantine (1787), de Roland dans *Lanval et Viviane*, comédie-féerie de Murville (1788), et prit part aussi à la représentation de *Marie de Brabant* (1789), tragédie d'Imbert.

Mais nous approchons du moment où la physionomie de Grammont va s'accuser d'une façon nouvelle et toute particulière, et où un autre homme va se révéler en lui.

II

On sait l'histoire des démêlés qui se produisirent à la Comédie-Française à l'occasion des représentations du *Charles IX* de Marie-Joseph Chénier, la scission qui en résulta et le départ de quelques-uns de ses artistes, qui la quittèrent pour s'en aller renforcer la troupe d'une scène rivale.

Mais ceux-là ne furent pas les seuls qui désertèrent, et tandis qu'en effet Talma, Dugazon, Grandmesnil, Mlle Desgarcins, Mme Vestris et Mlle Lange allaient rejoindre Monvel au théâtre de la rue de Richelieu, Grammont et les deux sœurs Sainval, tirant de leur côté, j'ignore pour quelles raisons, allaient se réfugier au théâtre Montansier, qui n'était autre que les Variétés actuelles, mais qui était alors installé dans la salle occupée aujourd'hui par le théâtre du Palais-Royal[1].

Ce dernier manifestait l'ambition de jouer, lui aussi, le grand répertoire tragique et comique, en même temps que l'opéra. Dans ce but, il avait

---

1. Ils y furent engagés évidemment pour la rentrée des vacances de Pâques. En tout cas, voici le programme du spectacle du théâtre Montansier pour le 1er juin 1791, tel que le publiait le *Moniteur universel* : — « Théâtre de Mlle Montansier, au Palais-Royal. Aujourd'hui, *Sémiramis*, tragédie dans laquelle Mlle Sainval l'aînée remplira le rôle de Sémiramis, et M. Grammont celui de Ninias ; suivie de *la Servante maîtresse*, opéra en 2 actes. »

réuni une troupe excellente. Lorsque Grammont, engagé pour jouer les tyrans, y arriva avec les deux demoiselles Sainval, dont l'une jouait les reines et l'autre les princesses, il y trouva Damas, qui préludait, par d'heureux débuts dans les amoureux, à ses succès futurs, Lacave, chargé des premiers rôles, qu'il devait jouer plus tard à la Comédie-Française, et un nommé Dufresse, qui, venant de province, tenait le même emploi[1].

Ce Dufresse, de quelques années plus jeune que Grammont, était, comme lui, né à la Rochelle. Il ne serait pas étonnant que l'un et l'autre se fussent liés d'une façon assez étroite, non seulement par suite de cette circonstance, mais aussi parce que bientôt tous deux embrassèrent avec ardeur le parti de la Révolution et quittèrent leur métier pour prendre celui des armes. Mais tandis que Dufresse, devenu dès 1793, à Lille, général de l'armée révolutionnaire du Nord, fournissait par la suite dans l'armée régulière une carrière exceptionnellement brillante, faisait en qualité de général de division les campagnes d'Italie et d'Allemagne, où il se conduisait en homme de cœur

---

[1]. En même temps que lui, Grammont avait une sœur, dont je n'ai jamais autrement entendu parler, qui appartenait, mais très obscurément, au théâtre Montansier, où elle chantait simplement les chœurs et jouait des rôles accessoires. (Voy. *Almanach général des spectacles de Paris et de la province* pour l'année 1792.)

et en héros, celles d'Espagne et de Russie, et était créé baron de l'empire, nous allons voir ce que fit et ce que devint Grammont.

De la fin de sa carrière dramatique au théâtre Montansier il n'y a pas grand'chose à dire, sinon que dans une tragédie d'un certain Chevalier, *la Mort d'Abel*, représentée le 29 mars 1792, il créait le rôle de Caïn, celui d'Abel étant joué par Damas. Il n'avait donc pas encore quitté la scène à cette époque. Mais assurément il n'y devait pas demeurer longtemps encore, car dès ce moment il s'était lancé déjà dans la politique, fréquentait les clubs et comptait, dit-on, au nombre des orateurs les plus fougueux du Palais-Royal. Il est certain que dans le cours de cette année 1792 il prenait une part active aux menées révolutionnaires, car quelques-uns l'ont accusé d'avoir participé, à Versailles, le 9 septembre, au massacre des cinquante-sept malheureux prisonniers qui, destinés d'abord à comparaître devant la haute cour d'Orléans, étaient envoyés à Paris sous le prétexte de faire accélérer leur jugement.

Toutefois, je ne vois pas qu'alors il eût encore aucune situation officielle, civile ou militaire. Sous ce dernier rapport, son rôle effectif ne commence qu'en juin 1792, où subitement il est nommé adjudant général, c'est-à-dire chef-d'état-major, de l'armée dite des côtes de la Rochelle, destinée à combattre les Vendéens. Il s'était donc improvisé militaire, et son avancement avait été rapide. Cela n'a rien qui doive surprendre, puisque l'orfèvre Rossignol, alors chef de bataillon, était nommé tout à coup général en chef de cette armée, et que le dramaturge Ronsin, qui y commandait une brigade, était fait en quatre jours capitaine, chef d'escadron et général. Dans cette armée se trouvaient le fameux brasseur Santerre, l'imprimeur Momoro et quelques autre personnages de ce genre, tous ainsi bombardés officiers, et qui formaient ce qu'on appela « l'état-major de Saumur ».

Mais Ronsin et Grammont ne restèrent pas longtemps en Vendée. Le 5 septembre 1792, la Convention établissait à Paris une armée révolutionnaire : Bouchotte, alors ministre de la guerre, rappelait Ronsin pour lui en donner le commandement, et celui-ci gardait auprès de lui, comme adjudant-général, Grammont, qui lui-même prenait son fils, âgé de dix-huit ans, comme aide de camp. « Revenu à Paris, dit un des biographes de Grammont, le chef d'état-major se rangea parmi ces hommes turbulents connus sous le nom d'*épauletiers*, qui un moment inquiétèrent Robespierre, et qu'il fit poursuivre comme ultra-révolutionnaires. » Et un autre : « Il fut, en 1793, chef d'état-major de la fameuse armée révolutionnaire dont Ronsin était le chef, et il établit ses bureaux dans la rue de Choiseul, où nous l'avons vu, en costume militaire, jouer au naturel les rôles tragiques[1]. »

On peut croire, en effet, qu'à ce moment Grammont comptait au nombre des pires démagogues. Ce qui est certain, c'est qu'en sa qualité de chef d'état-major de l'armée de Paris, c'est lui qui commandait la force armée le jour du supplice de la reine, et que sa conduite en cette circonstance envers cette princesse, dont, nous l'avons vu, il avait naguère sollicité et obtenu la protection, fut celle d'un misérable et d'un lâche.

A titre de curiosité tout au moins, il n'est pas sans quelque intérêt de voir ce que dit, au sujet de la part prise par Grammont à tout ce qui touche le supplice de Marie-Antoinette, le rédacteur des *Mémoires des Sanson*. On sait que celui qui a écrit, ou qui est censé avoir écrit ces *Mémoires*, était le petit-fils de Charles-Henry Sanson, l'exécuteur des hautes-œuvres à l'époque de la Terreur. Voici comment il raconte les faits qui se produisirent à l'issue de la séance du tribunal révolution-

---

[1]. Rabbe, Boisjolin et Sainte-Preuve : *Biographie universelle et portative des contemporains*. — Voici, telle qu'on la trouve dans l'« *Almanach national de France* pour l'an II de la République française une et indivisible », la composition de l'état-major de cette armée révolutionnaire : commandant en chef, C. Ronsin ; généraux de brigade, Boulanger, Parein ; adjudants-généraux, Grammont, chef de brigade ; Mauban, Clémence, chefs de bataillon.

naire dans laquelle fut prononcée la condamnation de la reine :

... Mon grand-père sollicita l'ordre de requérir une voiture fermée semblable à celle qui avait conduit le roi à l'échafaud. Cette demande acheva d'exaspérer Fouquier-Tinville ; il répondit à Charles-Henry qu'il avait mérité d'aller lui-même à la guillotine pour avoir osé faire une semblable proposition, qu'une charrette était encore trop bonne pour l'Autrichienne, et il ajouta mille injures contre la reine. Mais Renaudin lui fit observer qu'avant de prendre une décision semblable il était peut-être convenable d'avoir l'avis du comité ou du moins de quelques-uns de ses membres ; et comme la liaison de celui-ci avec Robespierre faisait de lui un personnage important, il se trouva qu'après quelques minutes de discussion, Fouquier lui-même se rendit à son conseil. Nourry dit Grammont, ex-comédien du théâtre de la Montansier et depuis adjudant-général de l'armée révolutionnaire, venait d'entrer dans le cabinet de l'accusateur. Il se chargea de l'ambassade. Après trois quarts d'heure il était de retour ; il avait vu Robespierre et Collot, qui, tous deux, s'étaient récusés en répondant que le soin de ces dispositions n'appartenait qu'à Fouquier-Tinville. Il fut donc décidé que la reine ne jouirait pas du dernier privilège qui avait été accordé à Louis XVI, et qu'elle irait à l'échafaud dans la charrette qui servait aux criminels ordinaires.

... La foule était tellement compacte que la charrette ne pouvait avancer... Le fils de Nourry-Grammont, officier dans l'armée révolutionnaire comme son père, eut la lâcheté de menacer, de son poing fermé, le visage de la reine. L'abbé Lothringer le repoussa et lui reprocha, avec beaucoup de vivacité, l'indignité de cette action.

... Grammont père avait pris les devants avec quelques cavaliers, et il parvint à frayer un passage au cortège [1]...

...Des cris de : « Vive la République ! » répondirent au bruit du couperet ; mais ces cris étaient généralement circonscrits aux alentours de l'échafaud. Alors Grammont, qui agitait son sabre comme un énergumène, ordonna à plusieurs reprises à Charles-Henry de montrer la tête au peuple. Un des aides fit le tour de l'échafaud avec ce hideux trophée, dont les paupières étaient encore agitées par un frisson convulsif.

On voit par ce récit que le jeune fils de Grammont, à peine âgé de dix-huit ans (il était né à Limoges en 1775), se montra de tout point digne de son père en cette circonstance. Pourtant, certains écrivains, toujours affamés de scélératesses, ne trouvant pas sans doute encore sa conduite assez vile, ont cru pouvoir enchérir à son sujet et lui attribuer un mouvement véritablement horrible.

---

[1]. On lit dans la *Biographie Michaud*, à l'article MARIE-ANTOINETTE : «... La garde nationale formait une double haie sur son passage ; l'armée révolutionnaire suivait, et un histrion précédait le cortège, exhortant le peuple à applaudir à la *justice nationale*. Cette exhortation ne fut que trop entendue. » Il est de toute évidence que cette qualification méprisante d' « histrion », si fréquemment appliquée aux comédiens par les écrivains du dix-huitième siècle, est employée ici pour désigner Grammont.

S'il fallait en croire ceux-ci, le jeune Grammont, à l'issue du supplice, se serait aussitôt élancé sur les degrés de l'échafaud, qu'il aurait lestement gravis, pour aller tremper son mouchoir dans le sang encore chaud de l'infortunée victime! Sans pouvoir nier le fait d'une façon absolue, j'ai cependant lieu de le croire inexact; et il me semble que le rôle du père et du fils en cette journée lugubre est assez fâcheux déjà, pour qu'on ne s'efforce pas sans raison de le rendre plus odieux encore et plus misérable.

Six mois ne s'étaient pas écoulés, que Grammont, qui avait présidé militairement au supplice de la reine, allait à son tour, passant de l'état de justicier à celui de victime, être appelé à subir le même sort. Les événements se pressaient alors, et l'on sait avec quelle rapidité Robespierre et les siens expédiaient la besogne, se débarrassant sans scrupule de ceux qui les gênaient et envoyant chaque jour au bourreau des fournées de victimes humaines. Quelques-uns des amis et des anciens compagnons de Grammont, entre autres Ronsin et Momoro, avec lesquels il s'était trouvé en Vendée, impliqués dans le procès des hébertistes, avaient été déjà la proie de l'échafaud (24 mars 1794), en compagnie d'Hébert lui-même, l'infâme Père Duchesne, aussi lâche qu'immonde, du féroce Mazuel, d'Anacharsis Clootz, le fanatique illuminé, du baron hollandais de Kock, le père de notre Paul de Kock... Peu de jours après, le 5 avril, ç'avait été le tour de Danton, de Camille Desmoulins, de Fabre d'Églantine, d'Hérault-Séchelles, de Bazire, de Philippeaux, du général Westermann, etc. Pendant qu'on jugeait ceux-là, Grammont se voyait arrêter, avec son fils et une vingtaine de « complices », tous accusés d'avoir pris part aussi à la conspiration d'Hébert. Après avoir fourni peut-être des clients à Fouquier-Tinville, il allait donc pour son compte s'approcher de cette barre terrible du tribunal criminel révolutionnaire, dont bien peu s'éloignaient pour aller ailleurs qu'à l'échafaud.

Le procès des deux Grammont et de leurs vingt-quatre co-accusés dura quatre jours, les 21, 22, 23 et 24 germinal (11 — 14 avril 1794). Il peut paraître étrange de voir figurer dans un même procès et englobés dans une même accusation un royaliste avéré comme le général Arthur Dillon, une femme intéressante comme cette malheureuse Lucile Desmoulins, dont le seul crime était d'être la veuve de son époux, une autre veuve moins digne de pitié, celle d'Hébert, le Père Duchesne, enfin des exaltés, pour ne pas dire plus, comme Gobel, l'évêque constitutionnel de Paris, Chaumette, l'ancien procureur de la Commune, et Grammont. Mais on sait que ce n'est pas la logique qu'il faut chercher dans les accusations portées alors contre les citoyens, et que les agents du tribunal révolutionnaire à la dévotion de Robespierre se souciaient peu d'avoir pour eux l'apparence même du droit et pour leurs actes un semblant de prétexte.

L'audience du 21 germinal fut consacrée tout entière, vu sa longueur, à la lecture de l'acte d'accusation de Fouquier-Tinville, dont voici la conclusion, d'après le texte qu'en donnait le *Moniteur* :

... D'après l'exposé ci-dessus, l'accusateur public a dressé la présente accusation contre les nommés Arthur Dillon, Chaumette, Lacombe, Gobet, Grammont père, Grammont fils, Lasalle, Lapalue, Burel, Savard, Loiseaux, Rameau, Ernest Bucher, Castellane, Duplessis, veuve de Camille Desmoulins, Beysser, Barras, Volland, Dumas, Barbe, Lequesne, Prangey, la femme Hébert, Chesnaux, Lebrasse, Lacroix, Bereter, ex-noble, Lambin et Chardin, pour avoir, de complicité avec les infâmes Hébert, Cloots dit Anacharsis, Ronsin, Vincent, Mazuel, Momoro, Camille Desmoulins, Danton, Lacroix et autres, déjà frappés du glaive de la loi, conspiré contre la liberté et la sûreté du peuple français, en voulant troubler l'État par la guerre civile les uns contre les autres, et contre l'exercice de l'autorité législative, par suite de laquelle, dans le courant de ventôse dernier et germinal présent mois, les conjurés devaient dissoudre la représentation nationale, assassiner ses membres et les patriotes, détruire le gouvernement républicain, s'emparer de la souveraineté du peuple et donner un tyran à l'État.

Les deux jours suivants furent occupés par les dépositions des témoins, et le 24 on procéda aux débats. C'est encore au *Moniteur*, beaucoup plus clair que le *Bulletin du tribunal révolutionnaire*, qu'il faut avoir recours pour le résumé de ces débats et l'énoncé du jugement qui en fut le résultat :

Dans les séances des 22 et 23, le tribunal a procédé à l'audition des témoins. Divers détenus en la maison d'arrêt du Luxembourg ont été entendus ; tous ont rendu un fidèle compte du complot que les conjurés avaient projeté, tendant à ouvrir les prisons pour parvenir à assassiner les membres du Comité de salut public, les patriotes, et placer le petit Capet sur le trône. On remarque parmi les prévenus que Dillon, Lasalle, Lacroix, Simon, Grammont père et fils, Savart et autres, étaient les auteurs d'une infâme conjuration ; ceux-ci, interpellés de dire la vérité sur les faits contre eux déposés, ont répondu négativement. D'autres témoins ont ensuite déposé contre Lacroix, Lambin, Lapalue, Beysser, Chaumette et autres.

On a reproché à Chaumette d'être l'un des auteurs de la conspiration d'Hébert, d'avoir tout employé pour affamer le peuple de Paris, pour exciter par ce moyen la guerre civile, afin de réussir plus facilement dans ses projets liberticides ; à Lacroix d'avoir, par ses discours à Marseille et dans d'autres lieux, cherché à égarer le peuple et opérer la contre-Révolution; à Lapalue d'être l'un des agents principaux des conspirateurs de tout genre, le calomniateur des plus zélés défenseurs de la patrie, et d'avoir exercé des actes arbitraires envers les citoyens; à Beysser d'avoir dans toutes les circonstances été l'ennemi de la Révolution et trahi ses intérêts; aux Grammont et autres, d'avoir participé à la conspiration hébertiste, etc. Un grand nombre de faits et des preuves de tout genre ont été produits à l'appui de ces témoignages...

Dans la séance du 24, on a procédé aux débats. Les jurés sont restés plus de trois heures aux opinions. Dix-neuf des accusés ont été déclarés convaincus et condamnés à la peine de mort. Sept ont été acquittés, savoir : Chardin, Bereter, Montain-Lambin, Dumas, Chesnaux, Prangey et Barbe.

On voit que Grammont et son fils étaient compris dans la série des dix-neuf condamnés[1]. Les jugements du tribunal étant sans appel et devant recevoir immédiatement leur exécution, c'est le jour même que, selon la coutume, il fut procédé

[1]. Tous les biographes de Grammont ont commis la même erreur en affirmant que le père et le fils comparurent devant le tribunal révolutionnaire le 13 avril 1794, « avec Ronsin, Hébert, Vincent, etc. », et furent condamnés en même temps que ceux-ci. Or, c'est bien, en effet, non du 13, mais du 14 avril que date la condamnation des deux Grammont; mais le procès des premiers hébertistes, parmi lesquels se trouvaient Hébert lui-même et Ronsin, remontait déjà, comme on l'a vu, à près de trois semaines, c'est-à-dire au 24 mars, et entre les deux, on l'a vu aussi, avait pris place celui de Danton, de Camille Desmoulins, de Fabre d'Eglantine et des autres conventionnels.

au supplice. Les *Mémoires des Sanson* nous fournissent encore, au sujet de celui-ci, des détails très circonstanciés et très précis, d'autant plus précis qu'ils sont tirés du journal personnel et quotidien de Charles-Henry Sanson. Selon l'un des biographes de Grammont, son fils aurait cherché à le disculper devant le redoutable tribunal et à le sauver en se sacrifiant lui-même, « en assumant toute la responsabilité sur lui seul » ; s'il faut s'en rapporter au récit de Charles-Henry Sanson, on va voir ce qu'il faut penser de cette assertion :

.....Dillon était dans la première charrette, la citoyenne Desmoulins (la veuve de Camille) dans la seconde, avec les Grammont-Nourry, Lacroix, Lapalue, Lasalle et la veuve Hébert. Pendant le trajet elle a causé avec ces deux citoyens, qui étaient très jeunes, Lapalue ayant vingt-six ans et Lasalle vingt-quatre. Elle plaisantait avec tant de gaîté, que plusieurs fois elle les a forcés de sourire. Leur entretien était troublé par les larmes de la veuve Hébert et par les deux Grammont, qui se disputaient bien lâchement : le fils reprochait au père d'avoir été, par ses conseils et par ses exemples, la cause de sa mort. Dans la terreur à laquelle il était en proie, le jeune homme s'emporta jusqu'à traiter son père de scélérat : « Monsieur, lui dit la citoyenne Desmoulins, on prétend que vous avez insulté Antoinette dans la charrette, je n'en suis pas étonnée ; mais vous auriez bien fait de conserver un peu de votre audace pour braver une autre reine, la

mort, à laquelle nous allons ». Le fils Grammont lui
répondit des injures; elle se détourna de lui avec
dégoût. Elle est bravement montée à son tour, à peine
pâlie. Comme Adam Lux, elle s'en allait avec la conviction que l'âme de celui qu'elle aimait l'attendait sur
l'autre rive. Dillon a crié : « Vive le roi ! » Au moment
de mourir, Grammont père, attendri, a voulu embrasser son fils; celui-ci l'a repoussé... [1].

Telle fut la fin de ce Grammont, qui, assurément, — et les témoignages contemporains en
font foi, — fut un comédien distingué et eût pu
devenir un artiste fort remarquable, mais qui,
comme homme, se montra un triste sire. Plus
d'un des comédiens célèbres aux temps troublés de la Révolution, entre autres Talma, Dugazon, Monvel, Fusil, Boursault-Malherbe, Trial,
embrassèrent avec une ardeur plus ou moins vive
les idées qui enfiévraient alors la nation tout
entière; mais aucun n'eut à se reprocher un acte
vraiment blâmable, et surtout une conduite aussi

---

[1]. On lit dans *la Biographie universelle et portative des contemporains*,
à l'article *Grammont* : — « Sa veuve fut aussi condamnée à mort
quelques jours après. » Je crois bien qu'il y a là une confusion,
causée par une homonymie. En effet, le 8 Messidor, le tribunal
révolutionnaire envoyait à l'échafaud une fournée de trente victimes,
parmi lesquelles *le Moniteur universel* signalait « G. Grammont,
âgée de 44 ans, née à Paris. » Mais celle-ci, condamnée ainsi sous
son propre nom de famille, s'appelait en réalité comtesse d'Ossun,
avait été dame d'atour de la reine Marie-Antoinette et était veuve du
comte d'Ossun, maréchal de camp. Je suppose que c'est cette similitude de nom qui l'aura fait prendre au biographe pour la veuve de
Grammont, si toutefois Grammont a été marié, ce que j'ignore.

indigne, aussi odieuse que celle qu'eut à se reprocher Grammont envers la reine, son ancienne protectrice. Prit-il vraiment, comme on l'a dit, une part à l'horrible massacre des prisonniers de Versailles, et ce fait doit-il laisser sur sa mémoire une tache indélébile ? En l'absence de toute preuve certaine, le doute au moins peut rester permis. Ce qu'on sait, toutefois, c'est qu'il compta au nombre des partisans farouches et des complices d'Hébert, l'immonde Père Duchesne, qu'il fut l'un des habitués les plus exaltés des clubs avancés et le familier du tribunal révolutionnaire, dont il finit par devenir la victime. Il paya de sa vie ce rôle de coryphée subalterne de la Révolution, qu'il joua avec une certaine emphase et qu'il essayait assurément de prendre au sérieux. Il a ainsi expié ses fautes. Si j'ai tenté de retracer son histoire, c'est qu'elle m'a semblé curieuse, en somme, et que derrière l'homme prétendu politique, il y avait un artiste d'une véritable valeur et qui, sous ce rapport et en d'autres temps, eût pu laisser un nom sinon glorieux, du moins justement distingué.

TABLE

La Comédie-Française et la Révolution.... 1
   I. — Talma et la Comédie-Française.... 5
   II. — La Comédie-Française en 1793..... 69
   III. — Arrestation et incarcération des comédiens-français.................. 118
   IV. — Labussière et son œuvre.......... 134
   Appendice............................ 187
Vie et mort tragiques d'une tragédienne... 207
Un comédien révolutionnaire............ 295

chagrin rouge

www.ingramcontent.com/pod-product-compliance
Lightning Source LLC
Chambersburg PA
CBHW072015150426
43194CB00008B/1113